SKETCH

광활한 자연과 개척의 길을 따라

THE 50 STATES OF U.S.A

SKETCH

미국의 **50**개 주

편저자 Harris Hyunho Lee

좋은땅

머리말

　유럽인들이 종교의 핍박과 빈곤에서 벗어나기 위해 시작된 미국의 개척은 혹독한 자연환경에 적응해야 했고 원주민들의 반발과 저항에도 마주해야 하는 등 수많은 시련을 겪어 왔다. 1776년 독립을 선언하면서 영국과의 전쟁을 통해 독립을 쟁취하였으나, 노예제 찬반으로 분열된 미국은 또다시 남북 전쟁의 아픔을 겪고서야 통일을 이룩하였다. 독립을 이룬 지 불과 250여 년의 비교적 짧은 기간에 세계 초강대국을 이루게 된 바탕에는 합중국을 이루고 있는 50개 주에서 이루어져 온 여러 형태의 치열한 개척의 역사에 힘입은 결과일 것이다.

　지난 5년간에 걸쳐 미국 대륙을 동서로 6회의 횡단과 남북으로 4회의 종단 여행을 하면서 여러 주들의 다양한 자연과 환경을 마주하면서 많은 감상에 젖어 들곤 하였다. 각 주별마다 독특한 자연 속에 생활의 모습들이 같은 듯하면서도 서로 다른 차이를 보이고 있다. 어느 곳에서는 지평선에서 떠오르는 태양을 볼 수도 있고, 장엄해 보이기까지 하는 거대한 산봉우리들이 병풍을 이루며 솟아나 있는가 하면 바다처럼 보이는 호수들, 수많은 자원을 지하에 품고 있는 사막, 끝없이 펼쳐진 광활한 황야에서는 아직도 수많은 개척자들을 기다리고 있는 듯하다. 한편 드넓은 대륙에 거미줄처럼 연결된 고속도로와 철길에는 개척자들의 땀이 흐르는 듯하며, 알맞게 분포되어 흐르고 있는 강에서는 화물선과 여객선들이 강물을 따라 오가고 있다.

본서는 50개 주별로 주의 위치와 규모, 특징, 도시 등의 일반적인 소개를 하고 있으며, 지역별로 지리적 특성과 생활 여건 등의 자연환경을 수록하였다. 또한 개척 역사를 통해 개척민들이 어떻게 원시에 가까웠던 땅을 개발해 왔는가를 상고해 보며 그들의 수고의 열매인 오늘의 미국을 다시 바라보게 되었고, 개척의 과정에서 원주민이었던 인디언들의 아픈 역사를 어떻게 보듬어야 마땅한가 하는 상념에 젖기도 하였다. 한편 각 지역의 땅에서 어떠한 주요 산물이 생산되는가를 살펴보았으며, 아울러 광활한 대륙에서 가 볼 만한 관광지를 국립공원을 중심으로 선별해 보았다.

미국에 대한 수많은 자료와 서적들 가운데 본서의 한 편이 미국 각각의 주에 대한 관심과 흥미를 느끼게 하는 스케치 정도의 희미한 인상이라도 그려질 수 있다면 편저자의 크나큰 보람으로 여기겠다. 50개 주에 대한 선을 그리고 색상을 칠하는 것은 독자 제현의 몫으로 남기고자 한다. 본서가 출간되기까지 수고를 아끼지 아니하신 (주)좋은땅 이기봉 대표님을 비롯한 관계자분들께 깊은 감사를 드리며, 아울러 많은 날의 여행을 기도하며 묵묵히 지켜봐 준 아내 Joyce Lee 오르간 반주자와 아빠의 여행과 본서의 집필을 열성적으로 응원하고 지원해 준 Shron Lee 교감과 Carol Lee 강사에게도 깊은 감사와 사랑의 마음을 전하면서.

앤젤레스 포레스트 산기슭 우거에서

Harris Hyunho Lee

목차

Alabama

○ 일반 소개

　앨라배마주는 목화 재배의 중심에서 다양한 산업과 매력 있는 관광지에 이르기까지 기반이 잘 조성되어 있고 Yellow Hammer State로 불리우며 시민권리운동의 상징이 되어 있다. 앨라배마주는 미국의 남동부 지방에 속해 있으며 1819년 12월 14일 22번째로 미국 연방에 가입하였다. 면적은 131,443sq km로 미국의 50개 주 가운데 28위이고 인구는 5,024천 명으로 24위에 있다. 주요 도시로는 주도인 Montgomery와 Birmingham, Mobile이 있다. 앨라배마주는 Yellowhammer State,

Camelia State 등의 별칭을 갖고 있으며 앨라배마주의 이름은 Creek 인디언 동맹체에서 그곳의 강 이름을 앨라배마강이라 불렀던 데에서 연유하고 있다.

헌츠빌에 있는 우주비행센터와 남부에서 가장 큰 철강 단지가 버밍엄에 있는 것을 보면 100년 전에 앨라배마주를 목화의 고장이라고 불렀던 것과는 거리가 있어 보인다. 당시에는 목화가 주된 수입의 원천이었으나 목화 꼬투리의 곤충으로 말미암아 쇠락하였다. 작물을 교대하며 재배하는 G. W. Carver의 실험을 따라 옥수수, 땅콩, 콩 등으로 교체하면서 농사를 짓게 되었다. 이러한 시기에 Birmingham에서는 철강 산업이 성장해 왔다.

앨라배마주는 목화의 본고장으로 남북 전쟁 시에는 남부 연합의 중심에 있었다. 또한 시민권리운동의 근거지이기도 하였다. 나무가 무성한 산과 많은 강들, 굴곡진 해안의 평야를 지니고 있는 앨라배마는 남북 전쟁 전에는 험준한 장소였으나 지금은 미래가 약속된 주목받는 곳이 되어 있다. 엄청난 매장량의 지하자원과 활기찬 산업의 현대화, 인종 평등과 정의의 진보로 사회가 더욱 개방되어 미국 남부의 새로운 주요 지역으로 부상하고 있다.

○ 자연환경

앨라배마주의 대부분 지역은 낮은 지대의 해안 평야를 보이고 있으며, 북동쪽 지역에 약간의 언덕과 낮은 산들이 있다. 북쪽 지역은 애팔래치아산맥의 최남단에 위치해 있는 고원 지대로 나무가 울창하며 석탄, 철광석 등 지하자원이 많이 매장되어 있다. 반면 중앙 지역은 땅이 기름지고 흙이 검어 Black Belt라 불리우는 곳으로 거대한 목화 농장이 있으며 남북 전쟁 전에는 남부 사회의 중심지였던 곳이다. 걸프만에 접해 있는 남부 지역은 습지를 이루고 있다.

앨라배마주의 3분지 2 이상이 숲을 이루고 있으며 대부분이 참나무와 소나무로 되어 있다. 회사 형태로 운영되는 삼림 농장이 땅의 20% 정도를 차지하고 있으며, 펄프, 종이, 목재로 만들기 위해 나무가 베어지면 다시 묘목을 심으며 운영하고 있다. 한편 앨라배마주에는 다른 주들보다 긴 약 1,350마일에 이르는 강물이 흐르고 있다. 여기에는 Alabama, Coosa, Mobile, Tallapoosa, Black Warrior, Tombigbee강들이 있다. 특히 Mobile강과 이 강의 지류인 Tombigbee강이 물의 흐름을 주도하고 있다. 목화를 비롯한 짐을 실은 배들이 이들 강을 통해 남쪽의 Mobile항구로 내려가고 있다.

1930년대 연방 정부의 지원 아래 테네시계곡 당국은 테네시강에 댐을 건설하여 값싸고 풍부한 전기를 제공하였다. 부수적으로 아름다운 다수의 호수들이 생겨나 주민과 관광객들에게 낚시, 보우팅, 수상스포츠를 즐기도록 하고 있다. 1985년도에는 테네시강과 탐빅비강을 연결하는 수로 시스템을 만들어 내륙에서 생산된 상품을 이를 통해 앨라배마에서 유일한 항구인 Mobile에 이르도록 하여 미국 동부의 해수로와 연결되었다. 앨라배마주의 대부분 지역은 덥고 습한 기후를 보이고 있으며 걸프만에서 바람이 불어오면 다소 시원하다. 여름은 길고 더우며, 겨울은 짧고 온화하다.

○ 개척 역사

1540년 스페인 탐험가 Hernando de Soto가 유럽인 최초로 앨라배마를 두루 탐사하였다. 그는 해안가의 습지와 우거진 숲, 북쪽의 산악 지대를 다녔으나, 금의 흔적이 없는 것에 실망하였다. 게다가 인디언들과 마주친 가운데 Choctaw 부족과 격렬한 전투를 치루고서야 정복하였다.

첫 번째 정착민은 1711년 Mobile에 정착한 프랑스인들이었다. 이후 미국이 Andrew Jackson의 명령에 의해 Creek 인디언과의 전쟁을 치른 후 1813년 미국이 이 지역을 지배했으나 원주민과의 다툼과 갈등이 지속되었다. 결국 1830년경에 Creek 인디언들은 미국과의 조약에 따라 오클라호마로 강제 이주당하였다. 한편 1836년~1837년에 Cherokee 인디언을 비롯한 미국 남동부 인디언들도 그들의 땅을 떠나 보호구역으로 강제 이주당하였다. 그들이 고향을 떠나 보호구역으로 가던 길을 Tail of Tears라고 부르고 있다. 인디언들의 저항이 종식되면서 정착이 개방되자 이웃 주에서 이민자들이 밀려왔다.

19세기의 앨라배마 경제는 아프리카 노예들의 노동력에 의존하는 거대한 목화 농장이 주도하였다. 1860년 아브라함 링컨 대통령이 당선되자 미국 남부의 많은 주들은 노예제 폐지를 두려워하여 미국 연방을 탈퇴하여 남부 연합을 창설하였다. 갑자기 앨라배마주의 몽고메리가 새로운 국가의 수도가 되었고, 여기에서 연합의 국기가 처음으로 만들어져 휘날리게 되었다. 연방의 탈퇴는 남북 전쟁을 야기하였고 그 전쟁의 결과는 남부 연합의 패배와 노예제의 종식을 가져왔다.

연방군이 떠난 후에 옛 질서를 지지하는 자들이 가능한 한 흑인과 백인을 격리하는 법을 투표를 통해 통과시켰다. 학교나 병원에서뿐만 아니라 분수대에서조차도 분리하여 사용하는 것이었다. 1950년대 들어 시민권리운동이 힘을 얻었다. 이 운동의 목적은 백인들이 당연시했던 권리를 흑인들도 똑같이 갖는 것으로 백인들과 같은 시설을 사용할 수 있도록 허용되기를 원하였다.

1953년에 Autherine Lucy는 백인들만이 다니는 앨라배마 대학에 다닐 수 있는 권리를 획득했으나, 루시는 교내에서 몹시 시달려 학업을 중단해야만 하였다. 1955년에 몽고메리에서는 흑인인 Rosa Parks가 버스에서 흑인 좌석에 앉는 것을 거부했다. 그녀의 행동은 일 년 이상의 버스 파업을 불러왔으며 결국 버스 좌석의 흑백 분리가 없어지게 되었다. 시민권리운동의 지도자인 Reverend Martin Luther King Jr.는 여러 시민권리운동을 지도하였다.

이같은 시민권리운동을 통해 앨라배마에서 광범위한 변화가 일어났다. 흑인 시장들이 연이어 탄생하였다. 이러한 초기 시민권리운동의 힘든 역경을 회상하기 위해 건축가 Maya Lin은 몽고메리에 시민권리 기념물을 디자인하였다. 그녀는 물이 넘쳐흐르는 연못에 40피트의 화강암 벽을 만들어 그 벽에다가 마틴 루터 킹 주니어가 연설에서 인용한 성경 귀절을 새겨 놓았다. 근처 명판에는 시민권리운동으로 희생된 사람들의 이름들도 새겨 놓았다.

○ 주요 산업

앨라배마주의 초기 경제는 노예의 노동력에 의존한 대규모의 목화 농업에 의존해 왔으며, 1915년까지 목화가 앨라배마 농촌 경제를 주도하여 왔다. 앨라배마의 중앙 지역은 Black Belt라고 하는 영양분이 풍부한 검은 흙의 땅으로 작물 재배가 잘되는 곳이다. 그러나 기름진 땅이지만 하나의 작물을 매년 재배함으로 땅의 영양분이 소멸되어 가고, 1900년대 초에는 곤충들의 충해로 인해 목화 수확이 크게 줄어들었다. 이에 재배 작물을 다양화하기 시작하여 남동쪽 코너 지역에서 땅콩 재배를 시작하여 오늘날 미국 땅콩 생산의 주요 지역이 되었다. 소와 가금류 축산이 증가되면서 많은 목화밭이 목장으로 전환되기도 하였다. 앨라배마주는 땅의 3분지 2 이상이 숲을 이루고 있으며, 주로 참나무와 소나무가 자라고 있어 목재와 종이 산업을 뒷받침해 주고 있다.

동부 중앙 지역에 있는 Piedmont고원 지대에는 강철을 만드는 데 사용되는 철, 석탄, 석회석 등 3개의 주요 원재료가 풍부하게 매장되어 있다. 1880년대에 거대한 철강 공장이 Birmingham에 세워졌다. 오늘날은 목화와 마찬가지로 철강도 세계 시장에서 가격 경쟁에 밀려 약화되었으나 아직도 명맥을 이어 가고 있다. 앨라배마강에는 댐이 만들어져 Tennessee Valley Authority에 의해 제철소와 섬유 공장에 전기가 제공되고 있다. 버밍햄에는 과학연구센터가 세워져 기술 연구가 활발히 이루어지고 있는 가운데 특히 의료 분야를 주도해 나가고 있다. 1960년 NASA가 Huntsville에 George C. Marshall Space Flight Center을 세웠으며, 여기서 제작한 로켓이 최초의 미국 우주선을 쏘아 올렸다.

○ 관광 명소

Little River Canyon National Preserve: 공원은 4322 Little River Trail NE, Fort Payne, AL에 소재하고 있다. 산 꼭대기에서 시작되는 강물이 앨라배마주 북동부 지역에 있는 Lookout산의 대부분을 지나면서 흐르고 있다. 강이 시작되는 산꼭대기에 있는 강을 Little River라 불러 왔다. 또한 Little River강은 수백 피트 높이의 사암 절벽 아래의 계곡을 흐른다. 상류의 강물은 조용하고 완만하게 흐르다가 강의 중간에 폭포가 이루어져 있으며, 강의 하류에서는 흰 물살을 만들어 내며 빠르게 흘러가고 있다. 45피트 높이의 폭포는 100피트 폭의 강 아래로 강물을 쏟아붓고 있다. 강물이 적어지는 가을의 폭포는 주변에 있는 노랑과 빨강색의 단풍과 어울려져 평화스런 흰 커튼을 내리운 것 같은 환상을 불러 일으킨다.

Alabama's Gulf Coast: 수상 스포츠, 보트 여행, 심해 낚시 등 거의 모든 해변 활동을 할 수 있다. 또한 Gulf Coast Zoo, Waterville USA water park, Gulf State Park에서 즐길 수 있다. 고운 가루 같은 모래가 쌓인 해변, 나무숲 산책길, 풍성한 야생의 숲, 신선한 물을 담고 있는 호수 등이 있다.

Alaska

○ 일반소개

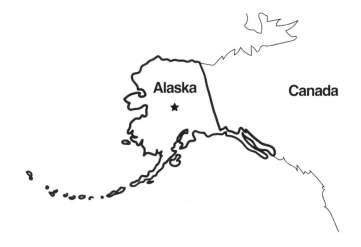

알래스카주는 미국의 본토에서 북쪽으로 1,500마일이나 떨어져 있으며, 면적이 1,477,269sq km로 미국에서 가장 큰 주로 1959년 1월 3일 49번째로 미국 연방에 가입하였다. 면적은 미국에서 가장 크지만 인구는 733천 명에 불과해 미국의 50개 주 가운데 48위를 보이고 있다. 주요 도시로는 주도인 Juneau와 Anchorage, Fairbanks가 있다. 알래스카주는 The Land of the Midnight Sun, America's Last Frontier라는 별칭을 갖고 있으며, 주의 명칭인 알래스카라는 말은 광대한 땅이라는 의미를 가진 Aleut 원주민의 말에서 인용되었다.

빗물에 젖어 있는 이끼 낀 숲에서는 차가운 물방울이 떨어지고 있으며, 북극의 광야에는 휘몰아치는 바람 소리가 울려 퍼지고 있다. 만년설로 덮여 있는 무척 높은 산들이 굴곡져 장관을 이루며 땅을 압도하고 있다. 멀리 운무에 파묻혀 있는 섬들이 아시아를 향해 있는 현관의 층계처럼 도열해 있다. 알래스카는 아직도 원주민인 Inuit족을 비롯한 인디언들이 살고 있는 땅이며, 탐험가들이 탐사를 이어 가고 있는 모험적인 개척 정신이 살아 숨 쉬는 곳이다.

마지막 개척지로 남아 있는 알래스카주는 굴곡진 지형과 거대하고 날카로운 지세의 땅으로 200개 이상의 공원과 보호구역이 있으며 마을들이 북극의 가장자리에 이루어져 있다. 거주하는 사람들은 매우 희박하나, 회색곰과 늑대를 비롯하여 순록, 북극곰, 큰사슴, 머리털이 없는 독수리 등이 많이 서식하고 있는 주로서 어느 주보다도 자연보호 관리원들이 많다.

○ **자연환경**

미국의 본토에서 멀리 떨어져 있는 알래스카주는 더욱더 작은 반도들이 뻗어 나가고 있다. 크고 작은 200여 개의 섬들이 태평양과 베링해의 멀리까지 펼쳐 나가 있다. 미국에서 가장 넓은 주로서 텍사스주의 2배 크기이며 매우 황량한 지역으로 아직도 수천 에이커는 탐험되지 않은 곳으로 남아 있다. 북극 지방에 속해 있어 매우 추운 기온을 보이고 있으며 Barrow 근처의 Prospeck Creek 경우 1971년 1월 23일 화씨 마이너스 80도를 기록한 적도 있다. 알래스카의 25% 정도는 북극 지방에 놓여 있는 매우 추운 지역임에도 불구하고 빙하가 덮여 있는 곳은 알래스카주 전체 면적의 5% 정도에 불과하다.

알래스카는 물과 산으로 경계를 이루고 있다. 남쪽으로는 태평양, 북쪽에는 북극해, 서쪽으로는 베링해가 놓여 있어 3면이 바다로 둘러싸여 있다. 해안선의 길이가 무려 약 6,600마일에 이르고 있어 미국의 나머지 49개 주의 해안선을 합친 것보다 더 길다. 큰 산맥들이 알래스카주를 관통하고 있다. 가장 남쪽에는 해발 5,489m의 Saint Elias산이 있으며, 지금도 화산 활동에 의해 생긴 Wrangell Ranges가 있다. Aleutian 열도 지역에서는 화산 활동이 계속되고 있으며 내륙으로 들어오면 Mckinley산이 있다. 가장 북쪽에는 록키산맥의 북쪽과 만나는 Brooks Range가 놓여 있다.

알래스카주의 북쪽으로는 Yukon이 있는데, 이곳의 겨울은 평균 온도가 화씨 마이너스 50도로 매우 추우며 어둠과 황혼이 지속된다. 더욱 북쪽은 북극 지점에 놓여 있어 툰드라와 영구 동결층 지대를 나타내고 있다. 이곳의 겨울에는 어둠의 낮이 67일간이나 지속되며 반면 5월 중순부터 7월까지는 해가 지지 않는다. 이처럼 북쪽 지역은 얼음에 덮혀 변화가 없는 지역인 반면 남동쪽의 프라이팬 손잡이 모양의 지역은 깜짝 놀랄 만한 녹색의 섬들과 군청색을 나타내는 바다의 만들이 있으며, 비도 적당히 내려 숲이 무성하게 자라고 있다. 알래스카의 빵 바구니로 불리우는 앵커리지 근처의 유명한 Matanuska Valley에서는 양배추가 흙 속에 깊이 뿌리를 내리고 해가 지지 않는 여름의 햇빛을 받으며 매우 크게 자라나고 있다.

광대하게 펼쳐져 있는 알래스카주이지만 주민은 73만 명에 불과하여 와이오밍주와 버몬트주에 이어 미국에서 3번째로 인구가 적다. 원주민은 주로 Inuit- Aleut족으로 주 전체 인구의 15% 정도를 차지하고 있으며, 이들은 전통적으로 고래를 비롯한 바다의 포유류를 어획하며 주로 북쪽과 서쪽의 해안선을 따라 살고 있다. 알래스카의 대부분의 주민들은 알래스카만을 끼고 베링해로 향해 있는 Archipelago섬의 근처 남쪽과 Alaskan Range 아래의 내륙 안쪽으로 물이 유입되고 땅이 기름진 분지에 살고 있다. 알래스카의 수도는 Juneau로 남동부에 있는 팬의 손잡이 모양의 지역의 복잡하고 화려한 피요르드 가운데에 위치하고 있다.

○ 개척 역사

1741년 덴마크의 탐험가인 Vitus Bering은 러시아 황제를 대신하여 알래스카를 탐사하였으며 이때 바다표범의 모피를 가져갔다. 러시아인들은 모피를 좋아했고 이로 인해 수백 명의 포획자들이 들어와 포획함으로 바다표범이 급속히 줄어들었다. 이들은 Aleuts 에스키모를 노예로 삼기도 했다. 러시아 정부는 Russian-American Company를 세워 모피 무역을 증진시키고 Aleuts 에스키모와도 평화 관계를 수립하였다. 1867년 William Seward 미국의 국무장관이 알래스카를 러시아로부터 720만 달러에 사들였다. 당시 비평가들은 스워드가 우매하여 쓸모없는 알래스카를 사들였다고 비난하며 알래스카를 스워드의 냉장고라고 조롱하였다.

그러나 1897년 캐나다와의 국경을 가로질러 있는 Klondike에서 금이 발견됨으로 그들의 비난이 잘못된 것임이 입증되었다. Klondike에서 금이 발견된 이후 1899년에는 Nome에서도 금이 발견되자 수많은 금 탐사자들이 몰려들었으며, 더욱 많은 금이 Fairbank와 Yellow, Iditarod, Yukon강에서 발견되었다. 금의 발견으로 많은 발전이 있었고 1910년까지 몇 명의 행운아들에게는 1억 달러 이상의 금이 수집되기도 하였으나, 많은 광부들은 부자가 되기보다 절망한 채로 떠나갔다.

1912년 알래스카의 영토가 확정되었고 1923년 미국 대통령 Warren Harding이 대통령으로는 처음으로 알래스카를 다녀갔다. 1941년에는 Alcan 고속도로가 착공되었고, 1957년에는 Kenai반도에서 석유가 발견되면서 다시 한번 성장하게 되었으며 석유를 수송하기 위해 800마일의 긴 송유관을 건설하였다. 1959년 알래스카는 49번째 주로 연방에 가입하였다. 알래스카주에서는 그 어떤 소득세를 징수하지 않고도 석유의 채굴로 큰 돈을 벌 수 있어 오히려 주민들에게 매년 돈을 지급하였다. 오늘날은 지하자원의 발굴과 개발로 인해 환경 보호가 주요한 의제로 대두되었다. 1980년 의회는 Alaska Lands Bill을 통과시켜 1억 4백만 에이커의 광야를 자연 그대로 보호하고 있다.

1989년에 Prince William Sound에서 오일탱커 Exxon Valdez가 역사상 최악의 원유 유출 사고를 냈다. 이로 인해 환경론자들은 미래의 환경 재앙을 어떻게 막을 수 있을까 관심을 쏟고 있다. 환경주의자들은 더 많은 목재와 석유를 캐려는 개발주의자들과 충돌하고 있다.

○ 주요 산업

알래스카주는 광범위한 지하자원을 갖고 있다. 석유, 천연가스, 구리, 석탄, 금 등 지하자원이 풍부한 가운데 석탄 매장량은 미국에서 가장 많다. 1897년에는 Canadian Yukon에서 금이 발견되면서 알래스카의 남동부 지역으로의 Gold Rush가 있었고, 이후에 금의 광맥이 발견된 Nome과 Fairbanks까지 이어졌다. 1968년 Prudhoe Bay에서 매장량이 많은 석유가 발견되면서 석유붐이 일기 시작했다. 북극쪽에서 남쪽의 얼음이 얼지 않는 Valdez까지의 파이프 공사가 이루어져 많은 주에서 수천 명의 노동자들이 들어왔다.

수산업도 역시 중요한 수입원으로 연어, 가재, 새우, 큰 넙치 등의 어류가 풍부하다. 미국이 알래스카를 획득하였을 때 많은 자원들로 인해 정착이 이루어졌다. 연어가 많이 잡혀 통조림 공장의 설립을 서둘러야 했고, 많은 타운들이 상업적인 어업항구가 되었다. Matanuska River Valley강 유역은 알래스카의 주요 농토 지역으로 여름철에는 온화한 날씨를 나타내는 가운데 하루에 19시간이 낮이므로 농사에 큰 도움이 되고 있다.

관광업도 매우 빠르게 성장하고 있는 산업으로 광활한 자연을 누리며 야외 활동을 즐기기 위해 많은 사람들이 알래스카를 찾아오고 있다. 가장 유명한 것은 Idiotarod로 매년 1,100마일의 개썰매 경주가 열리고 있다. 알래스카주에서는 주된 교통수단이 항공기로 이루어지고 있어 항공기 산업도 성장하고 있다. 다른 주들보다 많은 항공기와 비행사들이 있으며 항공 서비스가 아시아, 시애틀, 시카고 등과 연결되어 있다.

○ 관광 명소

Denali National Park: 공원은 Mile 237 Highway 3, Denali Park, AK에

소재하고 있으며 규모는 9,446sq miles(124,464sq km)이다. Denali 국립 공원의 겨울철 온도가 화씨 마이너스 40도로 북극의 기온과 비슷한 추운 지역이나, 포유류 동물들에게는 대륙에서 가장 넓고 알맞는 좋은 서식지가 되고 있다. 순록은 알래스카 주민 수보다도 많으며, 덩치가 큰 사슴들은 공원에서 어슬렁거리고 있다. 그 밖에 면양, 회색곰, 늑대 등 37개 종류의 동물들이 살고 있다. 고도가 20,320피트로 북미에서 가장 높은 산인 Mount McKinley산이 공원의 중심부에 놓여 있다. 여름철 북쪽 지역에서는 해가 지지 않는 신비한 광경을 볼 수 있다.

Glacier Bay National Park: 공원은 1 Park Road, Gustavus, AK에 소재하고 있으며 규모는 5,037sq miles(13,045sq km)이다. Glacier Bay 국립공원은 알래스카주의 팬 손잡이 지역에 있는 Juneu의 서쪽에 있으며 3,224,794에이커의 크기이다. 손가락처럼 생긴 내해가 밖으로 나아가며 부채처럼 펼쳐진 곳으로 65마일 길이의 피요르드가 있다. 관광객들은 공원의 1% 미만의 지역만을 관광할 수 있으며 대부분은 배를 타고 해안을 관광하고 있다.

Katmai National Park: 공원은 1000 Silver St. King Salmon, AK에 소재하고 있으며 규모는 6,395sq miles(16,564sq km)이다. Katmai 국립공원에는 15개의 화산 분화구가 있으며 이 가운데에는 세계에서 가장 활발하게 화산 활동을 하는 곳도 있다. 고원 지대에 수많은 호수가 있고 폭풍우가 몰아치고 있어 고원 지대에 있는 바다와 같아 보인다. 1912년에 있었던 화산 폭발은 역사상 가장 격렬한 화산 폭발로 기록되고 있다. 1916년 어떤 탐험가가 이곳에서 아직도 화산의 연기가 나는 광경을 보고 Ten Thousand Smokes Valley라고 이름을 지었다. 야생의 포식자인 갈색곰들에게는 북미에서 가장 넓은 최적의 서식지가 되어 있다. Katmai 공원은 거의 4백만 에이커의 규모를 자랑하고 있지만 하이킹 코스는 단지 2개뿐이다.

  Kenai Fjords National Park: 공원은 1212 Fourth Ave Seward, AK에 소재하고 있으며 규모는 1047sq miles(2711sq km)이다. 거대한 야생의 자연 경관은 보는 이의 감정을 빨아들이는 알래스카의 상징적 아름다움이다. Kenai Fjords국립공원은 앵커리지에서 남쪽으로 Seward Highway를 이용하면 2시간 반 거리에 있으며, 비교적 규모는 작은 공원이나 알래스카의 광활함을 경험하고자 하는 이들에게 첫 번째 관문이 되고 있다.

  Wrangell - St. Elias National Park: 공원은 Richardson Hwy Copper Center, AK에 소재하고 있으며 규모는 20,587sq miles(53,602sq km)이다. 공원의 규모가 와이오밍주에 있는 옐로스톤 국립공원의 6배, 캘리포니아주에 있는 요세미티 국립공원의 17배 크기로 아주 좁은 협곡이 이어져 있다. 공원에는 4개의 산맥이 있으며, 로드아일랜드주보다도 더욱 넓은 지역에 빙하가 흐르고 있다. 세계에서 가장 넓은 북쪽 지방 숲의 생태계를 갖고 있으며 강들이 흐르고 있다. 공원에 접근하는 길은 단지 2개에 불과하여 대부분의 탐험가들은 경비행기를 이용하고 있다.

  Gates of the Arctic National Park: 공원은 101 Dunkel St Fairbanks, AK에 소재하고 있으며 규모는 13,238sq miles(34,286sq km)이다. 북극권에 있는 야생의 거대한 황무지로 길도 없고 표지판과 지정된 야영지 그리고 오솔길도 없다. 공원에는 해발 4000피트 이상 되는 빙하의 봉우리들과 거친 광경을 보이며 멋진 경치를 보이는 6개의 강들이 흐르고 있다. 매년 대략 50만 마리의 순록이 Central Brook Range를 통과하여 이동하고 있다. 순록들은 겨울이 되면 여름에 지내던 북쪽의 산기슭에서 남쪽의 산기슭로 1000마일 정도를 이동하고 있다.

Lake Clark National Park & Preserve: 공원은 240 W Fifth Ave Anchorage, AK에 소재하고 있으며 규모는 6,296sq miles(16,306 sq km)이다. Lake Clark 국립공원은 Cook Inlet을 가로질러 앵커리지에서 남서쪽 159마일 지점에 놓여 있어 앵커리지의 뒷마당과 같은 위치에 있다. 공원의 규모는 코네티컷주와 로드아일랜드주를 합한 면적이며 보트나 수상비행기로만 접근이 가능하다. 여기에는 1만 피트 높이까지 치솟아 있는 화산과 붉은 연어가 뛰놀고 산란하는 호수와 강들과 대합이 서식하고 있는 습지가 있으며, 또한 갈색곰이 세계에서 가장 많이 군집해 살고 있다.

Kobuk Valley National Park: 공원은 171 Third Ave Kotzebue, AK에 소재하고 있으며 규모는 2,736sq miles(7,086 sq km)이다. John Mcphe는『Coming into the Country』라는 그의 저서에서 이곳은 산기슭을 타고 올라가며 동토 지대가 이루어져 있고 청명한 개울가의 상록수 숲의 가장자리에 홀로 있으면, 그가 보았던 가장 고립된 야생 지대라고 서술하고 있다. 알래스카 북서쪽의 북극권에 있는 고립된 지역으로 방문객도 가장 적은 국립공원이지만 8천 년 이상 인간이 거주하여 온 곳이다. Kobuk강을 가로지르며 순록들이 헤엄치고 있으며, 강 건너에는 가시가 나 있는 호저가 물기를 말리고 있다. 611km 길이의 Kobuk강은 환상적인 경치를 나타내고 있다.

Arizona

○ 일반 소개

　애리조나주는 미국의 남서부 지방에 속해 있으며 1912년 2월 14일 48
번째로 연방에 가입하였다. 면적은 294,333sq km로 미국의 50개 주 가
운데 6위이며 인구는 7,152천 명으로 14위이다. 주요 도시로는 주도인
Phoenix를 비롯해 Tucson, Mesa가 있다. 애리조나주는 Grand Canyon
State, Apache State 등의 별명을 갖고 있다. 애리조나주의 이름은 Pima
인디언들이 조그만 온천의 장소라는 의미를 가진 Arizonac이라는 말을
사용한 데에서 유래된 것으로 보인다.

외부인들은 애리조나주를 끝없이 펼쳐진 사막 지대로 종종 상상하지만, 애리조나주는 Grand Canyon의 장엄한 광경에서부터 Sonoran 사막의 벌거벗은 황야의 아름다움에 이르기까지 자연이 압도하고 있는 주이다. 색깔 있는 사막, 석화된 나무숲, 조각해 놓은 것처럼 보이는 산능선, 고원 지대와 세계 7대 불가사이한 장소의 하나인 그랜드캐년 등으로 상징되고 있다. 시간의 견고한 힘에 깎여 나가 기묘한 형상을 이루고 있는 바위와 돌기둥, 메마른 광야의 풍경들은 미국의 서부를 대표하여 상징하고 있다.

19세기에 애리조나에서 풍부한 구리 매장량이 발견되면서 정착민들이 이주해 들어왔으며, 20세기에는 성공적으로 이뤄진 물의 관개수로와 매혹적인 날씨로 인해 더욱 많은 사람들이 이주해 왔다. Colorado강에 댐이 세워지고, Salt강과 Gila강에서 남부 지역의 기름진 땅에 물의 공급이 이루어져 농장과 축우 목장, 타운들이 생겨났다. 오늘날 관개수로 농사가 이루어져 참외, 채소, 감귤류, 목화가 재배되고 있다. 광산업도 애리조나주의 경제에 중요한 산업으로 남아 있어 아연, 납, 금, 은과 우라늄 등이 채굴되고 있으며, 미국의 구리 생산을 주도하고 있다.

○ 자연환경

애리조나는 지리적으로 3개의 개성 있는 지역으로 나뉘어진다. 북쪽의 고원 지대는 Flagstaff의 남쪽까지 이어지며, 고도 610m의 절벽으로 320km의 길이에 이른다. 여기에는 넓은 테이블 형태의 구조를 이룬 돌산과 콜로라도주, 유타주와 뉴멕시코주로 뻗어 있는 계곡들로 이루어져 있으며, 주 전체 면적의 40%에 이른다. 화산의 폭발과 용암이 흘러내려 이 같은 고원 지대를 형성하였다. 아마도 이 가운데 가장 활발한 화산 활동이 이루어진 곳이 그랜드캐년으로 여겨진다. 그랜드캐년은 이곳을 흐르는 콜로라도강이 고원 지대를 이루고 있는 바위층을 대략 600만 년 동안 깎아내려 옴에 따라 깊고 큰 그랜드캐년을 만들었다. 그랜드캐년은 1.6km의 깊이에 폭은 29km로 지금도 바람과 물이 캐년의 폭을 넓히고 있다.

그랜드캐년의 동쪽으로는 색깔을 선명하게 띤 흙 둔덕들이 군데군데 있는 채색된 사막이 눈부시게 펼쳐진다. 애리조나주의 북동쪽 코너에는 Monument Valley가 있다. 여기에 우뚝 솟아 있는 흙기둥들은 자연이 빚은 조각품들로 마치 결혼식의 케이크와 같은 모양을 하고 있다.

북쪽의 고원 지대에서 남쪽으로 오면 고원 지대가 Mogollon Rim에서 갑자기 그치며 굴곡진 경사면이 시작된다. 이곳 남쪽 지역은 기후가 온화한 분지의 방목 지역으로 숲이 우거진 산맥이 북서쪽에서 남동쪽으로 뻗어 있다. 이곳에 널리 퍼져 있는 ponderosa 소나무는 목재 산업의 원료가 되고 있으며, 금과 구리 등이 매장되어 있다. 남쪽과 서쪽으로 더 나아가면 지대가 낮은 지역으로 Sonoran 사막과 같은 광활한 광야가 펼쳐져 있으며, 잡목과 덤불이 자라고 키가 큰 선인장들이 우뚝 서 있다. 이곳의 7월 평균 온도가 섭씨 39도에 이르고 있다. 애리조나주의 40% 이상이 사막 덤불로 뒤덮여 있음에도 진정한 사막은 1%에 불과하다.

○ 개척 역사

애리조나주는 지금도 여전히 그 어떠한 주보다도 많은 원주민들이 살고 있는 본고장이다. Apache, Hualapai, Maricopa, Papago, Pima, Southern Paiute, Yavapai 그리고 가장 유명한 Hopi, Navajo 인디언의 근거지였다. 이들의 전해 오는 이야기에 의하면, 첫 번째 유럽인들이 금, 은, 보석이 풍부한 Cibola의 유명한 7개 도시들을 찾기 위해 왔었다고 한다. 실제로 1539년 프란시스코 수도사 Marcos de Niza가 도착하였으며, 이듬해 그는 프란시스코 Vasquez de Cornado를 따라 탐험하였다. 이 탐험가들은 금, 은, 보석 등 값어치 있는 것들이 없자, 많은 마을을 공격하고 파괴했다. US route 66을 달리다 보면 Coronado 루트를 알게 된다.

1692년 스페인 예수 단원들이 들어와 인디언들을 기독교인으로 개종시켰다. 이후 몇몇 사냥꾼들이 오솔길을 만들기도 했으나 원주민들은 본래대로 정착하고 있었다. 그러나 1700년대 후반기에 스페인인. 멕시코인, 앵글로인들이 정착하러 와서 원주민들을 다른 곳으로 이주시키려 하였으나 이들의 저항이 심하여 이주시키기가 어려웠다. 1776년 스페인 사람들이 Tucson을 세웠으며, 1821년에는 스페인으로부터 독립한 멕시코의 영토가 되었다.

1853년 미국이 애리조나를 획득했을 때 텍사스와 미국 동부로부터 새로운 이민자들이 들어왔다. 그러나 그들은 곧바로 Mangas, Coloradas, Cochise 그리고 가장 유명한 Geronimo가 주도한 아파치족들로부터 큰 저항을 받았다. 1876년 미국 군대가 아파치족을 인디언 보호구역으로 강제 이주시키려 하자 Geronimo는 그의 추종자들과 함께 미국 군대에 대항하여 성공적인 싸움을 하였다. 결국 10년 후인 1886년 9월 4일 Geronimo는 생포되어 플로리다의 보호구역으로 이송되었다.

1911년에 Roosevelt Dam이 준공되었고, 1912년 미국의 48번째 주로 연방에 가입하였다. 이후 1936년 Hoover Dam이 준공되었다. 애리조나에서의 초기의 정착은 Tombstone, Bisbee 그리고 은광과 구리 광산이 있는 타운에 집중되었다. 산맥에 있는 Tucson은 멕시코풍의 초기 정착을 느낄 수 있는 많은 유적을 갖고 있다.

○ 주요 산업

20세기에 관개수로에 의한 성공적인 농사와 매혹적인 기후로 많은 사람들이 들어왔다. Colorado, Salt, Gila강에 댐이 만들어져 남부 지역의 비옥한 강 유역에 농장과 목장, 타운에 용수를 공급해 주고 있다. 농업은 애리조나의 가장 중요한 산업으로 농업용수의 85%를 관개수로를 통해 공급하고 있다. 이러한 관개농업을 통해 오렌지와 레몬, 채소류, 목화가 생산되고 있다. 애리조나주에서 하나의 평균 농장 규모는 4,557에이커로 미국에서 가장 넓게 쓰고 있다. 광산업도 역사적으로 중요한 산업으로 구리 광산이 특별하다. 19세기에 풍부한 지하 매장량의 구리가 발견되면서 많은 정착민들이 애리조나에 들어왔다. 아직도 광산업은 중요한 산업으로 남아 있으며, 미국에서의 구리 생산을 주도하고 있는 가운데 아연, 납, 은, 금, 우라늄 등도 생산하고 있다.

한편 광활한 공간과 깨끗한 파란 하늘은 항공과 군사기지를 만드는 데에 매우 이상적인 조건을 갖추고 있다. 많은 애리조나주 주민들이 제품 생산 공장에 종사하고 있으며, 항공기 제작, 컴퓨터, 프린터, 전자 산업, 무기 등의 제조업이 핵심 산업으로 성장하고 있다. 애리조나주의 주요한 도시인 Phoenix, Tucsan은 2차 세계 대전 이후 급속히 성장해 왔다.

주민의 4분지 3이 이들 2개의 도시와 주변에 살고 있다. 애리조나주의 건조하고 청명한 날씨는 은퇴자와 관광객들에게 매우 매력적이다.

○ 관광 명소

Grand Canyon National Park: 공원은 20 S. Entrance Rd. Grand Canyon Village, AZ에 소재하고 있으며 규모는 1,904sq miles(4,931sq km)이다. 애리조나주의 북서부 지역에 있으며, 매년 4백만 명 이상의 관광객들이 다녀가고 있다. 1919년 국립공원으로 지정되어 자연의 아름다움을 보존하고 있다. 대협곡의 벽을 이루고 있는 21개의 크나큰 바위가 서로 다른 위치에 놓여 있으며 주변의 전망대에서 보면 웅장하고 황홀한 광경을 나타내고 있다. 협곡에서 하이킹을 하거나 노새를 타고 다닐 수 있다.

Saguaro National Park: 공원은 2700 N. Kinney Rd. Tucson, AZ에 소재하고 있으며 규모는 143sq miles(370sq km)이다. 소노란 사막은 생물학적으로 보면 가장 비옥한 사막이다. 이를 증명할 수 있는 표식으로 사구아로 선인장을 들 수 있다. 투손시를 중심으로 동부와 서부의 사막으로 나뉘어지고 있다. 공원에는 키가 큰 사구아로 선인장이 당당하게 서 있다. 이들 선인장 중에는 수령이 15년에서 200년 된 것도 있고, 키가 50피트, 무게가 8톤이 되는 것도 있다. 연평균 강우량이 12인치 미만임에도 사구아로 선인장은 무럭무럭 자라고 있으며 늦은 봄에는 꽃이 피어난다. 동부의 저지대 사막은 Rincon Mountains으로 오르면서 선인장과는 대조적으로 상록수들이 숲을 이루고 있다.

Wupatki National Monument: 이곳은 25137 Sunset Crater-WupatkiLoop Flagstaff, AZ에 소재하고 있다. 인디언들이 거주하던 많은 절벽 주거지들과 인디언 마을이 잘 보존되어 있다. 이 공원에서 고고학자들이 Hopi와 Navajo 원주민들이 살았던 2,700개 이상의 장소를 발견하여 옛적의 생활 문화를 연구하게 되었다. 아직도 발굴되지 않은 많은 지점들이 있다. 지금도 Wupatki의 많은 장소가 원주민들에게는 신성한 장소로 여겨지고 있다.

Petrified Forest National Park: 공원은 Interstate 40 Petrified Forest, AZ에 소재하고 있으며 규모는 229sq miles(595sq km)이다. 애리조나 주의 북동부 지역에 있는 국립공원으로 색깔이 입혀진 석화된 나무들이 있다. 여기에는 mesa라고 불리우는 꼭대기가 평평한 탁자 모양의 바위들과 주변이 바람에 깎여 나가고 고립되어 있는 산들이 있다. 또한 이곳에서 중생대 초기 시대의 자연 역사와 마지막 빙하 시대 말기에 살았던 Paleo 인디언의 역사를 마주할 수 있으며, 공룡에 대해 배울 수 있고 화석도 볼 수 있다.

Arkansas

○ 일반 소개

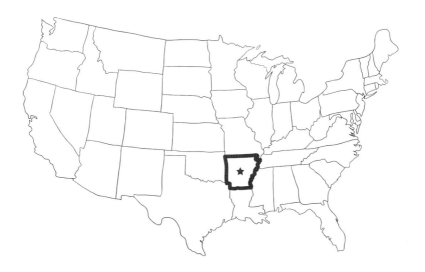

　미국의 남동부 지방에 놓여 있으며, 1836년 6월 15일에 25번째로 연방에 가입하였다. 면적이 134,874sq km로 미국의 50개 주 가운데 27위이며 인구는 3,011천 명으로 33위이다. 주요 도시로는 주도인 Little Rock을 비롯해 Fort Smith, North Little Rock이 있다. 아칸소주는 기회의 땅, Natural State로 별칭되고 있다. 주의 명칭인 Arkansas는 Quapaw 인디언 부족을 다른 인디언 부족들이 Arkansea라고 불렀던 데에서 인용된 것으로 보인다. 북쪽으로는 미국 중서부 지방의 미주리주와 경계를 두고 있으며, 남동쪽으로는 루이지애나주, 테네시주와 접해 있고, 서쪽으로는 텍사스주와 오클라호마주와 경계를 두고 있다. 아칸소주는 미시시피강을 따라 놓여 있는 저지대 평야와 서쪽에 있는 굴곡진 산맥이 아칸소주의 땅을 거의 절반씩 차지하고 있다.

아칸소는 미시시피강과 태평양 사이에 있는 주들 가운데에서 가장 작지만 이웃 주들의 여러 특성을 지니고 있다. 주의 동쪽으로는 앨라배마주와 미시시피주와 비슷해 보이는 대규모의 목화 농장들이 있고, 남서쪽으로는 텍사스 스타일의 목장들이 있다. 남동쪽으로는 습지와 이끼낀 나무들, 바다, 만들이 있어 마치 루이지애나주의 저지대와 같은 풍경을 보여 주고 있다. 다만 북쪽으로는 이웃의 여러 주들과는 달리 아칸소주만의 독특한 모습을 나타내고 있다. 여기에는 Ozark고원 지대의 일부분인 Boston산맥이 있으며 산맥의 언덕과 산기슭은 아칸소의 산지 사람들의 터전이 되어 있다.

아칸소주에는 Ozark와 Quachitas 등의 험준한 산맥과 수증기가 일어나는 온천, 강물이 서서히 흘러가는 미시시피 강변에 있는 삼각주 평야 지대 등 다양한 자연의 지형을 갖고 있어 야외 활동을 좋아하는 이들에게 많은 즐거움을 주고 있다. 한편 미국의 다른 주들과는 달리 아칸소주에는 옛 남부의 품위 있는 모습과 서부의 개척 정신이 혼합되어 있다.

○ **자연환경**

아칸소주는 남서쪽에서 북동쪽의 코너에 이르는 대각선으로 거의 절반으로 나뉘어져 있다. 미시시피강을 따라 있는 낮은 지대와 서부의 구룽진 산맥의 고원의 지대로 나누어져 있다. 아칸소의 남동쪽은 강어귀와 늪지대, 이끼가 끼어 있는 전형적인 저지대의 풍경이다. 동쪽 경계를 이루며 미시시피강이 흐르고 있다. 아칸소주의 모든 강들은 미시시피강으로 흘러들어 가고 있으며, 미시시피강과 지류 강들의 강 유역이 아칸소주 동부의 3분지 1을 점유하고 있다.

동부의 미시시피강의 기름진 유역과 남부의 걸프만 해역에는 넓은 해안 평지가 놓여 있다. 이곳의 평평한 저지대에서 목화, 쌀, 콩이 생산되고 있다. 걸프만의 해안 평지는 텍사스와 루이지애나에서 아칸소에 이르고 있으며 더 멀리 동쪽으로는 플로리다와 대서양 연안의 평지까지 연결되어 있다. 강들이 기름진 흙의 퇴적층을 두껍게 만들어 놓아 19세기와 20세기 초에 목화 재배의 고장이 될 수 있었으며, 지금은 쌀과 콩이 주로 재배되고 있다. 서남쪽의 걸프만 평원에는 천연가스와 석유가 매장되어 있고 넓은 소나무 숲과 축산하기에 좋은 목초지를 이루고 있다.

북쪽으로 가면 이웃 주들과는 달리 특이한 풍경을 보여 주고 있다. Ozark산맥으로도 불리우는 오자크고원 지대가 있다. 오자크고원 지대에는 오랜 세월 동안 빠른 물살에 침식이 이루어진 울퉁불퉁한 언덕들과 깊은 계곡들이 형성되어 있다. 언덕과 산자락에 집을 지어 살고 있으며 계곡에는 조그마한 농장들이 놓여 있다. 오자크고원 지대에 전통적인 산의 문화를 보존하고 있는 민속센터가 있어 방문객들은 빅토리안 마을을 방문하여 손으로 깎아 만든 바이올린, 밀짚 바구니, 교묘하게 짜인 자수 등을 관람할 수 있다. 근처에 세계에서 가장 큰 동굴 중 하나인 Springs Cavern이 있으며, 주변에는 숲이 우거진 산들과 푸른 호수들이 있다. Ozark고원 지대와 Quachita 지역을 나누며 아칸소강이 흐르고 있다. 아칸소강도 다른 강들처럼 미시시피강으로 흘러들어간다. 아칸소강이 만들어 놓은 넓고 기름진 계곡에서는 옥수수가 재배되고 소와 닭 등이 길러지고 있다.

○ 개척 역사

18세기에 프랑스 탐험가들이 뉴올리언즈로부터 아칸소강을 탐험하러 왔다. 그들은 아칸소주의 중앙 지역 근처에 있는 남쪽 강둑에서 강을 건너가기에 좋은 바위를 발견하였으며 이 바위를 Little Rock이라 불렀다. 오늘날 아칸소주의 주도 이름도 Little Rock으로 불리어지며 상업과 산업의 중심이 되었다.

인디언들은 Quachita 지역에 있는 많은 온천에서 목욕을 해 왔으며, 그들의 조상들이 온천에서 생겨났다고 믿었다. 그들이 신성하게 여기던 장소가 오늘날 Hot Springs 국립공원으로 지정되어 있다. 이 국립공원은 미국에서 가장 규모가 작으며 도시에 소재하고 있는 유일한 국립공원이다. 아칸소의 원주민은 미시시피 강변에서 고기잡이와 농사, 사냥을 하며 살던 인디언들이었다. 후에 Caddo 부족 같은 인디언들은 아칸소의 남서부에 있는 강을 따라 거주하였다. 반면 Tunica 부족은 남동쪽에서 생활하였고, Quapaw족은 아칸소강의 하류 지역에 거주하고 있었다.

1541년 스페인 탐험가 Hernando de Soto가 금을 찾으러 아칸소를 지나는 미시시피강을 탐사하였다. 결국 그는 여기서 금을 찾지 못하였고, 그 후 수십 년간 유럽인들에게는 잊혀진 땅이었다. 1682년 프랑스의 탐험가인 La Salle가 이 지역을 지도로 그렸고 프랑스를 위해 이 땅을 요구하였다. 그의 부관인 Henri de Toni에 의해 아칸소강의 하구 근처에 Arkansas Post 요새가 세워졌다. 이 요새는 아칸소강의 주기적인 홍수로 인해 여러 번 옮겨지며 1821년까지 이 지역의 중심 역할을 해 왔다.

1762년 프랑스가 아칸소 지역이 포함된 루이지애나를 스페인에 양도하였으나, 스페인은 소유권을 행사하지 않고 1800년 비밀리에 프랑스로 소유권을 다시 넘겨주었다. 1800년 토마스 제퍼슨이 미국 대통령으로 당선되었을 때 미국과 프랑스의 관계가 좋지 않았다. 제퍼슨은 프랑스가 미시시피강을 이용하는 미국 무역을 방해할까 봐 염려했다. 이에 1803년 제퍼슨은 바다와 접해 있는 강어귀의 작은 크기의 땅을 사겠다고 요청했다. 놀랍게도 프랑스는 80만 평방 마일의 땅을 단지 15백만 달러에 살 것을 제안했으며, 프랑스의 제안에 따라 미국이 매입하게 되었다. 이 같은 미국의 매입이 루이지애나 매입으로 알려진 것이다. 이에 따라 오늘날 아칸소, 미주리, 아이오와, 노스다코타, 사우스다코타, 네브래스카, 오클라호마, 캔자스, 루이지애나, 와이오밍, 콜로라도의 땅이 미국에 편입되었다. 1819년 아칸소의 영토가 만들어졌으며, 1836년 미국의 25번째 주로 연방에 가입하였다. 남북 전쟁 때인 1861년 연방에서 탈퇴하였다가 1868년 다시 가입하였다.

○ 주요 산업

19세기 초에는 목화를 재배하려는 이주자들이 기름진 저지대 평야로 들어왔고, 아칸소주의 초기에는 면화 재배를 비롯한 농업이 경제의 중요한 분야였다. 아칸소주에서는 미국에서 생산되는 거의 모든 작물이 재배되고 있는 가운데 아직도 옥수수와 목화는 쌀, 콩과 함께 주요한 작물이다. 아칸소주는 대략 전체 면적의 4분지 1이 삼림으로 뒤덮혀 있어 한동안 목재가 아칸소주의 산업을 주도하기도 했다. Quichita산맥에는 소나무를 비롯해 단단한 나무들이 곧게 자라나 있어 많은 주민들이 목재와 관련한 벌목, 펄프, 가구, 종이 생산에 종사하고 있다.

지하자원도 풍부하여 석유, 석탄, 천연가스뿐만 아니라 품질이 가장 우수한 알루미늄 원석 등 지하자원이 매장되어 있으며, 북미에서는 유일한 다이아몬드 광산이 있다. 알루미늄 원광과 다이아몬드 광석은 북미에서의 생산을 주도하고 있다. 1887년 알루미늄의 원광석인 보오크사이트가 발견되었으며, 1906년에는 다이아몬드가 발견되었다. 1921년에는 석유가 발견되었다. 이 같은 3가지의 지하자원이 발견되면서 아칸소주의 경제 구조가 변화하였다. 오늘날은 이 같은 지하자원에다가 석탄, 천연가스가 추가되어 생산되고 있다.

아칸소주는 많은 호수와 시내, Quachita, Ozark national forest를 포함한 풍성한 숲을 가지고 있다. 천연 온천은 가장 유명하며 온천 지역에는 건강을 위한 휴양소가 지어져 있다. 오늘날 많은 관광객들과 은퇴자들이 자연이 아름다운 Ozark 지역 등을 찾아 오고 있다.

○ 관광 명소

Hot Springs National Park: 공원은 369 Central Ave. Hot Springs, AR에 소재하고 있다. 의사나 환자들에 의해 광천수로 병을 치유하는 것이 높이 평가받던 시기에는 이곳 Hot Springs에서 온천욕을 하기 위해 전국에서 모여들었다. 온천에 대한 인기로 온천욕 건물들이 줄지어 들어섰고 20세기 초에서부터 최근에 이르기까지 고급 호텔들이 세워졌다. 지하에서 분출되는 온천수의 온도는 화씨 143도이며 광물 성분이 풍부하다. 공원 주변의 언덕들을 돌아보면서 주변의 아름다운 경치도 즐길 수 있다.

Buffalo National River: 이곳은 170 Ranger Rd, St. Joe, AR에 소재하고 있다. 아칸소주의 북서쪽 지역에 있는 강으로 맑고 깨끗한 강물과 울창한 숲 그리고 들소가 살고 있는 아름다운 강이다. 이곳에 보기 흉하게 파헤쳐질 댐의 건설에 대한 논쟁이 끝난 후인 1972년 미국의 첫 번째 공식적인 국립보호의 강으로 지정되어 자연이 보호되고 있다. 오늘날은 Ozark강으로 불리며, 135마일의 강에서 사람들이 카누와 래프팅을 즐기고 있다.

Ozark National Forest: 이곳은 Ozone, AR에 소재하고 있으며 아칸소주에서 가장 높은 지점에 있다. 여기에는 Mount Magazine산과 Blanchard Springs Caverns이 있다.

California

○ 일반 소개

　캘리포니아주는 태평양과 접해 있는 미국의 서부 지방에 있으며, 1850년 9월 9일 31번째로 연방에 가입하였다.

　면적은 403,970sq km로 미국의 50개 주 가운데 3위이고 인구는 39,538천 명으로 단연 1위이다. 주요 도시로는 주도인 Sacramento와 Los Angeles, San Diego, San Francisco 등이 있다. 캘리포니아주는 Golden State, 서부의 Empire State로도 불리고 있다. 1849년 Gold Rush로 캘리포니아주는 많은 미국 사람들이 선호하는 지역이 되어 가장 빠르게 성장해 왔으며, 그 후에도 1870년에 개통된 대륙 횡단 철도와 1920년대의 자동차 발명 등으로 이주하기가 훨씬 수월해졌었다. 1930년대에는 오클라호마주에서 발생한 Dust Bowl로 인해 많은 오클라호마 주민들의 유입이 있었으며, 그 후로도 공장과 농장에서 일을 하기 위해 이주자들이 계속 들어왔다.

골든스테이트는 웅장한 삼나무와 고도가 높은 시에라산맥 등 자연에서부터 할리우드의 영화 산업, 실리콘 밸리의 첨단 산업에 이르기까지 여러 방면에서 각광을 받고 있다. 날씨와 산맥, 수많은 종류의 동물 등 자연환경을 자랑할 뿐만 아니라, 잘 연결되어 있는 고속도로와 수많은 자동차, 가장 많은 인구를 갖고 있다. 또한 캘리포니아에는 가장 크고 가장 오래된 나무들, 가장 넓은 산정호수가 있으며, 해발 고도가 가장 낮은 지점이 있는가 하면 알래스카를 제외하고는 제일 높은 산맥이 있다.

캘리포니아주에는 세계적 수준의 박물관과 야외 테마공원이 있어 멋과 맛을 즐길 수 있으며, 무엇보다도 초기의 원주민에서부터 새로운 식민지를 찾아온 스페인 탐험가들에게 이르기까지 캘리포니아는 더 나은 삶을 위해 찾아온 사람들에게 희망과 약속의 땅이었다. 골드러시 때부터는 미국의 다른 주 사람들에게 마술적인 매력을 갖고 있었다. 사람들이 금을 기대하며 이곳으로 몰려오거나 영화를 만들기 위해, 또는 햇빛을 즐기러 오려는 사람들에게 캘리포니아는 꿈의 땅으로 여겨지고 있다.

○ 자연환경

캘리포니아는 크게 북부, 중부, 남부 캘리포니아로 나누어 볼 수 있다. 북부 캘리포니아는 시원한 기후와 아름다운 산들이 많이 있고 바위가 군데군데 솟아 있는 인상적인 해안선을 갖고 있다. 북서쪽에는 높고 날카로운 Klamath산맥이 있다. 북동쪽에는 Lassen Park와 같은 화산이 있으며, Sierra Nevada산맥에는 수많은 웅장한 바위 봉우리들로 거대한 장관을 이루고 있다. 해안 지역과 시에라네바다산맥의 사이에는 드넓은 중앙 분지가 놓여 있다. 이곳은 주요한 농촌 지역으로, 이곳의 남쪽에서 흐르는 Sacramento강과 북쪽에서 흐르는 San Joaquin강이 중앙 분지를 통과하며 물을 공급해 주고 있으며, 거의 중앙부에서 만나 서쪽의 San Francisco만으로 흘러 나간다.

시에라네바다산맥의 남쪽 끝에는 불모지인 Death Valley가 있으며, 그 아래로 모하비 사막이 있는데 모하비 사막은 네바다주와 다른 주로도 연결된 분지를 이루고 있다. 남쪽의 로스앤젤레스 근처의 산들은 다른 지역의 산들이 남북으로 뻗어 있는 것과는 달리 동서로 뻗어 있다. 캘리포니아주 안에는 깨어져 틈이 있는 12개의 지각판을 갖고 있다. 이 가운데 가장 잘 알려진 Andreas Fault가 있는데, 이는 멕시코와의 국경 근처에서부터 San Francisco를 거쳐 Clear Lake 인근의 바다에까지 연결되어 있다.

캘리포니아 성장의 대부분은 샌프란시스코의 남쪽 해안을 따라 이루어져 왔다. 남부의 많은 지역이 고온 건조한 불모의 땅으로 주 정부와 연방 정부에서는 멀리 떨어져 있는 콜로라도강과 북부 캘리포니아로부터 수로와 수도관을 건설하여 물을 끌어와 사용하고 있다. 지금도 많은 사람들이 남부 캘리포니아로 이주해 오고 있어 더욱 많은 물이 필요한 실정이다.

캘리포니아는 거의 모든 종류의 기후대를 보이고 있다. 북쪽 해안 지역은 습기가 많고 선선하며 평균 254cm의 강우량을 보이는 반면 남쪽에는 연중 대부분이 햇빛이 찬란하며 온화한 날씨를 보이고 있다. 내륙에 있는 시에라네바다산맥에는 눈이 휘감고 있는 반면에 데스밸리 사막에서는 건조하며 매우 더운 기온을 보이고 있다. 1913년 기온이 섭씨 57도의 기록을 보여 미국에서 가장 높은 기록을 갖고 있다.

남쪽의 샌디에고에서 북쪽의 소노마에 이르기까지 캘리포니아의 해안을 따라 스페인 미션이 세워져 있다. 이러한 미션은 18세기 후반에 인디언을 카톨릭으로 개종시키려는 선교사들에 의해 세워졌다. 가장 유명한 미션 가운데 하나인 San Juan Capistrano 미션은 제비들이 해마다 처음으로 찾아오는 곳으로 알려져 있다.

○ 개척 역사

캘리포니아를 최초로 찾아온 유럽인은 스페인 사람들이었다. 그들은 캘리포니아라고 일컫는 부유한 땅에 대한 이야기를 들어 왔다. 1542년에 실제로 탐험가인 Juan Rodriguez Cabrillo가 전설로 내려오던 부를 찾아 이곳에 왔으나 찾지 못하고 단지 원주민인 Paiute, Shoshone, Maidu, Mohave, Yuma 부족 등 500여 인디언들을 보았을 뿐이었다. Franciscan Mission이 샌디에고에 세워진 1769년까지는 유럽인 정착이 이루어지지 않았다. 1770년대 카톨릭 신부들이 개종한 인디언들을 노동자로 사용하며 선교처를 세워나갔다. 곧이어 스페인 사람과 멕시칸 정착민들이 농장을 만들고 인디언들을 노동자로 삼았다. 이후 멕시코의 영토가 되었고 규모가 큰 가축 목장들이 세워지고 동부로부터도 사람들이 유입되었다.

멕시코와의 전쟁 승리로 1846년 미국의 영토가 되었다. 1848년에 새크라멘토 인근 Sutter's Mill에서 금이 발견되면서 Gold Rush가 이루어졌다. 탐광자들이 몰려오면서 12년 후의 캘리포니아 인구가 26,000명에서 380,000명으로 급속히 증가하였다. 이 시기에 중국인들도 들어와 골드러시와 대륙 횡단 철도 건설에 참여하게 되었다. 1850년 미국의 31번째 주로 연방에 가입하였다. 1869년에는 대륙 횡단 철도가 완공되어 다른 주들의 농부들이 농토가 풍부한 캘리포니아로 이주하기가 쉽게 되었으며, 이로 인해 땅값이 크게 올랐다. 1900년대에는 영화 제작자들이 Hollywood라고 하는 조그만 타운에 가게를 열었으며, 곧 그 이름이 영화 산업의 중심으로 자리매김을 하였다. 그러나 1929년 대공황의 충격으로 거의 3분지 1이 파산 상태에 놓이기도 했었다.

1941년 미국이 일본과 전쟁을 하게 되었을 때 일본계 미국인들이 적국인 일본에 충성할 것이라는 소문이 났다. 1942년 미국 정부는 이들을 몬태나, 아이다호 등 바다에 접근할 수 없는 다른 주들에 있는 강제수용소로 이주시켰다. 전쟁이 끝나서 일본계 미국인들은 풀려났으나 많은 이들이 집과 상점, 예금 등을 잃었다. 몇 년 후 미국 의회에 의해 그들은 얼마간 상실한 재산을 보상받을 수 있었다.

○ 주요 산업

캘리포니아주는 풍부한 자원과 대규모 농업을 하기에 알맞은 기후와 지형, 다양한 산업, 1,200마일에 이르는 해안선과 서부의 황제주로 만든 훌륭한 여러 항구들이 잘 결합되어 있다. 눈 덮힌 Sierra Nevada, 기름진 계곡, 거대한 삼나무들, 모하비와 콜로라도 사막, 샌프란시스코만 등이 있다. 금, 은, 철, 석유 등의 풍부한 지하자원에다가 자연 삼림이 전체 면적의 5분지 1을 덮고 있다. 캘리포니아주는 물을 제외하고는 모든 것을 갖고 있어 보인다. 부족한 물은 관개시설을 통해 이용하면서 미국에서 과일과 채소, 품질 좋은 포도주 생산을 주도하고 있다. 캘리포니아 주민의 1% 정도만이 농업에 종사하고 있지만 미국의 농산물을 주도하고 있다.

제2차 세계 대전이 끝난 후 캘리포니아 주민들은 항공기 제작에서 새로운 일자리를 찾았다. 1970년대에는 San Jose Silicon에서 컴퓨터 산업이 활발히 발전하면서 캘리포니아주에 번영이 찾아왔다. 고급 기술의 회사들이 세계적으로 사용될 컴퓨터를 발명하였다. 이러한 하이테크 산업에서 캘리포니아 노동자의 20% 정도가 종사하고 있다. 또한 전쟁 후 캘리포니아는 테마파크의 땅이 되었다. Knott Berry Farm, Marineland, Sea World, Disneyland 등이 세워져 관광객들에게 새로운 흥미로운 것들을 끊임없이 제공해 오고 있다. 1955년에 개설한 디즈니랜드는 아직도 가장 유명한 테마파크이다.

○ 관광 명소

Channel Islands National Park: 공원은 1901 Spinnake Dr. Ventura, CA에 소재하고 있다. 채널 아일랜드는 249,354에이커의 규모로, 캘리포니아 중부 해안에 소재하고 있다. 채널 아일랜드에 있는 8개의 섬들 가운데 5개의 섬들이 국립공원을 구성하고 있다. 이들 섬들은 물밑으로는 본토 해안에 있는 Santa Monica산맥과 연결되어 있었던 산이었으나, 물에 가라앉아 산꼭대기만 드러내고 있는 것이다. 공원의 바다는 지구에서 가장 큰 동물인 흰장수고래의 서식지이다. 공원에서 가장 서쪽에 있는 San Miguel섬의 Point Bennet 해변에는 매년 겨울에 2만여 마리의 바다표범과 바다사자들이 모여들고 있다.

Death Valley National Park: 공원은 Furnace Creek, CA에 소재하고 있으며 규모는 5,270sq miles(13,649sq km)이다. 데스밸리 국립공원은 캘리포니아주의 시에라네바다산맥 동부 지역으로 네바다주와 접경하고 있다. 데스밸리 지역은 여러 가지 면에서 대조적인 모습을 보이고 있다. 이곳의 최저 지점은 Badwater 근처로 고도가 해면보다 낮은 해저 282피트인 반면 Mount Whitney산의 정상 고도는 해발 14,494피트에 달하고 있다. 7월의 낮 기온이 종종 화씨 120도를 기록하고 있으며, 폐광과 바짝 말라 있는 동물들의 두개골이 사막의 군데군데에 놓여 있는 반면 봄비가 내린 후에는 야생화가 드넓게 피어나고 Furnace Creek Oasis에는 야자수가 무성하게 자라고 있다.

Joshua Tree National Park: 공원은 6554 Park Blvd. Joshua Tree, CA에 소재하고 있으며 규모는 1,235sq miles(3,199sq km)이다. 무시무시하게 생긴 가지를 가지고 있는 조슈아 나무가 군집해 있는 공원으로 콜로라도강과 모하비 사막 사이에 놓여 있다. 공원에는 스라소니, 올빼미, 코요테, 방울뱀 등이 서식하고 있다. 한때는 원주민들의 영토였으며 그들이 바위에 새겨 놓은 그림문자가 있다. 또한 금을 탐광하는 자들이 이곳 사막에 찾아오기도 했다. 오늘날에는 조용하고 잔잔한 야생의 공원이다.

Yosemite National Park: 공원은 Yosemite National Park, CA에 있다. 자연을 탐험하던 John Muir는 요세미티 협곡의 경치를 보게 되자 전율을 느꼈다고 한다. 빙하가 흐르면서 만들어진 Merced강의 수로가 거대한 화강암 바윗덩어리인 Half Dome과 El Capitan 아래를 굽이쳐 흐르고 있다. John Muir의 노력으로 이곳이 널찍한 공원의 땅으로 보존되게 되었으며, 빙하의 침식으로 이루어졌다는 사실을 증명하였다. 요세미티 공원에는 강과 아름다운 폭포, 매우 키가 큰 세쿼이아 나무의 삼림 지대, 꽃이 만발하는 Tuolumne 초원이 있다.

Golden Gate National Recreation Area: 이곳은 201 Fort Mason, San Francisco, CA에 소재하며 규모는 129sq miles(335sq km)이다. 대부분의 사람들이 Golden Gate National Recreation Area를 샌프란시스코만을 곧바로 가로지르는 오렌지색의 4.3km의 현수교 지역만을 생각한다. 그러나 이 공원은 Marin 카운티의 Tomales Bay에서 San Mateo 카운티에 있는 Phleger Estate에 이르고 있다. 여기에는 5개의 등대, 235km에 이르는 오솔길, 1,439개의 역사적 건축물들이 있다.

Sequoia National Park: 공원은 47050 Generals Hwy Three Rivers, CA에 소재하며 규모는 631sq miles(1,634sq km)이다. 1890년에 Benjamin Harrison 대통령이 미국에서 2번째 국립공원으로 지정했다. 이는 거대한 세쿼이아 나무를 산불과 벌목으로부터 보호하기 위한 것이었다. 이곳은 Siera Nevada산맥의 서쪽 경사면에 있는 험준한 산악 지대로 당시 접근하기가 매우 어려운 곳이었다. 켄터키주에서 노예로 태어났던 흑인인 Charles Young은 96명의 Buffalo 군대 지휘관으로 1903년 공원에 들어와서 삼림감독관의 역할을 했다. 그의 군대는 힘든 작업을 수개월 동안 하여 관광객들이 세쿼이아 숲에 이르는 길을 만들었다. 이 공원에는 세계에서 가장 큰 나무인 General Sherman이 있다. 이 나무의 크기는 높이가 83m이며 지름이 11m에 이르고 있다.

Kings Canyon National Park: 공원은 47050 Generals Hwy, Three Rivers, CA에 소재하며 규모는 722sq miles(1,869sq km)이다. 높이 자란 세쿼이아 나무들이 숲을 이루고 있으며, 강들이 흰 물살을 일으키며 거친 광경을 나타내고 있다. High Sierra의 웅장한 대리석 봉우리가 높이 솟아 있으며, 이곳의 협곡은 미국에서 가장 깊은 협곡 중 하나이다. 킹스 캐년 국립공원은 등산객들과 카약을 즐기는 사람들 그리고 야생의 자연에 심취하려는 사람들로부터 사랑을 받는 공원이다.

Pinnacles National Park: 공원은 5000 Highway 146, Pinnacles, CA에 소재하며 규모는 42sq miles(108sq km)이다. 샌프란시스코에서 남동쪽으로 193km 떨어진 Gabilan산맥에 있다. 여기에는 적갈색을 띤 산봉우리들이 하늘로 솟아나 있다. San Andreas 단층을 마주하며, 태평양 지각판에 의한 화산 폭발의 흔적이 남아 있다. 수백만 년 동안 바람과 물이 바위를 서서히 침식하고 작은 시냇물들이 계곡을 날카롭게 깎아내려 났다.

Redwood National & State Parks: 공원은 1111 Second St. Crescent City, CA에 소재하며 규모는 172sq miles(445sq km)이다. 벌목꾼들이 캘리포니아에서 나무를 베기 시작했던 1850년에는 캘리포니아 북부 지방을 가로지르며 무성하게 자란 해안의 삼나무 숲이 2백만 에이커에 달하였다. 오늘날 이들 가운데 5%만이 남아 있다. 오리건주와의 경계선의 남쪽 지역이 redwood 국립공원과 주립공원으로 지정되면서 남아 있는 삼나무들을 정성껏 보존하고 있다. 이곳에서 자라는 해안 redwood는 세계 redwood의 절반을 차지하고 있다.

Lassen Volcanic National Park: 공원은 21820 Lassen National Park Highway, Mineral, CA에 소재하며 규모는 166sq miles(429sq km)이다. 라센 국립공원에 있는 바위 중 4분지 1은 화산 폭발로 생겨진 것으로 그 형태가 방패 모양, 원추형, 둥근 지붕 모양 등 매우 다양하다. 공원의 중앙부에는 고도가 3,187m에 이르는 높은 산이 솟아 있다. 이 산은 Atsugewi, Yana, Yahi, Maidu 원주민들에게 신성한 산으로 여겨졌다. 공원에는 사슴, 연어, 도토리 열매 등이 풍부하다.

Colorado

○ 일반 소개

　콜로라도주는 미국 서부 지방의 록키산맥 지역에 위치하고 있으며, 1876년 8월 1일 38번째 주로 연방에 가입하였다. 면적은 268,658sq km로 미국의 50개 주 가운데 8위이고 인구는 5,773천 명으로 21위이다. 주요 도시로는 주도인 Denver를 비롯해 Colorado Springs, Aurora가 있다. 콜로라도주는 the Highest State, the Switzerland of America라는 별칭을 갖고 있으며, 미국 독립 100주년이 되던 해에 연방에 가입하여 Centennial State라고도 불리고 있다. 콜로라도주의 명칭인 Colorado는 콜로라도강의 이름에서 유래되었는데, 이는 이곳의 붉은 바위가 침식되어 강물에 섞여 흘러 붉은색을 띠고 있어 이를 본 스페인 탐험가들이 강의 이름을 붉다는 의미인 Colorado라 부른 데에서 기인하고 있다.

전환점이라는 말은 콜로라도주에 적합할 것 같다. 지리적으로도 대평원에서 록키산맥으로 바뀌는 지점에 놓여 있고, 주민들도 미국에서 가장 보수적이거나 가장 진보적인 사람들이 함께 살고 있으며, 일부 주민은 대도시에 거주하는 반면에 어떤 이들은 바람에 쓸려 나간 쇠락한 타운에서 지내고 있기도 하다. 수많은 야생의 공원과 물살이 거칠게 흐르는 강, 붉은 바위의 계곡, 눈이 많이 내리는 겨울 등은 콜로라도주의 매력을 더해 주고 있다.

콜로라도주의 동쪽 경계는 미국 중서부의 평원을 가로질러 놓여 있고, 반면에 서쪽 경계는 통바위의 날카로운 봉우리로 굴곡져 있는 곳에 만들어져 있다. 한때는 들소가 어슬렁거리던 동부의 초원지역은 서쪽으로 오면서 고도가 높아지면서 콜로라도주의 중앙부의 록키산맥의 기저에서 그치고 있다. 서쪽으로는 록키산맥으로 이어지고 있다. 서쪽의 록키산맥은 양다리를 벌리고 있듯이 뻗어 있다. 콜로라도주는 평균 해발 2,073m로 미국의 어느 주보다도 지대가 높으며, 록키산맥 중에서도 가장 높은 부분에 놓여 있다. 미국에서 2번째로 높은 Elbert산을 포함하여 해발 4,267m 이상의 산봉우리만 50개가 넘고 있어 아메리카의 스위스라 불리워지고 있다.

○ 자연환경

콜로라도주를 통해 대륙이 나뉘어져 있으며, 강들이 동쪽과 서쪽으로 나뉘어 흐르게 되어 있다. 주요한 강으로는 Colorado강, Rio Grande 강, Arkansas강, South Platte강이 있다. 평원인 동쪽 경계에서부터 서쪽의 록키산맥의 기슭에 이르기까지 지면이 점차 높아지고 있는 콜로라도 주는 크게 3개 지역으로 나누어 볼 수 있다. 동쪽 지역은 건조하고 바람이 많이 부는 광활한 평원으로 석유와 천연가스가 발견되고 있으며, 밀과 옥수수, 건초가 재배되고 축산이 이루어지고 있다. 비와 눈이 많이 내려 수자원이 풍부한 서부와는 달리 동부 지역은 수자원이 부족하여 이를 충당하기 위해 댐과 수로를 만들어 서부로부터 물을 끌어와 사용하고 있다.

중앙 지역은 록키산맥의 산기슭으로 전체 주민의 80%가 거주하고 있으며, 주의 수도이며 심장부로 가장 큰 도시인 Denver가 있다. 덴버는 현대적인 상업 중심의 도시로 초기 개척자들의 흔적이 남아 있다. 주청사에는 흑인 노예 출신으로 자유를 얻어 덴버에서 서부로 가는 역마차에 음식을 만들어 제공했던 Aunt Clara Brown을 기념하는 창문이 있다. 또한 흑인 서부박물관과 역사센터도 있다. 덴버에는 조폐국이 있어 동전 주화의 주조 날짜 아래에 'D'가 새겨져 있는 주화는 덴버 조폐국에서 만들어진 것을 표시하고 있다.

서부 지역은 높고 울퉁불퉁한 거대한 록키산맥이 서부 지역의 절반을 차지하고 있어 언덕과 계곡이 많다. 산맥에는 금, 은, 납, 철, 몰리브덴 등 많은 지하자원이 매장되어 있으며, 이곳에서는 농부들이 계곡 분지에서 옥수수를 재배하고, 산기슭의 목초지에서는 양과 소를 기르고 있다. 북서쪽 산맥에는 Vail, Aspen, Telluride 등의 유명 스키 리조트가 있어 스키철에는 세계에서 많은 스키어들이 몰려오고 있다. 남서쪽에는 미국에서 가장 넓은 절벽 주거지로 유명한 Mesa Verde가 있다. Anazi라고 알려진 인디언들이 콜로라도고원에 있는 바위 절벽을 깎아서 주거지를 만들어 사용했다.

○ 개척 역사

대략 400년 전 콜로라도는 Cheyenne, Arapaho, Ute 원주민들의 본거지로 동부 콜로라도의 지대가 높은 평원에서 들소를 사냥하며 들소 가죽으로 만든 원통형의 천막집을 짓고 살았다. 1540년 Coronado를 비롯한 스페인 탐험대가 이곳에 들어온 것으로 여겨지는 기록들이 있다. 1806년 미국 연방 정부를 위해 콜로라도를 탐험하던 Zebulon이 그의 이름을 따라 불리는 유명한 Zebulon M. Pike를 발견하였다. 1842년에는 John Fremont가 콜로라도를 탐험하였다.

1848년 미국이 멕시코로부터 콜로라도를 획득하였고, 1851년 최초의 영구 백인 정착이 San Luis에서 이루어졌었으나, 1858년 금이 발견되기 전에는 알려지지 않았었다. 1858년 덴버 근처에 있는 South Platte강의 지류에서 금과 은이 발견되었고, 이어 1860년, 1861년, 1862년 Central City, Leadville 그리고 Cripple Creak에서 연이어 발견되었다. 이로 인해 수천 명의 탐광자들과 개척 이주자들이 들어왔다. 1861년 콜로라도 영토가 만들어졌고 1876년 미국의 38번째 주로 연방에 가입하였다.

원주민들은 미국 군대에 의해 마지못해 그들의 터전을 포기하고 떠나기 시작했다. 예를 들면 1861년 Cheyenne 원주민은 그들 지역의 많은 부분을 포기하고 미국에 양도하였다. 1864년 Sand Creek에서 인디언의 대량 학살이 일어나자, 이에 Cheyenne, Arapaho 인디언들은 다시 싸움을 시작했으나, 결국 인디언들은 크게 패배하여 1879년 오클라호마주에 있는 Likewise 인디언 보호 구역으로 강제 이주당하였다. Ute 인디언도 미국의 침입에 대항하여 싸웠으나 결국 1880년에 조그마한 인디언 보호 구역으로 추방당하였다.

○ 주요 산업

농축 산업이 콜로라도주 경제의 주요 분야로, 전체 땅의 40%가 목축에 사용되고 있다. 다음으로는 광업으로 우라늄, 금, 은, 구리, 석유가 아직도 큰 산업이다. 1850년대 금과 은의 발견으로 탐광자들과 정착민들이 들어왔다. 오늘날은 우라늄과 바나디움 광산의 비중이 커지고 있으며, 이들 광물은 핵에너지 위원회의 연구시설에서 사용되고 있다. 콜로라도주의 미래는 덴버와 콜로라도 스프링스에서의 우주 산업, 전자, 산업 연구 개발에 달려 있다. 미국 정부의 후원 아래 군사 연구와 원자력 연구가 활발히 이루어지고 있다.

관광 산업이 큰 비중을 차지하고 있다. 콜로라도주는 건조하고 매력 있는 날씨와 장엄한 자연 경관을 갖고 있으며, 12개 이상의 스키장과 수많은 기념물, 국립 삼림지와 3개의 국립공원이 있어 많은 관광객들이 찾아오고 있다. Bent's Fort, Fort Garland 같은 역사적인 군사 요새를 갖고 있었던 콜로라도주에는 오늘날 북미 방공사령부인 North American Air Defense Command와 공군사관학교인 U.S. Air Force Academy가 있으며, 모두 Colorado Springs 근처에 있다. 높은 고도에 세워진 Denver는 콜로라도주의 수도로 록키산맥 지역의 상업 및 문화의 중심에 있다.

○ 관광 명소

Mesa Verde National Park: 공원은 7 Headquarter Loop. Mesa Verde National Park, CO에 소재하고 있다. 공원의 넓이가 52,122에이커인 이곳에 약 1400년 전 Anasazi 원주민들은이 녹색의 큰 탁자처럼 생긴 통바위산인 Mesa Verde에 쑥 나와 있는 절벽에 그들을 보호할 수 있는 작은 방을 만들어 거주하였다. 그 후 그들은 서기 1230년경에서 1260년경 사이에는 돌과 벽돌을 혼합하여 집과 구조물을 지었다. 1300년경 그들이 이곳 거주지를 떠난 이유는 알 수가 없다. 공원에 있는 Chapin Mesa Museum에는 당시에 원주민들이 사용하던 연장 도구, 바구니, 도자기 등이 온전한 상태로 전시되어 있다.

Rocky Mountain National Park: 공원은 1000 US Hwy 36. Estes Park, CO에 소재하고 있다. 공원은 콜로라도주의 북부 중앙 지역에 있으며, 넓이는 265,727에이커이다. 큰 뿔을 가진 산양이 누비고 다니는 이곳 록키산맥의 고원 지대는 대륙의 분기점으로 산맥의 지붕 선을 따라 동과 서로 물길이 갈라지고 있다. 공원은 록키산맥의 중앙에 놓여 있으며, 해발 고도가 14,000피트 이상 되는 산봉우리가 여럿 있다. 야생화가 만발하는 초원이 있으며 6월 말에서 7월에는 산꼭대기까지 올라가며 꽃이 핀다. 반면 공원의 3분지 1의 지역은 나무가 자랄 수 없는 고원 지역이다.

Garden of the Gods Park: 공원은 1805 N. 30th St. Colorado Springs, CO에 소재하고 있다. 1,350에이커의 공원에는 이색적인 식물이 자라고

있으며 바람에 깎여진 바위들이 있다. 야외 소풍과 하이킹을 할 수 있다.

Black Canyun of the Gunnison National Park: 공원은 9800 Highway 347, Montrose, CO에 소재하고 있으며 규모는 48sq miles(121sq km)이다. 웨스트 포인트 육군사관학교 출신의 John W. Gunnison 대위가 1853년에 태평양에 도달할 수 있는 철로길을 찾기 위해 탐험대를 이끌고 왔다. 그해 9월에 그는 지금의 이곳 공원의 낭떠러지 절벽 가장자리에 도착했다. 그는 거기서 마치 커다란 뱀이 움직이는 것 같은 좁고 꾸불꾸불한 계곡에서 시냇물이 흐르는 것을 보았다. 그는 이곳이 가장 험준하고 가파른 언덕 지역으로 생각했다. 여기에는 콜로라도주에서 가장 크고 색깔이 있는 높이 686m의 절벽이 있으며, 붉은색을 띠고 있는 Yucca 식물이 공원의 군데군데에서 자라고 있다.

Great Sand Dunes National Park: 공원은 11999 State Highway 150, Mosca, CO에 소재하고 있으며 규모는 169sq miles(437sq km)이다. 콜로라도주 San Luis Valley에 있는 국립공원으로 북미에서 가장 큰 모래 언덕이 있는데, 언덕의 높이가 228m이며 넓이는 72sq km에 이른다. 마치 안개가 낀 것 같은 신기루가 파도치며 하늘로 오르는 광경을 보이고 있다. 고도가 4,372m로 두터운 화산재가 넓게 쌓여져 있는 Blanca Peak의 그늘은 환상적인 광경을 보이고 있다. Blanca Peak는 Navajo 인디언들이 신성시하는 산이다.

Connecticut

○ 일반 소개

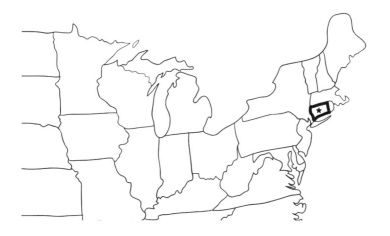

코네티컷주는 미국의 북동부 지방의 뉴잉글랜드에 속해 있으며, 1788년 1월 9일 5번째로 연방에 가입하였다. 면적은 12,549sq km로 미국의 50개 주 가운데 48위이며 인구는 3,606천 명으로 29위에 놓여 있다. 주요 도시로는 주도인 Hartford와 Bridgeport, New Haven이 있다. 코네티컷주는 the Constitution State, the Nutmeg State라는 별칭을 갖고 있다.

완고한 전통의 땅이라고도 불리는 코네티컷은 1630년대에 이웃인 매사추세츠로부터 이주해 온 청교도들에 의해 건설되었고 후에는 영국의 식민 지배에 반항하는 중심 역할을 했다. 코네티컷주는 미국의 식민지 시대부터 정치, 교육 분야에서 주도적인 역할을 해 왔고, 제조와 발명을 선도하여 왔으며, 미국의 최초 주화, 자전거, 고무신, 연발 권총 등이 코네티컷에서 처음으로 만들어졌다. 오늘날도 헬리콥터, 제트기 부품, 잠수함을 제작하고 있으며, 금융 분야에서도 선도적인 역할을 하고 있다. 많은 관광객들이 풍부한 식민지 시대의 유산과 문화 행사를 관람도 하고 긴 해안에서 즐기려고 코네티컷주를 찾아오고 있다.

주의 명칭인 Connecticut은 이곳에 거주하던 Algonquin 인디언들이 지금의 코네티컷 강변을 조수 간만이 있는 매우 긴 강의 옆이라는 의미인 Quinnitukqut라고 부른 데에서 유래하고 있다. 코네티컷강은 서부와 동부의 고지대 사이로 흐르면서 코네티컷주를 서부와 동부로 거의 절반씩 나누어 놓고 있다. 길이가 407마일로 뉴잉글랜드 지방에서는 가장 길다.

○ 자연환경

코네티컷주의 면적은 미국에서 3번째로 작은 주이다. 소규모의 농장과 전원적인 마을들이 군데군데 놓여 있는 구릉진 시골이 많은 주이지만 시골 인구는 20% 정도에 불과하고 80% 정도는 도시 지역에 거주하고 있는 도회적인 주이다. 인구는 남쪽 끝으로 연결되어 있는 대표적 대도시인 뉴욕주의 뉴욕시 교외 지역과 북쪽 지역에 있는 수도인 Hartford를 중심으로 밀집되어 있다.

코네티컷주는 4개의 지역으로 나눌 수 있다. 북서쪽에는 Berkshire산맥의 동편 끝으로 western uplands고원 지대가 있으며, 산맥의 아래쪽에는 Connecticut강이 흐르며 강을 끼고 있는 코네티컷 valley가 놓여 있다. 더욱더 동편에는 Eastern Uplands고원 지대로 낙농장으로 이용되고 있는 언덕진 시골이다. 코네티컷의 남쪽 경계에는 해안과 만을 끼고 있는 Long Island 해협이 있다.

코네티컷주는 2가지의 큰 자연 혜택을 받고 있다. 하나는 해변이 굴곡져서 안전한 항구가 될 수 있는 긴 해안이 남쪽 경계선까지 뻗어 있는 것이고, 또 하나는 코네티컷주를 동서로 나누며 흐르는 코네티컷강 유역의 기름진 땅이다. 코네티컷강의 유역에는 흙이 얇고 바위로 된 낮은 언덕들이 있다. 여기에는 빙하에 깎여져 만들어진 둥근 돌들이 많이 있다. 땅의 주민들이 그들의 목초지를 만들 때 모아진 돌로 담을 만들었는데 그 담들을 연결하면 약 40000km에 이른다고 한다.

코네티컷강을 따라 내려가면 해안의 저지대에 이른다. 여기에는 어업으로 번성했던 항구들이 있었다. 한편 18세기 중엽 Mystic항구에서는 선박 건조가 이루어져 무역과 선박 건조에 따른 원자재 업종의 성장을 유발하여 코네티컷을 산업주로 만들었다. 오늘날 Mystic은 바다항구로 다시 만들어져서 옛적 뉴잉글랜드의 선원 생활을 상기케 하는 돛단배를 복원하고 있으며, 고래잡이 전통도 체험해 볼 수 있다. 1850년대 코네티컷의 해안 마을들은 고래잡이로 번영하였다. 그중 Thames강 입구 가까이에 있는 New London이 대표적이었다. 고래잡이 산업은 수십 년만에 쇠퇴하였으나, New London에는 1910년 미국 연안 경비학교가 세워졌으며, 오늘날 하역과 여객 터미널이 있는 중요하고도 활발한 항구가 되어 있다.

○ 개척 역사

1614년에 Long Island Sound를 탐험하던 네덜란드 배의 선장인 Adriaen Block 선장이 하구가 넓게 펼쳐진 코네티컷강으로 들어왔다. 거기서 그는 수많은 Algonquin 인디언들이 강변과 해안을 따라 모여서 살고 있는 것을 보았다. 이러한 탐험 후 거의 20년이 지나서 영국인들이 정착하기 시작하였다. 1630년대에 영국인들이 13개 식민지 중의 하나로 세웠으며, 청교도들이 이곳으로 모여들었다. 1634년 매사추세츠에서 온 영국인 정착민들이 Wethersfield, Windsor에 처음으로 정착촌을 만들었으며, 1636년에는 Thomas Hooker가 매사추세츠의 Puritan에 대한 가혹한 법을 피하여 수백 명의 주민들을 이끌고 와서 Hartford에 정착하였다.

1639년에 Windsor, Wethersfield, Hartford의 지도자들은 미국 헌법이 제정되기 거의 150년 이전에 Hartford에서 Fundamental Order로 알려져 있는 헌법를 채택하였다. 이는 최초의 문서로 기록된 민주적인 헌법이며 이에 따르면 권한의 기본은 주민들의 동의에 있다. 달리 말하면 정부에 권한을 주는 것은 주민들이 동의해야만 한다는 것이다. 이 법에 따라 Thomas Hooker를 대표자로 세웠다. 그는 자유를 찾아 매사추세츠만에서 거친 코네티컷강의 유역으로 수백 명의 주민들을 이끌고 나온 목사였다. 1662년 Hartford의 지도자였던 John Winthrop이 영국 왕 Charles 2세로부터 특허장을 받으므로 독립이 선언되었다. 코네티컷 주민들은 이같이 오래되고 자랑스런 독립을 이룩해 온 것에 대해 긍지를 갖고 있다.

1704년에는 Yale college가 세워졌고, 1764년에는 가장 오래된 최초의 신문인《Conneticut Courant》가 발행되었다. 1784년에는 최초의 법률학교가 Litchfield에 새워졌다. 코네티컷주는 13개 영국 식민지의 하나였으나 미국의 독립 전쟁 때에 독립을 위해 싸웠으며, 1788년 미국의 5번째 주로 연방에 가입하였다.

○ 주요 산업

코네티컷주는 자원이 많지 않았음에도 산업주로 발전시켜 왔다. 제조업에 관한 오랜 역사를 지니고 있으며 현대 산업의 발전을 주도해 왔다. 1798년 Eli Whitney는 총의 부속품들이 언제나 동일한 규격으로 기계에 의해 만들어진다면 총이 보다 싼 가격으로 빠르게 만들어질 것이라고 피력했다. 이 방법으로 총의 부속품을 교환할 수 있어 언제나 조정이 가능하게 되었다. 이러한 개념은 오늘날의 대량 생산 체계의 중심이 되었다.

코네티컷주의 경제는 식민지 시대부터 전쟁과 무기 생산에 연결되어 있다. 식민지 시대에는 영국 해군을 위한 배가 건조되었었고, 더욱 최근에는 소총에서부터 헬리콥터, 잠수함에 이르는 모든 종류의 무기가 생산되고 있다. 1980년대에는 이러한 무기 생산으로 인해 붐이 일기도 했다. 오늘날도 소형 총기류, 컴퓨터, 헬리콥터, 제트비행 엔진, 잠수함, 베어링 등의 생산을 주도하고 있다.

한편 코네티컷주에는 약간의 농장이 있는데, 여기에서 소고기, 달걀, 우유, 관목, 꽃, 야채 등이 생산되고 있다. 코네티컷의 긴 해안을 따라 해안 저지대 평야가 있다. 여기에서 초기에는 항구를 낀 타운들이 어업으로 만족해 했으며, 1800년대 중반 동안에는 Mystic항구에서의 선박 건조가 경제를 주도하였었다. 오늘날은 세계적인 관광 휴식처로 탈바꿈하였다. 코네티컷강의 유역에는 유명한 Hartford 도시가 있다. 이곳은 17세기 이래로 네덜란드인들이 인디언들과 무역 거래를 해 오면서 번영해 왔었다. 지금은 거의 200년 동안 미국에서 보험업의 중심지 역할을 해 오고 있다.

○ **관광 명소**

Institute for American Indian Studies: 1600년대 알곤퀸 인디언 마을을 재생시켜 놓은 장소로 걸어서 둘러볼 수 있으며 자연적으로 만들어진 오솔길을 걸을 수 있다. 정원에서는 당시 인디언들이 곡식을 어떻게 재배했는가를 알 수 있다.

Litchfield History Museum: 18세기의 옷과 가구 등을 보면서 과거로의 여정을 즐길 수 있다. 당시 이 지역에서 Litchfield가 상업, 정치의 중심이었을 때의 가정의 생활과 작업을 보여 주고 있다.

Candlewood Lake: 1920년대 Rocky강에 댐이 만들어져 생겨난 인공 호수이다. 댐이 만들어지면서 타운과 농장들이 수면 아래로 사라졌다. 스쿠버다이버들이 종종 호수의 밑바닥에 있는 철도와 농장, 집들을 보기도 한다.

Delaware

○ 일반 소개

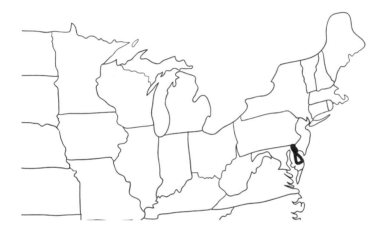

델라웨어주는 미국의 북동부 지방에 속해 있으며, 1787년 12월 7일 최초로 연방에 가입하였다. 면적은 5,063sq km로 미국의 50개 주 가운데 49위이며 인구는 990천 명으로 45위이다. 주요 도시로는 주도인 Dover 와 Wilmington, New Castle 등이 있다. 델라웨어주는 The First State, the Diamond State 등의 별칭이 있다. 주의 명칭인 델라웨어는 버지니아 식민지의 총독으로 북미 해안을 탐험하던 탐험대에게 재정적인 후원을 하였던 Lord De Lawarre 이름에서 따온 것이다.

델라웨어주는 역사적으로 매우 중요한 주로, 종종 미국의 첫 번째 주로 불리어지고 있다. 첫 번째 주라는 별칭이 의미하듯이 미국의 독립 전쟁 때에 영국과 싸웠던 13개 식민지 가운데 하나였으며, 1787년에 미국의 헌법을 첫 번째로 비준하였다. 델라웨어주는 200여 대기업의 본부가 있는 본거지이지만 한편으로는 목가적인 매력이 있다. 주의 절반이 농토이며 3분지 1은 숲이 우거져 있다. 주의 남동쪽 코너는 대서양과 접해 있는 반면 북쪽 끝에는 애팔래치아산맥의 기슭과 연결되어 있다.

델라웨어주의 매력은 식민지 시절의 역사와 해안에서의 재미에 있다. 비록 주의 크기는 매우 작지만 다양한 매력을 갖고 있다. 세련된 큰 도시, 매혹적인 조그만 타운 그리고 동부 해안에서 가장 멋진 해안 리조트가 있는가 하면, 놀랍게 잘 정돈된 공원과 야생동물의 피난처 등이 있다.

○ 자연환경

델라웨어주는 대서양을 따라 놓여 있는 Delmarva반도의 일부분으로 면적은 로드아일랜드주 다음으로 작은 주이다. 주의 대부분이 대서양 연안의 평원으로 반도를 따라 좁고 길게 남북으로 놓여져 있는 저지대이며, 북쪽에 약간의 구릉진 언덕들이 있는 농장의 시골주이다. 델러웨어주가 놓여 있는 Delmarva반도는 델라웨어주, 메릴랜드주, 버지니아주가 나누어 점유하고 있으며, 반도의 이름도 이들 3개 주의 이름을 합성하여 부르고 있다. 델라웨어주는 작은 면적에도 불구하고 미국 동부 해안 지방의 중앙에 위치해 있고 주에서 가장 큰 강인 델라웨어강이 대서양뿐만 아니라 뉴저지주와 펜실베이니아주의 도시들과도 연결되어 있다. 이로 인해 Washington D.C.와 New York 사이에서 해운과 산업의 중심 역할을 해 오고 있다.

델라웨어주의 북부 지역은 가장 폭이 넓은 곳이 16km에 불과하며, 애팔래치아산맥의 울퉁불퉁한 산기슭의 가장자리에 Piedmont가 있다. 여기에 있는 델라웨어강이 뉴저지주와 북동쪽의 경계를 이루면서 대서양과 만나는 델라웨어만으로 흘러들어가고 있다. 식민지 시절에도 북부 지역의 풍부한 수량이 만들어 내는 수력으로 제분소가 세워졌으며, 강과 해안의 만에서는 해운과 조선소가 생겨났다.

주의 중앙 지역과 남부 지역에는 농장이 지배하고 있는 가운데 상업과 산업의 중심 도시인 Wilmington이 놓여 있다. 이 도시는 화학 제품 생산의 주요한 곳이며, 유명한 리서치센터를 갖고 있다. 남쪽 경계 지역에는 3만 에이커에 이르는 cypress 습지가 펼쳐져 있다. 델라웨어만에 있는 소금기 있는 습지와 강어귀는 새들의 보금자리와 물고기들의 번식처가 되어 있다. 1971년 바다 연안을 보호하기 위한 법을 제정하여 시행하고 있는 첫 번째 주로서, 원유 정제소와 철강 공장, 기타 오염 발생 가능한 공장의 건립을 해안에서 2마일 이내에 설치하는 것을 금지하고 있다. 델라웨어만 입구의 Cape Henlopen에서 Fewick섬에 이르는 45km 해안에는 모래 해변이 펼쳐져 있어 매년 여름에는 Washington D.C. Baltmore, 기타 동부 도시에서 휴양객들이 몰려오고 있다.

○ 개척 역사

델라웨어는 한때 식민지 시대에 네델란드, 스웨덴, 영국이 번갈아 가며 점유해 왔던 유일한 주이다. 1610년 Henry Hudson이 Delaware Bay 를 발견하였다. 최초의 유럽인 정착촌은 1631년 네덜란드인들이 지금의 Lewes 타운 근처에서 Swaanendael 마을을 세운 것이었다. 그들은 고래 잡이를 하며 Swan Valley에 타운을 건설하였다. 그러나 인디언들이 네 덜란드인들을 내쫓아 내었다. 그 후 1638년 스웨덴 사람들이 들어와 지 금의 Wilmington 지역에 그들의 유명한 여왕의 이름을 딴 Fort Christina 타운을 세웠다.

네덜란드인 Peter Minuit는 스웨덴 사람들에게 고용되어 그들의 탐험 을 도왔으며, 스웨덴 사람들이 미국에서 처음으로 통나무 오두막을 지 어 살았다. 당시 네덜란드인들은 그들이 여전히 이곳을 소유하고 있다 고 생각하였다. 이러한 요구를 강요하기 위해 1655년 네덜란드인 Peter Stuyvesant가 대규모의 함대를 이끌고 와서 스웨덴의 요새를 점령해 버 렸다. 1664년 영국인들은 델라웨어를 그들의 뉴욕 식민지의 일부로 만 들었다. 1673년 네덜란드인들이 델라웨어를 다시 찾으려고 영국과 영 역을 놓고 싸웠으며 결국 영국인이 차지하게 되었다. 1682년 영국의 York 공이 델라웨어를 새롭게 만들어진 펜실베이니아 지방의 일환으로 William Penn에게 하사하였다. Penn이 미국 땅에 처음 상륙한 곳이 이 곳 Wilmington에서 남쪽으로 5마일 떨어진 New Castle의 Battery Park 이었다.

1701년 드디어 Penn은 델러웨어 자체의 분리된 법규를 주어 분리시켜 주었다. 1787년 12월 7일 델라웨어주가 미국 헌법에 서명한 첫 번째 주 가 되었다. 1802년 DuPont 화학 공장이 Brandywine River 근처에 세워 졌으며, 1829년에는 Delaware & Chesapeake 운하가 완공되었다. 1861

년 남북 전쟁 중에는 미국을 약화시킬 수 있었던 흑인 노예주이었음에
도 불구하고 남부 연합에 소극적이었다.

○ 주요 산업

델라웨어주는 미국에서 2번째로 영토가 작은 주이지만 대서양과 접
해 있는 주들 가운데 중앙에 위치하고 있다. 숲이 우거져 있고, 농장에서
는 가금류와 젖소가 자라고 있으며 과수원에서는 사과와 복숭아가 주로
생산되고 있다. 이러한 농업은 델라웨어주의 중앙과 남쪽 지역에서 이
루어지고 있으며 주민의 30% 정도가 종사하고 있다. 델라웨어주의 북쪽
지역은 상업과 산업의 중심지로서 주민의 70%가 살고 있다. 산업과 상
업은 주로 Wilmington에서 이루어지고 있으며, 월밍턴은 화학 제품과
연구조사의 세계적인 중심지이다. 델라웨어주의 강과 바다의 만에서는
해운과 선박 제조가 이루어졌다. 델라웨어주의 긴 해안에선 굴과 대합
조개, 가재, 바다 송어 등의 어획이 이루어지고 있으며, 바닷가 해변에는
리조트가 만들어져 있다.

델라웨어주는 식민지 시대부터 북부 지방의 풍부한 물을 이용한 수력
으로 제분소가 만들어졌고, 한때 밀가루 생산의 중심지이었으며, 밀의
가격이 Wilmington에서 결정되기도 했었다. 1802년에는 DuPont 가족이
Brandywine 강변에 화학 공장을 세웠다. 듀퐁 기업의 영향 등으로 델라
웨어주가 제조업 중심으로 발전하게 된 역사가 시작되었다. 화학 제품
의 생산은 델라웨어주에서 비중이 큰 산업으로 Chesapeake와 Delaware
만 이북의 북부 지방의 중심 산업이며, 어느 다른 산업 분야보다도 화학

산업에 더욱 많은 사람들이 종사하고 있다. 델라웨어강은 동부 해안을 따라 상품을 선적하는 핵심 동맥으로 더욱 많은 공장들이 Wilmington에 세워지게 했다. 월밍턴은 화학 제품과 연구조사의 세계적인 중심지로서 Wilmington에 있는 Hagley Museum에서 당시의 화학 공장과 기계 상점 그리고 DuPont 가족의 대저택을 볼 수 있다.

그러나 델라웨어주의 경제는 무엇보다도 이곳에 근거를 두고 있는 회사의 본부들에 의존하고 있다. 델라웨어주는 소득세, 법인세 부과에 매우 우호적이므로 회사들에게는 매우 매력적인 곳이다. 따라서 수많은 회사들의 본사와 전국적인 은행의 신용카드 회사들이 설립되어 있다.

○ 관광 명소

Bombay Hook National Wildlife Refuge: 야생보호구역은 2591 Whitehall Neck Rd, Smyrna, DE에 소재해 있으며 규모는 25sq miles(65sq km)이다. 1679년 Kahansink 인디언의 추장인 Mechacksett가 shaggy bushes로 알려진 해수 소택지를 뉴욕의 Peter Bayard에게 팔았다. 당시 판매액은 한 자루의 총과 네 웅큼의 분말, 조끼 세 벌, 술과 주전자 한 개였다. 뒤이어 들어온 네델란드 정착민들이 이곳을 Bompies Hoeck라고 불렀으며, 해수 건초를 거두거나 사향쥐와 오리를 사냥하는 장소로 이용했다. 방문객들은 Raymond, Shearness Bear Swamp Pools를 둘러보거나 전망대에 올라가 날개를 편 것 같은 멋진 경치를 볼 수 있다.

Fenwick Island: 델라웨어주의 맨 아래 해변 근처에 있다. 비교적 한적하게 수영과 낚시를 즐길 수 있으며, Assawoman Bay에서는 수상 제트

스키와 윈드서핑, 요트 놀이, 기타 수상 스포츠를 즐길수 있는 곳이다.

New Castle: William Penn이 1682년 처음으로 살았던 곳으로 식민지 시대의 타운과 독립 전쟁 당시의 법원이 완벽하게 복원되어 있다. 자갈 길과 식민지 시대의 건물을 볼 수 있다.

Florida

○ 일반 소개

　플로리다주는 미국의 남동부 지방에 속하며, 1845년 3월 3일 27번째로 연방에 가입하였다. 면적은139,852sq km로 미국의 50개 주 가운데 26번째 크기이며, 인구는 21,538천 명으로 3위에 있다. 주요 도시로는 주도인 Tallahassee와 Jacksonville, Miami, Tampa 등이 있다. 플로리다주는 일명 the Sunshine State, the Orange State라고도 불리운다.

　걸프만의 해류와 끝없이 이어진 해안의 청명한 바닷물 그리고 따뜻한 산들바람에 싸여져 있는 플로리다는 지상의 낙원을 연상하게 한다. 매년 수천만 명의 관광객과 수십만의 새로운 이주자들이 이곳 Sunshine State 로 몰려오고 있다. 플로리다주는 발전에 따른 이득과 자연자원의 보호 사이에서 균형을 잡으려고 많은 갈등을 겪어 왔다. 한편에서는 NASA와 Disney World, Miami Beach의 땅으로 개발되어 있는 반면에 다른 한편 으로는 바다 동물의 보금자리인 Everglade와 Key 지역은 자연 그대로 잘 보존되어 있다.

플로리다주는 미국에서 가장 큰 반도를 차지하고 있으며. 반도는 대서양과 멕시코만을 분리시키며 남쪽으로 400마일 이상 뻗어나 있다. 관광업은 플로리다주의 중요한 산업으로 날씨가 따뜻하여 추위를 피하려는 북부 지방의 사람들이 많이 찾아오며, 테마파크 등 관광 상품을 개발하여 많은 관광객들이 찾아오고 있다. 이로 인해 많은 주민들이 리조트나 테마파크 같은 관광업에 종사하고 있다.

○ 자연환경

플로리다주는 미국에서 가장 남동쪽에 위치해 있고 대서양과 걸프만 사이에서 남북으로 길게 뻗어 있는 반도로, 북쪽의 적은 부분만이 미국 본토 대륙에 연결되어 있다. 플로리다주는 흰 모래 해변과 반짝이는 파란 바닷물의 해안이 4,000마일에 이르고 있어 알래스카주 다음으로 긴 해안선을 갖고 있다.

플로리다주에서는 어디서나 물이 흔하다. 지대가 낮고 습지가 많으며 평평하고 구멍이 나 있는 석회석이 지대의 기초를 형성하고 있다. 석회석 의 구멍에 물이 저장되므로 약 3만 개의 크고 작은 호수가 있다. 이 가운데 가장 넓은 호수로는 Lake Okeechobee로 1,890sq km에 이르고 있다.

북쪽의 좁고 긴 지역은 언덕이 있고 온화한 기후를 갖고 있는 시골 지역인 반면, 남쪽의 반도 지역은 온도가 매우 높은 열대 기후로 비가 오래 내리는 계절을 갖고 있다. 동부의 대서양과 서부의 멕시코만에서 습한 공기를 지니고 있는 바람이 불어와 많은 강우량을 가져오고 있다.

플로리다에서 가장 유명한 습지로 남쪽 지역에 있는 Everglades 습지를 들 수 있는데, 이는 세계에서 가장 넓은 늪지의 하나이다. 여기에는 미국악어, 남아시아악어, 팬더, 스라소니, 바다거북 등으로 가득 차 있다. 남쪽 끝에는 31개의 섬이 연결되어 있는 Florida Keys가 있다. 이 가운데 가장 유명한 섬은 Key West와 Key Largo가 있다.

○ 개척 역사

1513년에 스페인 탐험가 Juan Ponce de Leon이 젊음을 영원히 지켜준다는 전설의 샘을 찾기 위해 플로리다에 상륙했다. 그는 그러한 샘을 찾지 못하고, 탐험 여정 중에 인디언들과 싸우다 죽었다. 1565년 스페인 정착민들이 플로리다 St. Augustine에 최초의 영구 정착촌을 세웠다. 뒤이어 영국인들과 프랑스인들이 들어왔으며, 영국과 스페인이 멕시코 걸프만의 통제를 놓고 다투었다. 1750년 조지아로부터 Creek Indian들이 이곳으로 들어왔다. 여기서 도망쳐 나온 노예들과 합류하였으며, 이들을 Seminoles라 불렀다. 1777년 미국 독립 전쟁 때에 플로리다는 영국의 지배하에 있었으나, 1783년에 스페인의 지배로 되돌아갔다.

19세기 초에는 미국 정착민들이 새로운 농토를 찾아 밀려들어 왔으며,

1821년 미국이 스페인으로부터 플로리다를 획득하였다. 당시 Seminoles 인디언들이 가장 좋은 땅을 소유하고 있었다. 1835년 미국 정부는 Seminoles와 7년 전쟁을 시작했다. 결국 미국 정부에 의해 그들 대부분이 오클라호마 인디언 보호구역으로 강제 이주당하거나, 약간의 무리는 습지로 도망쳤다. 오늘날에도 이때 습지로 도망한 인디언 후손들이 Everglade 지역의 습지에서 나무 기둥을 깊이 박고 그 위에 집을 지어 살고 있다. 1845년 미국의 27번째 주로 연방에 가입하였다.

그 후 1세기가 지나 플로리다는 우주 계획에서의 역할로 세계적인 명성을 얻었다. 1961년 해군 중령 Alan Shepard가 Cape Canaveral을 떠나 미국의 최초 우주인이 되었다. 다음 해에는 John Glen 대령이 지구 궤도를 돈 최초의 미국인이 되었다. 1969년에는 Neil Amstrong이 플로리다를 떠나 달에서 걸은 최초의 인물이 되었다. 오늘날도 Cape Canaveral에 있는 존 F. 케네디 우주센터를 관람할 수 있다. 3세기 동안에 걸친 스페인의 지배 역사와 프랑스와 스페인 탐험가들에 관한 이야기가 St. Augustine에 있는 유적과 유물에서 살아나 있다.

○ 주요 산업

플로리다의 온화한 기후와 태양이 작열하는 하늘, 흰 모래 해변, 디즈니월드를 비롯한 테마파크 등으로 인해 수많은 관광객들이 찾아오고 있어 관광업이 가장 중요한 산업이 되어 있다. 많은 항구와 만과 모래 해변을 갖고 있는 플로리다주의 4000마일에 이르는 해안은 수많은 관광객과 이주자들을 불러들이고 있다. Miami Beach, Palm Beach, Tampa, St.

Petersburg에는 유명한 리조트들이 세워져 있다.

플로리다주의 여름은 덥고 겨울은 온화하여 농작물이 성장하기에 적합하다. 농업 부문에서는 오렌지, 포도, 레몬 등의 감귤류가 압도적이다. 플로리다주에서 생산되는 오렌지는 미국의 전체 생산량의 3분지 2에 달하고 있다. 감귤류 이외에도 담배, 사탕수수가 길러지고 있으며, 옥수수, 땅콩, 콩, 피칸, 아보카도, 꽃 등도 재배되고 있다. 식품의 냉동캔 산업도 주요 산업이 되어 있다.

플로리다주의 남부에서는 토마토, 양상치 등 각종 채소류가 재배되고 있다. 플로리다의 북부 지역에서는 목재, 종이 제조와 낙농업이 이루어지고 있다. 남부 중앙 지역에서는 목축에 집중하고 있다. 한편 제조업으로는 펄프, 종이 제품, 식품 가공품들을 들 수 있는데, 특히 냉동 오렌지 주스가 특별하다. 전자 제품들도 케이프 캐너베럴 주위의 산업 단지에서 만들어지고 있다.

○ 관광 명소

Dry Tortugas National Park: 공원은 40001 SR-93336, Homestead, FL에 소재하고 있으며 규모는 22sq miles(57sq km)이다. 드라이 토투가스 국립공원은 멕시코만에 있는 Key West에서 서쪽으로 약 113km 떨어져 있는 지역에 있으며, 64,700에이커의 규모이나 수면 위의 면적은 약 40에이커에 불과하다. 이 공원은 7개의 산호초섬과 주변의 모래, 바닷물 등을 보존 관리하고 있다. 여기에는 여러 종류의 거북들이 서식하고 있으며 형형색색의 열대어와 산호초들이 많아 잠수를 즐기려는 사람들에게 매우 적합한 공원이다.

　Everglades National Park: 공원은 40001 State Road 9336, Homestead, FL에 있다. 에버그레이드 국립공원은 플로리다 남부에 있는 저습지의 20%를 보존하고 있다. 공원의 넓이가 1,507,850에이커이며, 물에서 자라고 있는 식물을 보존하고 있다. 열대 습지 식물인 맹그로브 나무의 숲이 있는 이곳은 미국에서 가장 큰 아열대 야생지 공원으로 서로 다른 8개의 생태계를 보호하고 있다.

　Biscayne National Park: 공원은 9700 SW 328th St. Homestead, FL에 소재하고 있으며 규모는 270sq miles(699sq km)이다. 걸프만의 넘실대는 푸른 파도와 수정같이 맑은 바닷물, 파랑, 초록 등 온갖 색조를 띠고 있는 바다 바위들이 놓여 있다. 공원에는 4개의 생태계가 이어져 있다. 남쪽의 Biscayne Bay, 공원 중심지에 있는 열대 습지의 맹글로브 나무 숲, 북쪽의 Florida Keys, 세계에서 3번째로 규모가 큰 산호암초 지역으로 구분되어 있다. 이같은 다양한 생태계로 되어 있어 수많은 종류의 어류들이 서식하고 있다.

Georgia

○ 일반 소개

　조지아주는 미국의 남동부 지방에 속해 있으며, 1788년 1월 2일 4번째
로 연방에 가입하였다. 면적은 150,010sq km로 미국의 50개 주 가운데
21위이며 인구는 10,711천 명으로 8위를 나타내고 있다. 주요 도시로는
주도인 Atlanta를 비롯해 Columbus, Savannah가 있다. 조지아주는 일명
The Empire State of the South, the Peach State 등으로도 불리고 있고,
주의 명칭은 James Oglethorpe가 그에게 이곳의 땅에 대한 특권을 준 영
국 왕 George 2세를 존경하는 뜻으로 그의 이름을 인용하여 지어졌다.
　조지아주의 땅은 미시시피강의 동편 지역에 있는 어느 주보다도 넓으며, Blue Ridge산맥의 남쪽 끝에서 시작하여 Piedmont 지역의 진흙 언덕을 가로질러 기름진 저지대와 해안까지 이르고 있다. 조지아주는 제조와 농업, 서비스업에서 미국 남부 지역의 중심 역할을 하고 있으며, 경제적 부흥을 이루려는 노력과 함께 남부의 전통적인 기품도 지니고 있다. 지형적으로나 경제적으로 매우 다양하며 옛것과 현대가 혼합되어 있는 흥미로운 곳이다. 오래된 도시인 Savannah에서는 남북 전쟁 이전의 풍경인 흰 기둥의 현관과 잘 다듬어진 잔디가 있는 우아한 저택을 볼 수 있는 반면에 미국 남부 지방의 새로운 상업 중심지인 Atlanta에서는 철과 유리로 세워진 초고층 빌딩을 볼 수 있다.

남북 전쟁이 시작되었을 때 Atlanta는 조지아주 고원 지대의 붉은 점토 언덕에 있는 번영된 도시였으나, 1864년 연방군에 의해 완전히 불타 버렸다. 전쟁 후에 곧바로 재건되었으며 오늘날은 금융, 무역, 운송의 중심이 되었다. 1980년대를 거치면서 급속히 발전하면서 인구가 증가하여 조지아주 전체 인구의 40% 정도가 애틀랜타와 주변 도시에서 살고 있다. Martin Luther King, Jr의 출생지로 인권운동의 중심이기도 하다.

○ 자연환경

조지아주의 지형은 북서쪽에서 남동쪽으로 오면서 지대가 낮아지고 있다. 북동쪽에는 Blue Ridge산맥이 있으며, 북서쪽에는 Appalachian산맥이 놓여 있다. 이 지역에는 소나무와 단단한 나무들이 들어차 있어 목재로 공급되고 있으며, 이곳의 농촌에서는 가축이 길러지고 있다.

조지아의 중앙부에는 지대가 높고 언덕진 Piedmont가 있으며, Piedmont

너머 북쪽에 Savannah, Ogeechee, Altamaha강들이 있다. 조지아주의 강들은 고원 지대에서 해안의 평지로 폭포를 만들어 내며 급속히 흐르고 있다. 이러한 강들에서 수력발전이 이루어지고 있다.

　조지아주의 남부는 가장 기름진 땅으로 한때는 부의 원천이 되었던 목화가 경작되었다. 그러나 1900년대 초에 병충해로 인해 목화 수확이 망가짐에 따라 농부들은 작물을 다양하게 재배하였다. Fort Valley 근처에서는 복숭아가 생산되고 있으며, Vidalia 타운 근교에서는 사과와 같이 날로 먹을 수 있는 단맛의 양파가 재배되고 있다. 특히 조지아 복숭아는 유명하다. 남동부 지역은 넓은 해안 평지가 에워싸고 있으며, 남동쪽 코너에는 Okefenokee 늪지가 있다. 여기에는 700 종류 이상의 동물과 200여 종류 이상의 새들이 서식하고 있다.

　남부 지방의 Empire State로 불리우는 조지아주는 온화한 기후를 갖고 있어 대서양의 바닷가에서부터 북쪽 산에 있는 호수에 이르기까지 많은 휴양지가 있으며, 농장과 숲에서는 다양한 작물과 과일들이 생산되고 있다. Atlanta는 미국 남동부 지방의 상업 중심지의 역할을 해 오고 있다.

○ 개척 역사

　1733년 영국의 장군인 James Oglethorpe은 가난하고 억눌린 자들을 위한 천국 같은 식민지를 만들기 위해 120명과 함께 조지아에 들어왔다. 그는 2가지의 규율을 만들었는데, 하나는 술을 마시지 말 것과 또 하나는 노예를 두지 않는 것이었다. 조지아는 미국에서 영국에 의해 만들어진 마지막 식민지였으나, 그 후 50년도 채 안 되어 이웃 식민지들과 함께 독립을 위해 영국에 대항하여 싸웠다. 곧이어 술 마시는 것과 노예제를 허용하였다. 1788년 미국 헌법을 비준한 4번째 주로 연방에 가입하였다.

1793년에 조지아 주민인 Eli Whitney가 목화에서 씨를 분리하는 기계를 발명하였다. 이 기계로 하루에 목화 500파운드의 씨를 분리할 수 있었으므로 갑자기 목화 대농장주들은 엄청난 부를 거두었다. 이로 인해 대농장주들이 더 많이 면화를 기르고 수확을 하여 돈을 모으기 위해 노예를 사용하게 되었다. 링컨 대통령이 노예주들을 두렵게 할 것으로 느끼게 되자, 1861년 조지아도 남부의 이웃주들과 함께 연방에서 탈퇴하였다. 남북 전쟁은 특별히 조지아 주민들에게 큰 고통을 주었다. 북부군에 의한 117일간의 애틀란타 포위작전으로 인해 약 90%의 건물들이 파괴되었다.

전쟁 후에도 조지아에서는 흑인의 권리를 인정하는 것을 받아들이지 않았다. 이는 14번째 수정헌법을 받아들이지 않는 것이었다. 수정헌법에서는 인종, 피부색, 교리에 불구하고 법에 의해 동등한 권리를 보장하는 것이었다. 백인 테러단체인 Ku Klux Klan이 만들어져 흑인 권리를 주장하는 흑인들을 괴롭히거나 죽이곤 하였다. 그 후 1870년 흑인들과 그들의 후원자들이 포함된 주의회가 15번째 수정헌법을 승인하며 연방에 다시 가입하였다.

조지아주의 역사에서 매우 어두운 장면은 1838년에 17,000여 명에 이르는 Cherokee 인디언들을 그들 고유의 땅이었던 조지아의 북서쪽 지방에서 오클라호마로 강제 이주시킨 것으로 가는 도중에 4,000여 명이 죽었다. 오클라호마까지 가는 강제 이주의 길에서 형언할 수 없는 고통과 눈물을 흘렸기에 이들이 지났던 길을 Trail of Tears라고 부르고 있다.

○ 주요 산업

조지아주는 온화한 날씨를 보이고 있어 대서양 연안의 해변에서부터 산맥의 호수에 이르기까지 많은 휴양 시설들이 갖추어져 있다. 경제 구조가 균형을 이루고 있어 농장과 삼림에서 농산물이 재배되고 목재가 생산되고 있는가 하면 애틀란타는 미국 남동부 지방의 상업 중심지 역할을 해 오고 있다.

목화가 한때 다른 남부의 주들과 마찬가지로 조지아주의 가장 중요한 작물이었다. 독립 전쟁이 끝나고 대규모로 목화를 재배하게 되었다. 곧이어 조지아주의 경제가 목화를 재배하는 대규모 농장에 의존하게 되었다. 이러한 대규모 농장은 노예의 노동력을 기반으로 운영되었다. 그러나 남북 전쟁 후에는 노예 해방으로 유지될 수가 없게 되었다. 오늘날 목화가 아직도 재배되고 있으나 다른 농작물의 비중이 더욱 중요해졌다.

조지아주는 남북 전쟁 후 재건할 때까지 중요한 농업 지방이었다. 조지아주는 남북 전쟁 중에 다른 주들보다 훨씬 큰 피해를 겪었다. 그러나 1800년대 말기에 새로운 공장들과 산업들이 조지아주의 회복에 큰 도움을 주었다. 조지아주는 텍스 타일, 화학 제품, 식료품 가공, 대리석 가공, 종이와 목재 산업의 중요한 생산기지가 되었던 것이다. 그 밖에도 목화, 담배, 땅콩 등이 재배되고 있으며, 돼지, 소, 닭이 길러지고 있고, 피컨과 복숭아 등 과일을 수확하고 있다. 냉동식품, 땅콩기름과 버터, 목화씨 기름, 의류, 목재와 종이가 생산되고 있다.

○ 관광 명소

Cumberland and Island National Seashore: 이곳은 101 Wheeler St. Saint Marys, GA에 소재하고 있으며 규모는 57sq miles(147sq km)이다. 컴버랜드섬 국립해안은 이동하며 변화하는 모래 둔덕들과 해변의 습지와 숲 그리고 자연 그대로의 긴 해안선을 갖고 있다. 이곳의 넓고 긴 바닷가와 바닷가를 에워싸며 나무로 넓게 만들어진 산책로가 유명하다. 또한 폐허가 된 Dungeness 저택 앞에서 풀을 뜯어 먹고 있는 야생의 말들이 알려져 있다.

Savannah: 사바나는 조지아주에서 가장 오래된 도시로 남북 전쟁 때에 북부 연합의 셔먼 장군이 그의 진군 마지막에 1년 이상 이곳을 점령했었다. 그러나 결코 불타지 않았고 오늘날도 1700년대 이후의 오래되고 역사적인 주택들이 남아 있다.

The Fenbank Museum of Natural History: 애틀란타시에 소재하고 있으며, 전시물, 극장, 화랑을 갖추고 있다. 여기에서 화석과 공룡의 뼈, 수족관을 관람할 수 있다. 그리고 조지아주의 자연에 대한 역사를 배울 수 있다.

Stone Mountain Park: Stone Mountain 타운에 있는 공원으로 세계에서 가장 큰 화강암이 놓여져 있다. 산쪽으로 남부 연합의 장군 3명이 조각되어 있으며 이 공원에 있는 남북 전쟁 박물관을 관람할 수 있다.

Martin Luther King Jr. National Historic Site: 애틀란타시에 소재하고 있으며 마틴 루터 킹 목사의 어린 시절의 집과 그가 설교하던 교회가 있다. 이 같은 역사적인 장소 부근에는 아프리카계 아메리칸의 파노라마 같은 경험들이 녹아 있다. 박물관에서는 북미에서의 아프리카계 아메리칸들의 역사를 보여 주고 있다.

Hawaii

○ 일반 소개

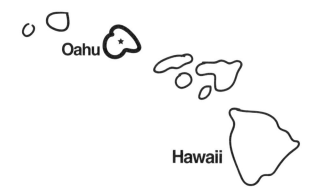

　하와이주는 미국 본토에서 떨어져 태평양 가운데 있는 섬으로, 1959년 8월 21일 가장 마지막인 50번째 주로 연방에 가입하였다. 면적은 16,636sq km로 미국의 50개 주 가운데 47위이며 인구는 1,455천 명으로 40위에 놓여 있다. 주요 도시로는 주도인 Honolulu 를 비롯해 Hilo, Kailua 가 있다. 하와이주는 일명 Aloha State, the Pineapple State 등으로도 불리고 있다.

　하와이라는 주의 이름은 1819년에 원주민 Kamehameha 1세 왕에 의해 지어졌다. 아마도 이곳 섬을 처음 발견했다는 전설의 원주민 이름인 Hawaii Loa에서 연유된 것으로 보인다. 하와이주는 무성한 열대 우림과 아름다운 해변, 완벽한 기후로 인해 원주민들과 관광객들에게 많은 사랑을 받고 있다. 날씨가 워낙 좋아서 하와이의 원주민 언어에는 날씨라는 언어가 없다.

하와이는 미국 본토에서 태평양 바다로 3,862km 떨어져 있으며, 가장 남쪽에 있는 주로서 132개의 화산섬들이 태평양을 가로지르며 2,400km 이상 연결되어 뻗어 있다. 대부분의 섬들이 단지 7.8sq km 정도인 작은 섬들이며, 가장 동쪽에 있는 8개의 섬들이 주요한 섬들이다. 오늘날 하와이주는 세계에서 가장 다양한 인종과 문화가 혼합되어 있으며, 인종적으로 주류가 없다. 주민의 20% 정도가 폴리네시안이라고도 불리는 하와이안이 있고, 23% 정도가 일본인이며 11% 정도는 필리핀인들이고, 유럽인들은 25% 미만으로 구성되어 있다.

○ 자연환경

하와이는 태평양에서의 화산 활동으로 바다 위에 만들어진 화산섬으로 대부분 신선하고 푸르른 열대성 기후의 섬들이다. 북쪽에 연결되어 있는 섬들이 가장 일찍이 만들어진 것이며, Big Island라고 불리는 Hawaii섬이 가장 나중에 만들어진 것이다. 하와이주의 화산들의 비탈이 침식되어 흙이 되고 식물의 씨앗이 파도나 바람에 날려 오거나 새들에 의해 옮겨져 오면서 식물이 자라게 되었다.

하와이의 주요한 섬들에는 바다를 향해 경사진 산들을 갖고 있으며, 대부분의 섬들에는 습한 바람이 부는 쪽과 잔잔하고 건조한 바람이 부는 면을 갖고 있는데 그 차이가 큰 편이다. 지금도 지진과 화산 폭발이 계속 일어나고 있어 태풍과 쓰나미가 발생하며, 면적도 계속 늘어나고 있다. 대부분의 주민들은 Oahu섬에 살고 있으며, 여기에는 주의 수도이며 가장 큰 도시인 Honolulu가 있다.

오하우섬에서는 미국에서 유일한 왕궁으로 1882년에 지어진 Iolani Palace를 방문할 수 있다. 근처에 1842년에 벽돌로 지어진 Kawaiahao Church가 있다. 이 교회에서 하와이 왕족들의 대관식, 결혼식, 장례식 등이 행하여졌다. 호놀룰루 바로 외곽에 Waikiki 해변과 휴화산인 Diamond Head가 있다. Pearl Harbor에는 미국 해군기지가 있다. 1941년 12월 7일 일본군의 공격을 받았으며 이에 미국은 즉각적으로 제2차 세계 대전에 참전하게 되었다.

가장 큰 섬인 Hawaii섬은 주 전체 땅의 절반 이상을 차지하고 있다. 이 섬에는 우림의 나무들이 빽빽한 숲과 눈이 덮혀 있는 산, 검은 모래의 해변, 오래된 사원들이 있으며, 아직도 세계에서 규모가 가장 큰 활화산인 Mauna Loa가 있다. 또한 442피트 높이의 Akaka 폭포도 볼 수 있다. Kauai섬은 Garden Island로 불리어지고 있으며, 거대한 사탕수수 농장이 있다. 또한 높이가 3,600피트, 넓이가 2마일이며, 길이가 10마일 되는 Waimea Canyon이 있다. Lanai섬은 파인애플과 관광으로 유명하다. Molokai섬에는 굴곡진 바다 해안 절벽이 있다. Kauai섬은 아름다운 정원으로 유명하며 Maui섬은 장관을 이루는 멋진 해변을 갖고 있다. 8개의 큰 섬들 가운데 하나인 Kahoolawe섬은 사람이 살지 않는 메마르고 바람이 많은 섬으로 군대의 폭격 훈련 목표로 사용되고 있다.

○ 개척 역사

하와이의 최초 정착민들은 남동쪽으로 3,860km 떨어진 폴리네시안들인 것으로 보이며, 이들은 대략 1,500년 전에 통나무배로 별과 철새를 따라 항해하였다. 그로부터 약 500년 후에 Tahiti로부터 다른 폴리네시안들이 도착하였다. 폴리네시안들은 더 넓은 섬에서 정착하여 그들의 추장이 부족을 다스리며 살았다. 1775년에 자칭 Kamehameha 1세라는 하와이안 추장이 여러 섬들을 통일하였다.

최초의 유럽인으로는 1778년 James Cook 선장과 그의 부하들이 Kauai 섬에 상륙했다. Cook 선장은 이 섬을 그의 후원자인 Sandwich 백작의 이름을 따서 Sandwich Island라 불렀다. 그가 섬사람들에게 많은 불법행위를 행하자 1779년 싸움이 일어 살해되었다. 그러함에도 곧이어 선교사, 무역상, 고래잡이 선원들이 들어와 그들의 영향력이 미치도록 하였다. 쿠크 선장의 배와 그 후에 들어온 배들에 의해 콜레라와 홍역 그리고 알려지지 않은 질병들이 옮겨져 들어와 이러한 병에 취약한 섬사람들이 많이 사망하였다. 1820년 선교단들이 상륙하였을 때에 Kameha 2세와 섬사람들이 새로운 종교에 관심을 가졌으며, 대부분 기독교로 개종하였다.

미국은 1800년대에 걸쳐서 하와이에 대한 영향력을 확대해 왔다. 첫 번째 주요한 단계로는 1875년 Pearl Harbor에 대한 배타적 권리를 획득하였다. 1893년에는 Liliuokalani 여왕이 무혈혁명으로 전복되었으며, 1894년 미국인들과 함께 S.B. Dole을 대통령으로 하는 공화국이 세워졌다. 1898년 하와이가 미국에 병합되었고, 1900년에는 미국의 영토가 되어 Dole이 첫 번째 통치자가 되었다. 이후 미국의 주가 되지 못하다가 1959년에야 연방에 가입할 수 있었다.

○ 주요 산업

1903년 남아메리카로부터 들어온 파인애플이 하와이의 핵심 생산물이 되었다. 일본인과 필리핀인 노동자들이 값이 나가는 파인애플의 수확과 포장 작업을 하기 위해 하와이로 들어왔다. Maui가 설탕과 파인애플 생산에서 다른 섬들을 주도하고 있다. 이 두 가지 품목의 생산이 하와이주의 농업 수입에서 25%가량 차지하고 있으며, 파인애플을 세계 각처로 수출하기 위해 과일 캔 사업의 확장을 불러왔다.

최근에는 macadamia 열매와 커피가 주요한 생산물이 되고 있다. 커피는 수출용으로 재배되는 주요 품목이며, 그 밖에 아보카도, 구아바, 파파야, 바나나 등의 열대 과일 등도 수출용으로 재배되고 있다. 규모가 작은 농장에서는 내수용 채소를 재배하고 있으며, 온실 재배소에서는 미국 본토에 판매되는 꽃이 재배되고 있다. 낚시는 하와이 일상생활의 부분이며, 가장 상업적인 생선으로는 눈이 큰 노란지느러미의 다랑어이다. 하와이에서도 양어장에서 물고기를 양식하고 있다. 조개류와 해조류를 양식하여 주로 일본에 수출하고 있다.

주에서 가장 큰 섬인 Hawaii섬과 주민이 가장 많이 살고 있는 Oahu섬이 하와이주를 주도하고 있다. 특히 정치, 경제, 문화의 중심지인 Oahu섬은 매우 매력적인 관광지로서 이 섬에 있는 주의 수도인 Honolulu는 태평양의 주요한 항구이며, 여기에는 세계적으로 유명한 Waikiki Beach

와 휴화산인 Diamond Head가 있으며, 태평양 전쟁의 시발점이 된 Pearl Harbor가 있다. 한편 1980년대 후반에는 일본과 미국의 투자자들이 관광과 은퇴 미국 시민들이 이주할 것으로 예상하며 이에 따른 수익 증대를 기대하여 부동산 투자를 확대해 왔다.

○ 관광 명소

Haleakala National Park: 공원은 Makawao, HI에 소재하고 있으며 규모는 52sq miles(134sq km)이다. 하와이주의 Maui섬에 있는 휴화산 지역으로 넓이는 28,091에이커이다. 화산 활동이 중지된 휴화산의 분화구 둘레의 길이가 10,023피트이며, 아래로는 푸른색의 앞치마처럼 자연 그대로의 모습으로 펼쳐져 있다. 화산의 폭발로 하와이의 섬들이 만들어진 것을 생각하면 당시의 엄청난 힘에 놀라게 된다. 태양의 집이라는 의미를 가진 Haleakala공원의 3분지 2는 삼림과 각종 서식하는 동물들을 보호하기 위해 자연 보호구역으로 지정되어 있다.

Hawaii Volcanoes National Park: 공원은 1 Crater Rim Dr, Hawaii National Park, HI에 소재하고 있으며 규모는 505sq miles(1,308sq km)이다. 하와이섬에 있는 이 공원은 해발 4,168m의 높이로, 지구에서 가장 활발한 화산인 Mauna Loa와 Kilauea의 정상을 포함하고 있다. 1868년의 Mauna Loa 화산 폭발은 수백 회의 지진과 쓰나미를 불러왔다. 1983년의 Kilauea산 동쪽 능선에서의 화산 폭발은 강력하지는 않았지만 35년간 지속되어 왔다. 화산 정상의 분화구에 있는 호수는 48.8m의 깊이로 1억 65백만 갤런의 물을 담수하고 있었으나, 2020년 12월 20일 정상에서의 화산 폭발로 용암이 녹아내려 곧바로 증발되어 버렸다. Puna 해변 산책로는 Halape 바닷가로 가는 길로써 바다거북의 서식지로 보호되고 있다. 공원의 도처에는 매끄럽게 굳어진 용암이 놓여져 있다.

Napali Coast State Wilderness Park: 공원은 5-5190 Kuhio Hwy, Hanalei, HI에 소재하고 있으며 규모는 9.6sq miles(25sq km)이다. 에메랄드색의 산 정상들이 이어져 있고, 부서지는 파도를 어디서나 볼 수 있으며, 30.5m 높이의 해안 폭포가 있다. Kauai의 구불구불하고 길이 없는 Napali 해안은 마치 낯선 세상의 풍경처럼 여겨진다. 거주할 수 없어 보이는 이곳에서 적어도 천 년 동안 사람이 거주하면서 담배, 토란, 오렌지 농사를 짓고, 바다에서 낚시를 하며 사원을 만들어 신들을 모셨다는 사실이 놀랍다. Napali의 Kalalau 등산길에서 여러 색깔의 아름다운 해안선과 바다 경치를 볼 수 있다.

Pearl Harbor National Memorial: 이곳은 1 Arizona Memorial Pl, Honolulu, HI에 소재하고 있으며 규모는 10.5 acres(4.2ha)이다. 오하우섬에 있는 진주만은 초목으로 뒤덮힌 산맥이 품고 있는 청록색의 바다 물결이 이는 황홀한 항구이다. 1941년 12월 7일 일본 제국의 진주만 공격으로 2,335명의 군인과 68명의 시민이 희생되고 1,178명이 부상을 당하였다. 이 같은 일본 제국의 1시간 15분에 걸친 공격으로 7천만 명에서 8천 5백만 명이 죽은 역사상 가장 참혹한 제2차 세계 대전에 미국이 참전하게 되었다. 당시 침몰된 U.S.S. Arizona함 위에 진주만의 희생을 추모하는 흰색의 콘크리트 구조물이 만들어져 있다.

Idaho

○ 일반 소개

아이다호주는 미국 서부 지방의 록키산맥 지역에 속해 있으며 1890년 7월 3일 43번째로 연방에 가입하였다. 면적은 214,325sq km로 미국의 50개 주 가운데 11위이며 인구는 1,839천 명으로 38위를 보이고 있다. 면적으로는 비교적 큰 주에 속하지만 인구는 미국에서 가장 적은 주들 가운데 하나이다. 주요 도시로는 주도인 Boise를 비롯해 Pocatello, Idaho Falls가 있다. 아이다호주는 the Gem State, the Potato State 등의 별칭을 갖으며, 주의 명칭인 아이다호는 George M. Willing에 의해 인위적으로 만들어진 인디언 말로써 이 말은 Apache 인디언들이 Comanche 인디언들을 Idabi라고 부른 데서 기인한 것이다. 아이다호주에는 72가지의 서로 다른 귀중한 보석이 채굴되고 있으며, 그중에 몇 가지는 세계 어느 곳에서도 볼 수 없는 것들이다. 이로 인해 아이다호주는 보석의 주로 별칭되고 있다.

81개의 산줄기가 서로 엇갈리면서 뻗어나 있고 계곡의 경치가 매우 인상적이며, 눈덮힌 산봉우리와 상록의 무성한 숲, 황량한 화산 지대와 바람이 휘몰아치는 사막 등이 있는 다양하고 매력적인 곳이다. 대부분의 주민들은 남부 지역에 있는 Snake강 유역에 살고 있다. Snake강은 관개수로를 통해 기름진 농토에 물을 공급해 주고 있다. 땅이 넓고 목재와 지하자원이 풍부하며 물도 많아 광활한 공간과 더불어 자연의 아름다움을 제공해 주고 있다.

아이다호주는 계절에 관계없이 많은 이들이 찾아오는 곳으로, 산악 활동을 즐기는 사람들에게 매우 좋은 장소로서 산악인들은 험한 산을 등산할 수 있으며 웅장한 폭포를 볼 수도 있다. 세계에서 가장 아름다운 호수 중 하나인 Coeur d'Alene 호수에서는 수상스키를 즐기거나 낚시를 할 수 있다. 겨울에는 스키 타기에 적합한 인기 있는 곳으로 많은 사람들이 야외 스포츠와 아름다운 경치를 보러 오고 있다.

○ 자연환경

아이다호주는 록키산맥이 놓여 있는 주로 어디로 가든지 대부분 산지로 이루어져 있다. 만약 아이다호에 있는 산을 평탄하게 펼친다면 텍사스보다 클 것이다. 아이다호주는 이웃의 여러 주들로 쪼개져 나간 후 남겨진 지역으로 만들어졌기 때문에 이웃 주들처럼 장방형의 균형 잡힌 모양을 갖추지 못하고 있다. 아이다호는 독특하게 생긴 영역과 다양한 지형으로 인해 3개의 지방으로 나누어진다.

북부 지방은 사슴, 엘크 등 야생 짐승들이 서식하는 우거진 숲들이 있다. 시골 어디에 가든지 맑은 호수와 깨끗한 시냇물을 흔히 볼 수 있으며 이들 시내에는 수많은 송어와 연어가 살고 있다.

중앙 지방은 야생 지대를 포함하고 있는 Pandle region 지역으로 록키산맥의 Bitter root, Clear water, other ranges로 구성되어 있다. 크고 깊은 호수들이 있으며, 무성한 숲이 이루어져 있어 목재가 생산되고 있다. 많은 광산들이 폐광되었으나 아직도 많이 남아 있다. 또한 Craters of Moon 지역이 있다. 이곳은 밝고 색상이 있는 용암의 벌판과 화산 분화구가 있는 황량하고 으스스한 평원으로, 바람이 휘몰아치고 있어 마치 달 표면의 모양을 보이고 있다. NASA의 우주비행사들이 여기에서 훈련을 하곤 한다. Sun Valley 근처에는 1935년 최초로 리프트가 사용된 스키장이 있다.

남부 지방에는 사막이 있는가 하면 농장과 목장터로 사용되고 있는 평원으로 다양한 모습을 보이고 있다. 남동쪽은 건조한 불모의 거대한 분지 지역으로 이웃의 네바다주와 다른 서부 주로까지 연장되어 있다. 골짜기를 낀 산과 고원 지대에서는 소나 양을 기르며 일부에서는 관개농업이 이루어지고 있다. 이곳의 주민들 대부분은 몰몬 교도들이며 몰몬 교회의 중심인 이웃의 유타주 Salt Lake City와 강한 유대감을 갖고 있다.

와이오밍주의 Yellowstone 국립공원에서 발원한 Snake강은 아이다호주의 남부 지역을 지나며 길이가 800km에 이른다. 강은 남부에서 흐르다가 방향을 북쪽으로 돌리면서 오리건주로 흘러 들어가고 있다. Snake 강 줄기의 대부분은 평지를 지나고 있으며, 대부분의 주민들이 Snake강 유역의 평원에 거주하고 있다. 주의 수도인 Boise시는 서부에서 가장 빠르게 성장하는 도시들 가운데 하나로 전자, 목재, 농산물 등의 성장세가 두드러진다.

○ 개척 역사

수천 년 동안 아이다호는 Kootenai, Nez Perce', Cour d'Alene, Shoshone, Paiute 같은 인디언들의 본고장이었다. 1805년 미국인 Meriweather Lewis 와 William Clark가 미국의 북서 지방을 탐사할 때에 프라이팬 손잡이 모양의 아이다호 북부 지방을 통과하였다. 이때 Sacagawea 인디언이 통역을 해 주었고 Nez Perce' 인디언들의 많은 도움이 있었다. 최초의 유럽인 거주지는 1809년 North West Company의 David Thompson이 Pend Oreille호수의 동편에 세운 무역 거점의 마을이었다.

1834년 미국 군대가 Hall과 Boise에 주둔지를 구축하였다. 프랑스어로 숲을 의미하는 Boise는 후에 아이다호주의 수도가 되었다. 1845년까지 이러한 군대의 주둔과 무역 거점은 미국의 서쪽 끝으로 나아가는 Oregon Trail 여행길의 기반 역할을 하였다. 여행자들은 이 길을 통해 아이다호를 통과하여 미국 서부 해안의 쾌적한 지역으로 가고자 하였으며, 아이다호에 정착하려는 사람은 거의 없었다. 1860년 6월 15일 유타주의 몰몬 교도 그룹이 Flanklin에 정착하였다. 오늘날 아이다호 주민들은 이날을 개척자의 날로 지정하여 기념하고 있다. 대부분의 서부 주들처럼 외부에서 정착민들이 들어오면서 인디언들은 점차적으로 그들의 보호구역으로 터전을 이동해야만 하였다.

1860년대에 금이 채굴되었다. 광산에서 중국인 노동자들에게 과도하게 의존하였다. 1866년에서 1867년 사이에 중국인 반대 폭동이 일어나 백여 명의 중국인이 살해당하였다. 그러함에도 불구하고 1870년 전체 인구의 3분지 1이 중국인들이었다. 1880년대 은의 발견은 새로운 광산 노동자를 불러왔다. 그들은 거친 노동 조건에서 일해야 했으며, 이로 인해 노동조합이 만들어지고 동맹파업도 자주 일어났다. 이에 1892년 미국 연방군이 진주하여 전쟁법을 통해 널리 퍼진 동맹파업을 진압하겠다고 선포하면서 600명 이상의 노동조합 지지자들을 체포하였다. 그 후에도 1899년 전쟁법이 다시 입법되어 수백 명의 광산 노동자들이 6개월 동안 투옥되기도 하였다. 노동자와 소유주 사이의 피의 전투가 20세기까지 종종 이어져 왔다. 1889년 미국 헌법을 비준하였고, 1890년 7월 3일 43번째 주로 연방에 가입하였다.

○ 주요 산업

아이다호주에는 많은 강들과 지하수가 있어 미국 서부의 여러 주들과는 달리 물 부족을 겪지 않고 있다. 농산물로는 Snake강 물을 관개수로를 통해 끌어와 감자, 사탕무우, 알파파, 호프 등을 경작하고 있다. 특히 아이다호의 농부들이 매년 수십억 파운드의 감자를 생산하여 미국의 감자 생산을 주도하고 있으며, 주로 스네이크강 유역의 기름진 평원에서 생산하고 있다. 아이다호의 감자 재배는 장로교 선교단에 의해 시작되었다고 알려져 있다. 1830년대에 Henry Harmon Spalding이 Nez Perce 인디언들에게 그들의 사냥이 빈약한 때에 음식물을 보충하도록 감자 재배를 권하였다. 그 밖에 밀, 건초가 재배되고 있으며, 소와 양들이 길러지고 있다. 농사와 주거가 주로 Snake강 유역의 저지대 평원 중앙 지역에서 이루어지고 있는데 이는 땅이 경작하기에 수월하고 물을 관개로 끌어 오기에 용이한 곳이기 때문이다.

아이다호주의 산맥에서 목재와 지하자원이 생산되고 있다. 산맥에는 상록의 나무들이 풍부하며 아연, 구리, 금 등 지하자원이 매장되어 있다. 북쪽 지역의 Coeur d'Alene 근처에는 미국에서 가장 큰 은광이 있다. 오늘날 아이다호주에서 금은 더 이상 생산되지 않고 있으며, 많은 광산들이 문을 닫았으나, 아직도 은, 납, 코발트, 수은, 안티몬, 아연 등의 광물이 생산되고 있다. 합금을 만드는 데 사용되는 안티몬은 이곳에서 전량을 생산하고 있다. 나무가 빽빽하게 들어찬 숲과 수천 개의 호수, 시냇물은 관광객들과 스포츠맨들에게 휴식을 위한 다양한 기회를 제공해 주고 있다.

○ 관광 명소

Crater of the Moon National Monument & Preserve: 보호구역은 1266 Crater Loop Road, Arco, ID에 소재하고 있다. 이곳에 오면 어느 곳이 화산인지 알 수 없다. 솟아난 화산 꼭대기 대신에 Great Rift라고 불리는 갈라진 틈새를 따라 원추형으로 만들어진 용암과 새까맣게 탄 용암을 볼 수 있다. Great Rift는 틈새가 50마일에 달해 용암이 잘 흘러내려 50만 에이커의 용암 지대가 만들어졌다. 여기에는 여러 산책로가 있다. 용암 구멍이 얼음으로 채워져 있는 Snow Cone을 거치는 코스가 있고, 용암관을 통과하는 동굴 산책로도 있다.

Frank Church River of No Return Wilderness: 이곳은 Yellow Pine, ID에 소재하고 있으며 규모는 3,698sq miles(9,578sq km)이다. 산 정상을 에워싸고 있는 250만 에이커 이상 되는 협곡에는 야생 수목들이 헤아릴 수 없을 정도로 빽빽히 들어차 있으며, 이곳의 협곡은 그랜드 캐년보다 더 깊다. 아이다호주 중앙부에는 서로 다른 6개의 국립 수림보호지역들이 길게 이어져 있다. 캠핑, 스키, 암벽 등반, 래프팅, 등산, 낚시를 즐기기에 적합하며, 조용한 휴식을 취하기에도 매우 적합한 곳이다.

Idaho State Historical Museum: 수도인 Boise 시내에 있으며, 1800년대 초기에서부터 1950년대까지의 생활상을 보여 주고 있다. 개척자들의 집과 대장장이의 작업장, 초기 가정의 부엌 등을 볼 수 있다.

Sawtooth National Recreation Area: Sun Valley 북쪽에 소재하고 있으며, 3,108sq km의 규모이다. 이곳에 살고 있는 곰과 염소, 산사자, 기타 야생동물들을 관찰할 수 있다. 또한 하이킹을 하거나 자전거 타기를 할 수 있으며 300개가 넘는 호수에서 낚시, 수영을 할 수 있다.

The Appaloosa Museum: 박물관은 Moscow에 있으며, 아이다호주를 대표하는 Appaloosa 말에 대한 역사를 보여 주고 있다. 또한 인디언의 가공품, 말안장, 공예품들이 전시되어 있다. 여름에는 Appaloosa 말을 볼 수 있다. Nez Perce 문화에서 Appaloosa 말의 역할을 배울 수 있으며 말을 타고 주변의 시골을 둘러볼 수 있다.

Illinois

○ 일반 소개

일리노이주는 미국의 중서부 지방에 속해 있으며 5대호와 접해 있다. 1818년 12월 3일 21번째 주로 연방에 가입하였으며, 면적은 143,986sq km로 미국의 50개 주 가운데 24위이며 인구는 12,813천 명으로 6위이다. 주요 도시로는 주도인 Springfield와 Chicago, Rockford, Peoria가 있으며, 일리노이주를 일명 Land of Lincoln, the Corn State, the Prairie State라고 부른다. 주의 이름인 Illinois는 이곳에 살고 있던 Illini라 불리던 인디언 부족의 이름에서 따온 것이다.

일리노이주는 사람이 만든 경이로운 도시가 있는 반면에 아름다운 자연이 속삭이는 시골이 대조를 이루고 있다. 미국에서 가장 높은 빌딩들이 밀집되어 있는 반면에 수많은 대머리 독수리들이 겨울을 보내는 미시시피 강변의 암석 벼랑이 자주 보여지는 곳이기도 하다. 또한 일리노이주의 북부 지역의 미시건 호수변에 있는 보석 같고 세련된 도시인 시카고와 세계적인 곡창 지대인 남부의 구릉진 초원을 함께 품고 있다. 오랫동안 서로 대조된 환경이 혼합되면서 번영해 왔다.

미시건 호수와 미시시피강 사이에는 광활한 구릉진 농토와 숲이 놓여 있으나 인구는 매우 희박하고, 주민의 80% 이상이 도시 지역에 거주하며 이들 중 대부분은 시카고 도심 지역에서 살고 있다. 반면 땅의 80% 정도는 경작지이다. 일리노이주는 링컨 대통령의 고장으로도 유명하며, 그는 생애의 많은 시간을 이곳에서 생활하였으며 Springfield에 묻혀 있다.

○ 자연환경

일리노이주는 북부와 남서부의 일부 지역을 제외하고는 대부분이 평평한 평원이다. 수백만 년 전에 빙하가 이곳을 가로질러 흘러가 팬케이크처럼 평평하게 만들어 놓은 빙하의 유산인 것이다. 빙하에 의해 쓸려져 온 검고 기름진 흙으로 두껍게 덮여 있어 땅이 매우 비옥하다. 개척되기 전에는 키가 큰 풀로 뒤덮여 있었다. 오늘날은 일리노이주의 대부분이 옥수수밭으로 가꾸어져 있으며 미국에서 옥수수를 제일 많이 생산하는 주가 되었다. 빙하가 지나가지 아니한 북동쪽 끝 지역에는 다소 높은 고원 지대가 있다. 남서쪽으로는 숲이 우거진 바위 언덕들이 있는

Ozarks 지역이다. 남쪽의 끝자락에는 Gulf만 평원에 속하는 평탄한 평원의 모습을 보이고 있다.

일리노이주의 북동부 지역은 미국의 북동부 지방에서부터 중서부 지방에 이르는 오래된 산업벨트에 위치해 있다. 여기에 미시간 호수를 끼고 있는 미국 내 3위 규모의 시카고 도시 지역이 있다. 시카고는 흑인 탐험가 Jean Baptiste Pointe du Salde에 의해 기초되었다. 그는 1770년대에 Checagou강의 습지 언덕에 스스로 통나무집을 짓고 후에 상거래의 거점으로 삼았다.

시카고는 중요한 운송의 중심지이다. 서쪽으로는 수로를 통해 미시시피강과 연결되어 있고, 동쪽으로는 5대 호수와 세인트 로렌스강을 통해 미국 동부의 항구와 연결되어 있다. 또한 시카고는 철도와 항공의 중심 역할도 하고 있다. 이 도시는 박물관, 스포츠팀, 고층 건물 등으로 유명하다. 시카고에는 여러 민족들과 문화가 뒤섞여 다양성을 보여 주고 있다. 이들 중에는 동유럽, 그리스, 독일, 아일랜드계 사람들을 볼 수 있는데, 19세기에 생산 공장, 가축 사육장에서의 일을 찾아 이곳으로 이주한 사람들의 후손들이 많다.

일리노이주에는 500개 이상의 크고 작은 강과 시냇물이 교차하며 흐르고 있다. 이 가운데 가장 큰 강은 미시시피강으로 주의 서쪽 경계를 이루며 흐르고 있다. 한편 Wabash강과 Ohio강은 남동부와 남부의 경계를 이루고 있다. 1825년 Erie 운하가 완공되어 애팔래치아산맥을 가로질러 미국 동부와 오가기 쉬운 해운길을 제공해 주고 있다.

○ 개척 역사

1673년 모피 무역을 하던 프랑스인들이 최초로 미시시피강의 둑을 따라 일리노이를 탐험하였다. 1720년 프랑스인들이 Kaskaskia 정착촌과 Chartres 요새를 세웠다. 1763년 프랑스인들이 일리노이 지방을 영국인들에게 양도하였고, 1774년에 Quebec 지방의 일부가 되었다. 미국 독립 전쟁 중이던 1778년 미국 군대에 의해 점령되었다. 1787년 미국 북서 지방의 일부분으로 연방에 속해 있다가 1818년 미국의 21번째 주로 연방에 가입되었다. 19세기 초에는 이곳에 살던 원주민인 Sauk, Fox, Illinois 인디언들이 사라지고, 19세기 후반에 철도가 출현하여 인구가 급속히 증가하였다.

일리노이에서 노예제가 매우 심각한 문제였다. 일리노이에는 1818년 연방에 주로 편입될 때에 이미 켄터키와 캐롤라이나로부터 탈출해 온 수천 명의 노예가 있었다. 노예제 폐지 여부에 대한 논쟁이 그치지 않은 가운데 1848년까지 노예제가 폐지되지 않았으며 1853년에는 해방된 노예들이 일리노이주에 들어오는 것을 금지하는 법을 통과시키기도 하였다. 1858년 Stephen Douglas와 Abraham Lincoln은 연방 상원의원 선거 경쟁에서 7개의 유명한 논쟁을 벌였다. 그 선거에서 흑인 노예제를 옹호하던 Douglas가 승리했다. 그러나 2년 뒤 Lincoln은 미국의 대통령이 되었고 마침내 남부의 노예들을 해방시켰다. 1865년 일리노이주는 미국의 모든 주들 가운데 노예를 해방하는 미국수정헌법 13조를 가장 먼저 승인하였다.

○ 주요 산업

일리노이주에는 미국의 산업 발전에 기여한 개척자들이 여러 명 있었다. 1837년 John Deere는 잔디를 일구는 철제 쟁기를 발명했다. Moline에 있는 그가 만든 공장에서는 아직도 농업용 기계를 만들고 있다. 1847년에는 Cyrus McCormik가 공장을 세워 수확용 기계 장치를 제작하였다. 1874년에는 Joseph Glidden이 미국에서 최초로 가시철사 제조 공장을 열었다. 오늘날 시카고를 비롯해서 중소 도시들인 Rockford, Peoria, Springfield, East St. Louis, Elgin에서의 제조업이 일리노이주를 최고의 제조업주로 만들었다. 기관차의 제작에서부터 시계에 이르는 제품들을 생산하고 있다.

한편 초원의 주로 불리듯이 미국에서 가장 평평한 기름진 땅을 가진 시골 농촌의 주이기도 하다. 빙하가 옮겨 논 기름진 흙이 어느곳에서는 23m에 이르고 있으며, 거의 90%의 땅이 농토로 사용되고 있다. 대부분 옥수수, 밀, 콩이 재배되고 있으며, 옥수수와 콩의 생산은 단연 선두이다. 또한 젖소, 돼지, 소가 길러지고 있다. 지하자원도 풍부한 가운데 미국에서 석탄 매장량이 제일 많다.

오늘날 시카고에는 미국에서 가장 큰 규모의 가축 매매와 정육업 시장을 갖고 있다. 한편 이웃의 산업주들과 함께 철강, 인쇄, 제조공업 분야에서 중심을 이루고 있다. 일리노이주의 전체 공장의 60%가 시카고 지역에 있다. 한편 항공 시대가 오기 전에는 시카고가 세계에서 가장 큰 철도 중심이었다. 오늘날 O'Hare Field는 세계에서 가장 큰 상업 공항이다.

○ 관광 명소

Chicago: 시카고는 미시간 호수와 시카고강과 접해 있어 도시의 3면이 물에 감싸여 있다. 높고 거대한 빌딩들이 줄지어 있는 skydeck 가운데 110층 높이의 Willis Tower가 있다. 전에는 Sears Tower로 불렸던 이 빌딩은 1973년부터 1998년 사이에 세계에서 가장 높았던 건물이다. 강의 북쪽의 미시간 길의 13개 블록에는 쇼핑, 식당, 호텔들과 고딕식 건물로 기념적인 Tribune Tower가 있다.

Grant Park: 시카고시가 1835년 Grant Park을 만들 때에 정한 한 가지의 강제 조항이 있었는데, 이는 박물관, 예술관, 수족관 등만을 세워야 한다는 것이었다. 이 공원은 녹색의 오아시스와 같은 시카고의 앞마당이다. 구불구불한 미시간 호수변에서 산책도 하고 운동도 하며 도시의 스카이라인을 감상할 수 있다.

Cahokia Mounds Historic Site: 유럽인들이 들어오기 전에는 미시시피강 유역에서 가장 큰 도시를 이루었던 곳으로 AD 700에서 AD 1400 사이에 20,000명 이상의 Cahokia 인디언들이 살았던것으로 보인다. 방대한 땅에 나무 사이로 줄지어 있는 80기의 흙무덤들이 UNESCO 세계유산에 등재되어 있다.

Indiana

○ 일반 소개

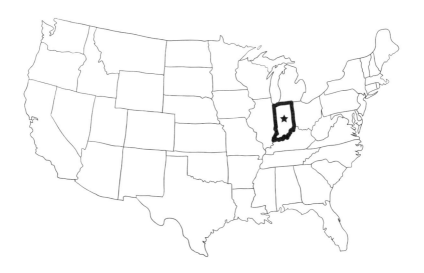

　인디애나주는 미국의 중서부 지방에 속해 있으며, 1816년 12월 11일 19번째로 연방에 가입하였다. 면적은 92,903sq km로 미국의 50개 주 가운데 38위이며 인구는 6,786천 명으로 17위를 나타내고 있다. 주요 도시로는 주도인 Indianapolis를 비롯해 Ft. Wayne, Evansville 등이 있다. 인디애나주의 별칭으로 The Hoosier State라고 불린다. 인디애나주는 개척 초기 대부분의 땅이 인디언들이 소유하고 있었으며, 미국에 편입될 때에도 절반 이상의 땅을 인디언들이 점유하고 있었다.

SKETCH

주가 놓여 있는 위치로 인해 미국의 동서남북을 연결해 주는 교차로와 같은 역할을 해 오고 있다. 인디애나 주민들은 세계적인 흥행을 불러온 Michael Jackson, James Dean, Steve McQueen, Cole Porter를 배출한 것과 그들의 농구팀에 대해 매우 자랑스러워하고 있다. 또한 호수변의 모래 둔덕과 원시의 숲 등이 있는 인디애나의 자연을 과시하고 있다.

많은 미국인들에게 인디애나주를 생각할 때에 구릉진 농토와 큰 나무들로 짙은 그림자가 드리워져 있는 타운, 자전거 도로와 2차선의 고속도로를 연상케 하며, 또한 스포츠를 떠올리기도 한다. 해마다 농구 시즌이면 인디애나 주민을 나타내는 'Hoosier Hysteria'라는 표어가 있다. 프로 농구팀인 Pacers, 국내 대학 우승권의 팀인 인디애나 대학과 퍼듀 대학이 있고, 전국적으로 방영되는 인디애나주의 고등학교 챔피언을 선발하는 경기가 있다. 또한 풋볼 경기와 매년 메모리얼 데이에 Indiana Polis 500에서 열리는 자동차 경주에도 팬들이 열광적이다.

○ 자연환경

인디애나주 땅의 6분지 5에는 빙하의 자국이 남아 있다. 북부 지방에는 빙하가 훑고 지나간 자리에 자갈과 모래 그리고 수많은 작은 호수들이 만들어져 있다. 물로 가득 채워진 움푹한 곳은 주전자 꼭지 모양의 호수로 남아 있다. 인디애나주의 북서쪽 코너는 거대한 미시간 호수와 접해 있다. 호수변을 따라 모래가 바람에 날려 첩첩이 쌓여진 모래 언덕들이 있다. 이 모래 언덕들을 Indiana Dunes라 부르고 있으며, 가장 큰 모래 언덕인 Mount Baldy에는 식물이 없으나 조금 더 오래되고 내륙쪽에 있는 모래 언덕에는 흙이 덮여 있어 풀과 나무가 자라고 있다. 호수변에서 수영과 하이킹을 즐기고 있다.

인디애나주의 중부 지방은 완만하게 구릉진 형태의 지면으로 옥수수를 비롯한 농산물이 재배되는 지역으로, 흙이 기름지고 두껍게 쌓여 있어 가장 좋은 농토를 제공해 주고 있다. 19세기 초에 개척자들이 낮은 가격에 연방 정부로부터 농토를 구입하려고 이곳으로 모여들었다. 빙하가 흘러 내려오다가 인디애나의 남중부 지역에서 멈춤으로 인해 평지에 울퉁불퉁하고 가파른 언덕들이 널리 산재해 있다. 이곳에는 석탄과 석유가 많이 매장되어 있다. 오하이오강을 따라 가다가 남쪽 끝 지역에 이르면 구불 구불한 언덕들과 미네랄 온천, 그리고 미국에서 2번째로 큰 동굴인 Wyandotte 석회암 동굴이 있다.

○ 개척 역사

초기 역사에서 보면 인디애나주는 수세기 동안 원주민인 Illinois, Miami, Shawnee 등 많은 인디언 부족들이 살았던 진정한 인디언들의 땅이었다. 1679년 프랑스인 La Salle가 인디애나에 들어온 최초의 유럽인이었다. 1732년 프랑스인들이 Vincennes에 최초의 영구 정착촌을 세웠다. 유럽인들이 들어온 후 처음에는 프랑스인이 다음에는 영국인들 그리고 미국인의 정착지가 되었다. 독립 전쟁 때에는 영국이 차지하고 있었으나, 1779년에 미국이 차지하게 되었다. 1784년 최초의 미국인 정착이 Clarksville에서 이루어졌다.

이에 인디언들이 미국에 반대하여 1790년에서 1791년 사이에 마이애

미 인디언 추장 Little Turtle이 미국 연방 군대를 2번이나 격파하였다. 개척 초기 역사를 보면 인디애나는 미국으로 편입된 후에도 정말로 인디언들의 땅이었다. 전체 땅의 절반 이상을 인디언들이 점유하고 있었다. 1794년 미국 군대의 Anthony Wayne 장군이 Fallen Timbers 전투에서 인디언을 격파하였으며, 1795년에는 12개의 인디언 부족들이 그들의 땅의 일부를 미국에 양도하였다.

1800년 인디애나 지방이 만들어졌으며, 1806년 최초로 지방의회가 Vincenne에서 이루어졌다. 1811년에 Henry Harrison 장군이 Tippecanoe 전투에서 Tecumseh 인디언을 격파하였다. 다음해인 1812년에 Miami 인디언이 Peru 마을 근처에서 패배당함으로써 인디언들의 저항은 끝나게 되었다.

1816년 미국의 19번째 주로 연방에 가입하였으며 노예제를 강력하게 반대하는 주였다. 1827년부터 1847년 사이 Levi와 Cartharine Coffin은 남쪽에서 탈출한 노예들을 낮에는 숨겨 주고, 밤에는 북쪽의 캐나다로 가는 최상의 길로 가도록 도와주었는데 그들이 도와준 노예는 약 2천 명에 이른다.

○ 주요 산업

인디애나주의 대부분은 초원 지대로 풍부한 농토를 제공해 주고 있다. 여기에 옥수수, 밀, 서양박하 등이 재배되고 있으며, 돼지와 소가 길러지고 있다. 오하이오강 유역의 언덕진 곳에서는 과일과 담배가 재배되고 있다.

미시건 호수 근처 지역에는 Gary시를 포함한 철강 도시들이 대단지를 형성하고 있다. 미시건 호수의 서쪽 끝에 있는 미네소타주에 철광석 광산들이 있고, 인디애나주 남부와 일리노이주에는 석탄 광산들이 있어 이들 지역 사이에 철강 산업 도시들의 모여 있다. Bedford 채석장에서는 석회석이 채굴되고 있으며, 남서부 지역에서는 석탄이 생산되고 있다. Indianapolice 지역은 오랫동안 정유업의 본고장이다. 인디애나주는 상선들이 미시간호에서 대서양으로 나가거나 오하이오강을 따라 내륙으로 갈 수도 있는 좋은 위치에 놓여 있는 교통의 요충지이다.

인디애나주는 1900년대에 미국 제조업의 리더 역할을 하였다. 제1차 세계 대전 이전에는 인디애나의 South Bend 지역은 자동차 생산의 중심지였다. Gary에서는 1905년 U.S. Steel사의 가장 큰 공장이 세워져 철강 타운이 만들어졌다. Fort Wayne에서는 기계, Evansville에서는 냉장 설비, Indianapolice에서는 서적 출판과 화학, Elkhart에서는 악기의 제조로 널리 알려져 있다.

○ 관광 명소

Indiana Dunes National Park: 공원은 1215 SR- 49, Porter, IN에 소재하고 있으며 규모는 23sq miles(61sq km)이다. 5대호의 하나인 미시간 호수의 남쪽 끝 호수변에 있는 모래 둔덕지로서 모래 둔덕이 초원과 늪, 강 사이에 끼여 있는 국립공원이다. 철강과 전력발전 도시인 Gary와 Michigan City가 국립공원과 함께 미시간 호수를 끼고 있어 이곳을 개발하느냐 아니면 보존하느냐를 놓고 오랫동안 논쟁이 이어져 왔다.

Hoosier National Forest: 오하이오강 아래로 뻗어 있는 커다란 원시림의 땅을 보존하고 있다. 목가적인 이 지역은 전설적인 농구팀인 Larry Bird의 본고장인 French Lick과 Marengo가 있다. 8km에 이르는 Marengo 동굴은 1984년 2명의 지역의 학생들에 의해 발견되었다. 국립 공원관리국에 의해 보존 자연으로 인정받았다.

George Rogers Clark National Historical Park: Vincennes에 있는 Wabash강의 둑에 그리스식 기념탑이 세워져 있다. Fort Sackville으로 추정되는 이곳은 영국의 요새로 1779년 Clark 장군과 그의 군대가 잡혔던 곳이다.

Iowa

○ 일반 소개

아이오와주는 미국의 중서부 지방에 속해 있으며, 1846년 12월28일 29번째 주로 연방에 가입하였다. 면적은 144,716sq km로 미국의 50개 주 가운데 23위이며 인구는 3,190천 명으로 31위를 나타내고 있다. 주요 도시로는 주도인 Des Moines를 비롯해 Cedar Rapids, Davenport가 있다. 아이오와주는 일명 the Nation's Breadbasket, the Corn State라고도 불리고 있다. 주의 이름인 Iowa는 원주민 Ioway 인디언의 이름에서 유래하고 있다.

아이오와주는 미주리강과 미시시피강 사이에 놓여 있는 광활한 평야 지대로, 미국 중서부 지방의 심장과 같은 위치에 놓여 있어 심장의 땅이라 불리어지고 있다. 아이오와주를 떠올릴 때면 전형적인 농촌이 연상되듯이 전체 면적의 97%가 작물을 경작할 수 있는 땅으로. 초록색의 재배 작물과 황금색의 무르익은 곡식이 저 멀리 지평선에 이르도록 펼쳐져 있다. 캘리포니아와 텍사스에 이어 식량을 많이 생산한다.

아이오와주의 깃발에 있는 3가지 색은 초기의 개척자들이 프랑스 사람들인 것을 나타내며, 주의 인장에는 농촌의 여유로움과 강가의 유적들, 그리고 남북 전쟁 전후에 연방이 지켜지도록 강력히 도운 것을 상징하고 있다. 시골 농촌인 아이오와주는 자랑스런 통계치를 갖고 있는데, 이는 문맹률이 1% 정도에 불과하여 미국의 어느 주보다도 글을 읽고 쓰는 능력이 높다. 아이오와주에서 가장 큰 도시이며 수도인 Des Moines에서는 매 4년마다 있는 대통령 선거 캠페인의 시작을 알리는 아이오와 코커스로 유명하다.

○ 자연환경

개척자들이 이곳에 들어왔을 때 온 땅에 사람의 키만큼이나 큰 수풀이 바람에 흔들리는 풍경이었다. 그들이 땅을 개간할 때에 흙이 기름지고 검은색을 띠고 있는 것을 발견했다. 미국에서 가장 질이 좋은 등급의 흙 가운데 4분지 1이 아이오와에 소재해 있어 세계적으로 훌륭한 농장 지대가 되어 있다. 오늘날 아이오와주에서 대규모로 옥수수 재배가 이루어지고 있으며 미국 전체 곡물 공급의 7%를 제공하고 있다. 또한 돼지를 어느 주보다도 많이 사육하고 있다.

많은 사람들이 아이오와주가 평평한 땅으로 생각하고 있으나, 실제로는 구릉진 평원이다. 수백만 년 전에 빙하가 아이오와를 가로질러 지나가면서 남기고 간 완만한 언덕들과 빙하의 퇴적물, 점토, 모래, 자갈 등이 수많은 시간이 지나면서 흙으로 형성되어 풍부한 부식토를 보이고 있다. 빙하가 그치고 바람이 평원을 가로질러 불 때에 황토의 흙더미가 만들어졌다. 황토 흙에는 바위나 돌이 없어 땅을 일구기가 수월하다.

아이오와주도 미국의 다른 중서부 주들과 같이 바다에서 멀리 떨어져 있으며, 날씨에 의존하는 강수량을 조절하며 효과적으로 사용하고 있다. 미시시피강이 아이오와주의 동쪽 경계를 만들며 흐르고 있다. 이 강의 저지대에는 절벽과 숲이 우거진 언덕들이 있다. 미시시피강을 끼고 있는 Great River Road를 따라가며 아이오와의 아름다운 시골 풍경을 볼 수 있다. 동부의 평원은 두텁고 기름진 흙으로 되어 있는 농장 지대이다.

동부 중앙 지역에는 주요 도시인 Cedar Rapids가 있다. 이곳은 19세기에 농장으로 이민 온 많은 체코인들의 근거지로 당시의 생활을 알 수 있는 체코 마을이 있다. 또한 이 도시에는 엄격한 농부와 그의 부인을 나타내고 있는 유명한 그림인 〈American Gothic〉을 그린 Grant Wood의 작품이 있는 박물관이 있다.

아이오와의 서쪽 경계에는 미주리강이 흐르고 있는데, 아이오와의 동쪽에서 이 강에 이르기까지 완만하게 지대가 높아져 오고 있다. 북서쪽 코너에는 Spirit Lake와 West Okoboji 호수, East Okoboji 호수를 포함한 Great Lakes 휴양지가 있다.

○ 개척 역사

1673년 최초의 유럽인이 아이오와를 탐험하였으며, 1682년에는 프랑스인 La Salle가 이곳을 프랑스령으로 주장했다. 1803년 Louisiana Purchase에 따라 미국에 팔렸으며, 1846년 미국의 29번째 주로 가입하였다. 1830년대까지 원주민인 Fox, Ioway, Sipus, Winnebago, Potawatomi 등 여러 인디언 부족들이 아이오와 땅을 차지하고 있었다. 그러나 1850년 미국 정부는 인디언들의 대부분을 오클라호마의 인디언 보호지역으로 이주시켰다. 새로 이주해 온 정착민들은 이미 아이오와의 기름진 흙이 작물을 무척 잘 자라게 한다는 것을 알아냈다. 1856년 아이오와주에서는 처음으로 Davenport와 Iowa City 사이의 철도를 완공하였고, 다음 해에는 주의 수도를 Iowa City에서 Des Moines로 옮겼다.

아이오와의 농부들은 종종 어려운 시기를 겪어 왔다. 1870년대에 그들의 농산물을 운반하기 위해 철도를 이용해야 했는데 이에 따른 철도 운임이 비쌌다. 또한 옥수수를 비롯한 곡물을 지역에 있는 큰 곡물 창고에 보관해야 했는데 창고료가 너무 비쌌다. 이로 인해 아이오와주, 미네소타주, 일리노이주 농부들이 Granger Movement를 설립하여 낮은 가격의 곡물 창고를 공동으로 운영하였다.

여전히 많은 농부들이 그들이 필요로 하는 것을 구매하기 위해 은행으로부터 돈을 빌려야만 하였다. 1930년대에 많은 농부들이 그들의 차입금을 갚을 수 없었으므로 은행은 그들의 농장과 농기구들을 압류하여 경매로 팔곤 하였다. 이에 농부들이 담합하여 종종 이러한 경매를 싸구려 매물로 만들었다. 어떠한 사람도 얼마의 가격 이상으로는 입찰하지 아니하도록 하였다. 이웃들의 토지가 경매에 나오면 저렴한 가격에 사서 원래의 농부에게 되돌려 주곤 하였다. 만약 어떤 사람이 높은 가격에 입찰하여 사려 하면 이웃들이 그가 입찰을 포기하도록 위협하기도 하였다.

○ 주요 산업

기름진 흙이 아이오와주의 보배이다. 땅을 뒤덮고 있던 빙하가 녹으면서 농사짓기에 적합한 풍부하고 비옥한 흙과 구릉진 언덕들을 남겨 놓았다. 오늘날 아이오와 주에는 100,000개 이상의 농장들이 있으며, 농장이 전체 면적의 92%를 점유하고 있다. 아이오와주의 전체 노동자 중 4%만이 농부이지만 미국 전체 곡물의 약 7%를 생산하고 있다. 일반적으로 곡물 수확으로 보면 캘리포니아 다음으로 높다. 아이오와주가 옥수수, 귀리, 콩, 건초와 돼지, 소, 가금류, 우유 제품 분야를 오랫동안 주도해 오고 있다. 아이오와주의 농업은 기름진 농토와 더불어 비료, 씨앗, 농사 장비를 사용하고 있어 과학 농사법의 모범이 되고 있다. 1959년에 소련의 후루시쵸프 수상이 Cedar Rapids 근처의 거대한 현대적인 농장을 다녀가기도 했다.

주로 농업과 관련된 제조업 분야가 아이오와 경제에서 중요한 위치를 차지하고 있다. Des Moines, Davenport, Cedar Rapids, Council Bluffs, Waterloo에서 농업용 기계, 연장, 비료 등을 만들어 내고 있으며, 그중 몇몇 도시에서는 꽃과 시리얼을 생산하고 있다. Cedar Rapids에 소재한 아침 시리얼 제분소는 세계에서 가장 크다. 아이오와주의 여러 도시들은 보험업의 중심지가 되어 왔다. 50개 이상의 보험회사의 본부가 아이오와주에 소재하고 있다.

○ 관광 명소

Effigy Mound National Monument: 이곳은 151 Highway 76, Harpers Ferry, IA에 소재하고 있으며 규모는 4sq miles(10sq km)이다. 미국에는 수천 기의 흙 둔덕 고분들이 있으며, 대부분 미시시피강의 동부 지역에서 발견되고 있다. 기원전 3000년경에서 기원 후 1600년경 사이에 매장을 하기 위해 만들어졌다. 대략 1000년 전부터 흙무덤들이 갑자기 정교해졌다. Effigy Mound Builder라고 불리는 인디언들이 아이오와, 위스콘신, 미네소타, 일리노이에 살면서 흙으로 동물 모양 등을 만들어 예술 작품으로 발전시켜 왔다. 아이오와주 북동쪽의 미시시피강 서쪽 강둑에 있는 이곳 기념물이 미국에서 가장 규모가 큰 선사 시대 유적지이다.

Backbone State Park: 공원은 Dundee 근처에 있으며 주에서 최초로 지정한 공원이다. 여기에는 Iowa Civilian Conservation Corps Musium이 있으며, 등반할 수 있는 바위가 있는 34km에 이르는 산책길이 있다. 수영, 낚시, 보우팅 등을 즐길 수 있는 Backbone Lake도 있다.

Herbert Hoover National Historic Site: West Branch에 있는 사적지로 아이오와 출신으로는 유일한 대통령이었던 Herbert Hoover의 생애와 당시의 시대를 설명해 주며 그를 기념하는 장소이다. 여기에는 후버 대통령 기념 도서관과 박물관이 세워져 있다. 공원에는 그가 태어났던 오두막집과 대장간, 퀘이커 교도들의 회당, 학교 건물, 후버와 그의 부인 Lou Henry Hoover의 묘소가 안장되어 있다.

Kansas

○ 일반 소개

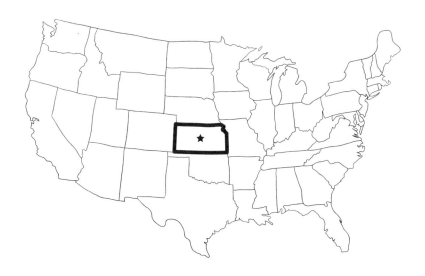

　캔자스주는 미국의 중서부 지방에 속해 있으며, 1861년 1월 29일 34 번째로 연방에 가입하였다. 면적은 211,922sq km로 미국의 50개 주 가운데 13위이며 인구는 2,938천 명으로 35위이다. 주요 도시로는 주도인 Topeka와 Wichita, Kansas City가 있다. 캔자스주는 the Sunflower State, the Cyclone State 등으로 별칭되고 있다. 주의 이름인 Kansas는 원주민인 Kansas, Osage, Pawnee, Wichita 부족들이 지금의 캔자스주의 땅을 KaNze라고 불러온 데에서 유래하였다. KaNza의 의미는 남쪽 바람의 사람들이라는 의미를 가지고 있었다.

　캔자스주는 여러 가지 별칭을 갖고 있는 가운데 해바라기의 주로 가장 널리 알려져 있다. 키가 큰 노란 해바라기가 캔자스주에서 널리 자라고 있어 주의 공식적인 꽃으로 지정되어 있다. 또한 캔자스주는 미국의 어느 주보다도 밀을 많이 생산하고 있어 밀의 주라고도 부르고 있다.

　초기 유럽인 정착민들에게는 캔자스의 대평원이 주거하기에 부적합한 사막처럼 여겨져 미국 서부의 희망 찬 땅으로 가는 경유지에 불과했다. 후에 미국 정부는 캔자스 땅이 사용되지 않을 것으로 보아 캔자스에 인디언 보호구역을 만들어 다른 지역의 인디언들을 이곳으로 보냈다. 1860년대와 1870년대에 첫 번째 미국 대륙 횡단 철도가 개통되면서 많은 사람들이 캔자스주에 정착하기 시작했다. 당시에 개척민들이 캔자스 대평원에서 물이 매우 적게 드는 새로운 종류의 밀을 가져왔다. 이때부터 캔자스주의 역사가 바뀌게 되었으며 농부들에게는 번영의 땅으로 여겨졌다.

○ 자연환경

　곡식의 황금물결이라는 말로 캔자스의 대평원을 가로지르며 수 마일이나 펼쳐져 있는 황금색의 밀밭을 묘사하고 있다. 많은 사람들이 캔자스를 떠올릴 때면 평평하고 볼품없는 주로 생각하지만 아주 평평하지는 않다. 실제로는 낮고 구릉진 언덕들로 인해 지형이 많이 주름잡혀 있으며, 동쪽으로 흐르는 강들이 대초원에서 비탈져 흐르고 있다.

　캔자스주의 동부는 완만하게 굴곡진 언덕들이 보이는 Osage평원이 놓여 있다. 대평원이 캔자스주 동부 지역의 절반을 차지하고 있으며, 이처럼 드넓은 초원이 펼쳐져 있어 목축과 농사에 매우 적합한 지역이다. 이곳은 Whichita, Kansas City, Topeka 등의 도시들이 몰려 있는 수도권 지역이다.

캔자스의 서부는 바람이 부는 황량한 카우보이 영화의 배경을 연상케 한다. 서부의 농부들은 지하의 모래와 자갈층인 Ogallala Aquifer에 있는 지하수를 끌어 올려 농사를 짓고 있다. 그러나 비가 내려 지하의 모래나 자갈 사이에 물이 다시 채워지는 것보다 더 많은 지하수를 사용해 오고 있어 지하수가 고갈될까 봐 우려하고 있다. 캔자스의 남부에는 꼭대기가 평평한 큰 바위들과 붉은 접시 모양의 바위들 그리고 철분 산화물을 지닌 붉은 흙 등으로 인해 이름이 지어진 Red Hills가 있다.

캔자스주에는 2개의 주요한 강이 있다. 하나는 북부 지방에서 Big Blue강과 Republican강을 지류로 가지고 있는 Kansas강이 흐르고 있다. 캔자스시에서 Missouri강으로 흘러 들어가 주의 북동쪽 경계를 형성하고 있다. 또 다른 하나의 강은 Arkansas강으로 콜로라도주에서 발원하여 캔자스주의 남부 지방을 거치면서 흐르다가 오클라호마주와 아칸소주를 관통하며 미시시피강과 합류하고 있다.

캔자스주가 미국의 중앙에 놓여 있어 독특한 날씨를 보이고 있다. 겨울의 차가운 공기가 북쪽에서 불어오며 남쪽에서 불어오는 바람은 건조하고 덥다. 광활한 동부의 평원에서 서쪽으로 갈수록 지대가 높아지며 건조해지고 있다. 봄과 여름철에는 토네이도가 발생하고 있다.

○ 개척 역사

캔자스는 Kansa, Osage, Whichita, Comanche, Cheyenne, Pawnee 등의 많은 원주민들의 본거지였다. 1541년 스페인 탐험가인 Coronado 가 금을 찾으러 이곳에 들어왔으며, 인디언들의 오솔길을 찾았다. 이러한 길들로는 Chisholm, Santa Fe, Oregon Trail 등이 있다. 후에 이러한 오솔길을 따라 수많은 개척자들이 미국의 동부에서 서부로 나아갔다. 1719년에는 프랑스인 탐험가 Claude du Tisne가 서남부 캔자스를 가로질러 다녀갔다. 1803년 미국이 Louisiana Purchase를 통해 프랑스로부터 캔자스를 사들였으며, 1804년 Lewis와 Clark가 캔자스를 탐사하였다. 1821년에는 William Becknell이 Santa Fe Trail길을 통해 캔자스를 탐험하였다.

50년 후 미국의 동부에서 시작된 큰 전쟁에 휘말려 들었다. 노예주들과 노예 자유주들은 미국이 어떤 형태의 국가여야 할지를 두고 다투고 있었다. 새로운 주가 연방에 가입하면 노예제를 받아들여야만 하는가가 문제였다. 초기에는 미주리 협정이 있어 어느 자유주가 연방에 가입하면 다음에 가입하는 주는 노예제가 허용되도록 번갈아 가며 자동으로 결정되는 것이었으나 이 협정은 폐기되었다. 1854년 Kansas- Nebraska 법이 제정되어 새로운 주의 주민들이 노예주로 할 것인가 자유주로 할 것인가를 스스로 결정하도록 하였다. 그러자 즉시 노예제 폐지를 주장하는 사람들과 노예제를 찬성 하는 사람들이 이 문제를 결정하는 데에 기여하기 위해 캔자스로 몰려왔다. 7년간의 치열한 다툼으로 인해 피의 캔자스라는 별칭을 얻었다. 1861년 노예 자유주가 되면서 연방에 가입하게 되었다.

1860년에 철도가 캔자스주에 들어오면서 텍사스로부터 거대한 규모의 가축 떼가 옮겨져 오면서 철도를 따라 Abiline, Dodge City, Wichita 같은 소들의 타운이 형성되었다. 이동해 온 가축 떼는 다시 미국의 동부로 철도에 실려 나갔다. 이때 철도의 소유자들은 인디언들이 수천 년 동안 살아온 대로 살아간다면 더 이상 발전을 이룰 수 없다고 판단하여 인디언들을 내쫓기 위해 이들의 생계 수단인 들소 떼를 없애기로 했다. 철도 업자들은 Buffalo Bill로 불리는 William같은 사람을 고용하였다. Buffalo Bill은 18개월 동안 4,280마리의 들소를 쏘아 죽여 유명하게 되었다.

남북 전쟁 후 남부의 재건 시기가 끝나갈 때 남부의 많은 흑인들이 생활의 조건이 좀 더 나은 곳을 찾아 캔자스로 들어왔다. 1875년에서 1881년 사이에 6만여 명의 흑인들이 들어왔는데, 이들을 일컬어 Exodusters라고 불렀다. 이는 성경에서 모세가 이스라엘 민족을 이끌며 이집트를 벗어나 탈출한 여정 후에 붙여진 이름이다. 이처럼 이주해 온 흑인들로 하여금 새로운 농촌을 조성해 나가길 바랬으나 그들은 대부분 Kansas City와 Topeka에 머무는 데 그쳤다.

○ 주요 산업

캔자스주의 대부분의 땅이 기름진 황토로 이루어져 있어 농업이 경제를 주도하고 있는 주이다. 완만하게 경사져 있는 벌판에는 주로 밀이 자라고 있다. 많이 경작되고 있는 밀의 종류는 hardy Red Turkey 밀로서 가을에 파종하여 다음 해 봄에 수확한다. 이러한 밀의 종자는 러시아에서 온 메노나이트 선교 단원들이 가져 들여온 것으로 가장 많은 수확을 하고 있는 밀의 종류이다. 캔자스주는 어느 주보다도 밀의 생산이 많아 미국의 빵 바구니라 불리고 있으며, 수확한 밀은 가루로 분쇄되어 세계 시장으로 실려 나간다. 그 밖의 농산물로는 옥수수, 콩, 호밀 등이 생산되고 있다.

백인 정착민들이 들어오기 전에는 키가 큰 푸른 풀들이 초원을 뒤덮고 있어서 수많은 들소들에게 먹이를 제공해 주고 있었다. 남북 전쟁이 끝난 후 철도가 캔자스주에 이르게 되자 텍사스주의 카우보이들이 가축떼를 이끌고 텍사스를 떠나 캔자스주의 Abilene, Wichita, Dodge City와 같은 철도가 닿는 철도타운으로 옮겨 왔다. 여기서 가축을 기른 후 미국 동부로 팔린 가축을 기차에 실어 운반해 갔다.

지난 30여 년간 농업 장비에서부터 항공기 제작에 이르기까지 제조업이 급속히 성장해 왔다. 세계에서 만들어지고 있는 개인용 항공기의 절반 이상이 Wichita에서 제작되고 있다. 또한 캔자스주는 지하자원이 풍부하게 매장되어 있다. 석유, 석탄, 석고 등 지하자원이 풍부하며, Hugoton은 세계에서 천연가스가 가장 많이 매장된 곳으로 알려져 있으며, Hutchinson에는 소금 매장량이 가장 많은 곳으로 알려져 있다.

○ 관광 명소

Kansas Cosmosphere and Space Center: Hutchinson 시내에 소재하고 있으며 세계에서 가장 많은 우주선을 수집해 전시하고 있다. Justice

Planetarium에서 별들에 대해 많은 것을 배울 수 있다.

Kansas Museum of History: Topeka 시내에 소재하고 있으며 주에서 가장 큰 박물관이다. 색깔 있는 전시물들이 캔자스의 역사를 말해 주고 있다. 여러 대의 역사적인 마차들이 전시되어 있고 관람객들은 Discovery Place에서 많은 전시물들에 대해 만지고 냄새를 맡고 들을 수 있다.

Tallgrass Prairie National Preserve: Flint Hills에 있으며 키가 큰 풀들의 초원으로 매우 극적인 풍경을 보여 주지만 종종 스쳐 지나갈 때가 많다. 아직도 초원으로 남아 있는 이유는 땅이 석회석, 이판암, 검은 규석으로 이루어져 있어 땅을 갈고 농사짓기에 매우 부적합하기 때문이다. 여기에는 50여 종의 풀들과 300여 종 이상의 야생화가 피고 있다. 관광객들은 1800년대 후반의 역사적인 목장과 교실이 하나인 학교 건물과 대리석으로 지은 집을 둘러볼 수 있다. 또한 키가 크게 자라난 초원의 오솔길을 따라 걸어 볼 수도 있다.

Kentucky

○ 일반 소개

켄터키주는 미국의 남동부 지방에 속한 주로서, 오하이오강과 애팔래치아산맥 사이에 끼어 있는 애팔래치아 고지대에 놓여 있다. 1792년 6월 1일 15번째 주로 연방에 가입하였으며, 면적은 102,906sq km로 미국의 50개 주 가운데 36위이고 인구는 4,506천 명으로 26위를 나타내고 있다. 주요 도시로는 주도인 Frankfort와 Louisville, Lexington, Owensboro가 있다. 매년 봄이면 너른 초원에 빽빽히 자라는 잔디에 꽃이 피는 아름다운 풍경으로 인해 켄터키주를 Blue Grass State로 별칭하고 있다. 그러나 이러한 별칭과는 달리 켄터키주의 지형은 다양한 문화만큼이나 다양하다. 주의 명칭인 켄터키는 Cherokee 인디언의 말에서 유래되었다. 이 말의 의미는 내일의 땅, 숲의 땅이라는 의미를 갖고 있다.

파란 잔디가 펼쳐져 있는 켄터키주는 매력이 있고 아름다운 고장으로 보수적인 주이다. 북쪽에서 남쪽에 이르는 사이에는 가파른 협곡과 1,100마일에 달하는 강과 시내, 천둥소리를 내며 떨어지는 폭포수, 세계에서 가장 긴 동굴을 지니고 있는 주이다. 또한 켄터키주는 미국 남부의 따스함과 우아함을 지닌 기풍과 미국 북부의 산업이 혼재되어 있고, 동부의 오래된 전통과 서부의 개척 정신이 함께 녹아져 있는 주이다. 켄터키주는 구릉진 언덕들에 수많은 말 농장이 있는 말의 고장으로 가장 오래되고 전통 있는 Kentucky Derby 경기가 1875년 이래로 계속 열리고 있다. 이 경기는 3년된 말이 1마일의 트랙을 달리는 경주로 매년 5월 첫째 토요일에 Churchil Downs에서 열리고 있다.

○ 자연환경

켄터키주의 동부 지역은 Appalachian산맥과 Cumberland고원 지대가 놓여 있다. 이곳에는 숲이 무성한 산기슭과 가파른 산꼭대기, 물살이 빠른 강들이 있으며, 초기의 Scotch-Irish 개척자들이 정착해서 살았던 깊고 좁은 골짜기들이 있다. 험준한 지역으로 인해 오랫동안 길이 제대로 만들어지지 않아 켄터키의 동부 지역은 바깥 세상과 단절되어 왔다. 이러한 고립된 생활로 인해 정착민들의 고유 민요들이 잘 보존되었고 그들 전통의 자수와 바구니 만드는 기술들도 살려 나가게 되었다.

남동부에는 Cumberlands의 일부인 Pine산맥이 놓여 있어 험준한 Appalachian고원 지대를 이루고 있다. Colbin 근처에 있는 Cumberland 폭포는 미국 동부 지방에서 가장 큰 폭포로 보름달이 폭포를 비추면 폭포의 물안개가 달빛 무지개를 만들어 낸다. 협곡의 시냇가 주변에는 가파른 절벽과 벼랑, 자연적으로 생겨난 다리들이 놓여 있다.

남중부에는 세계에서 가장 규모가 큰 Mammoth 자연 동굴이 있다. 이 동굴의 길이가 676km에 이르며, 깊이는 지하 5층 정도이고 아직도 탐험이 충분히 이루어지지 않은 세계 7대 불가사의 중 하나이다. 이는 수백만 년에 걸쳐 석회석 기반의 벌어진 틈새로 물이 새어나와 이 같은 미로의 동굴이 만들어졌다.

산맥의 서부 지역은 푸른 초원 지대로 세계에서 가장 훌륭한 말 농장들이 있다. 완만하게 구릉진 들판에 싱싱한 잔디가 뒤덮여 있고, 목장의 경계가 하얀 울타리로 장식되어 있다. 해마다 봄에 파란색의 잔디꽃이 들판에 빽빽하게 피어나고 있어 이로 인해 켄터키주가 Bluegrass State 로 별칭되고 있다.

켄터키주는 강들의 땅이다. 남부를 제외하고 동쪽과 서쪽, 북쪽의 경계선이 강들에 의해 다른 주들과 경계를 이루고 있다. 동쪽 경계에는 Cumberland강이 흐르고, 북쪽에는 Ohio강이 있고 서쪽에는 Missippi강이 경계를 만들어 주고 있다. 레크레이션이나 상업적으로 항행할 수 있는 강들의 수로가 1,600km 이상이 되고 있다. 주요한 도시들은 대부분 초기 개척 시절에 증기선이나 너벅선들이 운송을 담당하던 강을 낀 강변에 세워져 있다.

○ 개척 역사

 켄터키는 한때 Cherokee, Delaware, Iroquois, shawnee 등 인디언 부족들의 본거지였으며 원주민들의 좋은 사냥터였다. 1750년 이전까지 소수의 유럽인들만이 켄터키에 들어왔는데, 이는 애팔래치아산맥으로 인해 유럽인들의 탐험과 정착에 어려움이 있었기 때문이었다. 1750년 Thomas Walker가 Cumberland Gap를 발견하였고, 1769년에는 Boone가 광범위하게 탐험을 하였다. 1774년 James Harrod가 최초의 영구 정착촌을 세웠다. 그 후 유럽인 정착민들이 들어왔을 때 그들은 인디언들과 치열하게 싸웠다. 그로 인해 켄터키가 어둡고 피로 얼룩진 땅이라는 별칭으로 불리기도 했다.

 초기에 가장 유명한 정착민으로 Daniel Booner를 들 수 있다. 그는 1775년 Cumberland Gap을 통과하고 있는 인디언 오솔길을 통해 개척자들을 인도했다. 초기 켄터키 정착민들은 통나무로 오두막을 짓고 살면서 대마와 담배를 재배하고 돼지와 소 그리고 말을 키웠다. 버지니아, 메릴랜드, 캐롤라이나에서 온 개척자들이 지금의 Lexington 주변 푸른 초원의 목장에 경주용 경마를 들여왔으며, 지금은 경마를 키우는 대표적인 지역이 되어 있다.

 켄터키주는 1792년에 15번째 주로 연방에 가입하였으며 남북 전쟁의 발발로 이 남부 주는 내부적으로 나뉘어지게 되었다. 그러나 연방에는 계속 남아 있었다. 켄터키주는 당시 노예 제도에 대해 엇갈린 감정을 가지고 있었다. 1833년에는 농장주들이 노예를 들여오는 것을 법으로 막았다가, 1850년에는 이 법을 취소하였다. 그 후 켄터키주는 노예주의 중심이 되었다. 그러나 미국 연방에서 멀어지지는 않았다. 남북 전쟁이 발발하자 북군과 남군 모두가 켄터키주를 침입했다. 남북 전쟁이 끝났을 때 켄터키주의 남자들 중에서 약 45,000명은 남부 연합을 위해 싸웠고, 약 90,000명은 북부 연합을 위해 싸운 것으로 나타났다.

○ 주요 산업

한때 담배가 켄터키주의 유일한 주요 작물이었다. 상인들이 돈 대신 담배를 받기도 하였으며 아직도 중요한 농작물이다. 오늘날은 건초, 콩, 옥수수, 밀을 비롯하여 채소류, 복숭아, 사과, 잔디 씨앗 등이 생산되고 있다. 제조업으로는 농업과 관련이 있는 담배 제조, 육류 가공, 식품 포장, 가죽 가공, 농기구 등이 있으며 농기계와 전기 설비 제조는 매우 뛰어난 분야이다. 석탄은 미국에서의 주요한 광산 지역이며, 석유, 가스, 석회암, 점토, 시멘트의 매장량이 풍부하다.

Lexington은 목초 지역의 상업과 문화의 중심이며, 종이, 식료품, 히터기 등을 생산하고 있다. 반면에 Louisville은 오하이오강의 주요한 항구로서, 강가에는 강철, 유리, 콘크리트 등의 공장들이 있고, 트럭, 농기계, 가전용품, 공해 제거 설비 등이 생산되고 있다.

켄터키주의 초기 개척 역사를 품고 있는 산들과 오하이오강에는 매우 가치 있는 휴양처가 만들어졌다. 개척자들이 다녀간 길에는 그 흔적이 남겨져 있다. 오랫동안 켄터키주는 bourbon whiskey, 좋은 혈통의 말, Fort Knox에 있는 규모가 큰 미국 정부 소유의 금 매장 등으로 유명해져 왔다. 또한 세계적인 7대 신비로운 자연 가운데 하나인 Mammoth

Cave가 있으며, 1936년 국립공원으로 지정되었다. Louisville 근처에 있는 Churchill에서는 매년 세계적인 말 경주 시합이 열리고 있다.

○ 관광 명소

Mammoth Cave: 이곳은 Mammoth Cave, KY에 소재하고 있으며 규모는 83sq miles(214sq km)이다. 맘모스 동굴은 켄터키주의 중앙 지역에 있으며 세계에서 가장 긴 동굴로 676km에 이른다. 동굴의 천장에서부터 커다란 종유석이 아래로 매달려 있고, 바닥으로부터는 석순이 솟아나 있어 신비한 세상을 나타내 주고 있다. 여기에는 빛이 없어도 살 수 있는 생물들이 있다. 지하 호수에는 눈이 없는 물고기가 헤엄치고 있으며 밤에는 박쥐와 귀뚜라미가 먹이를 찾아 날아다니고 있다.

Fort Boonesborough State Park: 공원은 4375 Boonesboro Rd, Richmond, KY에 소재하고 있다. 이곳은 초기 켄터키 개척자인 Daniel Boone과 그를 따르던 사람들이 1775년 4월 1일 켄터키강을 건너 세운 개척자들의 요새로 미국의 개척 역사가 푸른 초원에서 되살아나는 곳이다. 이곳은 켄터키에서 2번째로 오래된 유럽인 개척자들의 정착지로 알려져 있다. Daniel Boone의 초기 생활 박물관과 개척자들의 공예품들이 전시되어 있다.

Abraham Lincoln Birthplace National Historic Park: 공원은 2995 Lincoln Farm Rd, Hodgenville, KY에 소재하고 있다. Hodgenville 근처에 소재하고 있으며 미국의 16대 링컨 대통령이 태어난 곳이다. 링컨이 태어났던 통나무 오두막집을 관람할 수 있으며 오솔길을 따라 산책할 수도 있고 피크닉 장소에서 휴식할 수도 있다.

Six Flags Kentucky Kingdom: Louisville에 있으며 70가지 이상의 놀이기구를 즐길 수 있다. 또한 여기에는 여러 개의 롤러코스터와 물놀이 공원이 있고 강에서 래프팅을 즐길 수도 있으며, 오토바이 묘기를 관람할 수 있다.

Louisiana

○ 일반 소개

　루이지애나주는 미국의 남동부 지방에 위치해 있으며, 1812년 4월 30일 18번째 주로 연방에 가입하였다. 면적은 112,836sq km로 미국의 50개 주 가운데 33위이며 인구는 4,658천 명으로 25위를 보이고 있다. 주요 도시로는 주도인 Baton Rouge와 New Orleans, Shreveport가 있다. 루이지애나주는 일명 Bayou State, Sugar State, Pelican State 등으로 불리우고 있다. 주의 명칭인 루이지 애나는 1699년경 프랑스인 식민자들이 원주민인 Atapaka, Chitimacha 인디언들을 제압하고, 멕시코 걸프만에 Louisiana를 세워 그들의 왕이었던 Louis ⅩⅥ의 이름을 따라 불렀다. 미시시피강에서부터 멕시코만의 삼각주에 이르는 넓은 강어귀와 꾸불꾸불 흘러가는 Red River 강물은 Pelican State를 압도하고 있다.

루이지애나주는 주변에 있는 주들과는 달리 동떨어져 있는 것처럼 여겨지는 독특한 면이 많은 남부의 주이다. 미국으로 편입되기 전에는 프랑스에 의해 건설되었고, 한때는 프랑스와 스페인 모두에 의해 통치되기도 했다. 루이지애나주의 시민법은 미국의 다른 주에서처럼 영국의 일반법에 기초한 법이 아니고, 프랑스나 스페인처럼 로마법을 기초해서 만들어진 법을 사용하는 미국에서 유일한 주이다. 또한 주민의 25%가량이 프랑스어를 사용하고 있는 유일한 주이며, 다른 주에서와 같이 행정구역이 카운티로 되어 있지 아니하고, 프랑스 식민지 시절에 로마 카톨릭의 영향으로 교회의 조직인 교구로 이루어져 있다.

17세기와 18세기에 정착했던 프랑스인들이 프랑스식의 유산을 많이 남겨 놓았다. 프랑스의 언어와 복장, 나폴레옹법을 기초한 법률, 음식 등 프랑스의 유산들이 있다. 정원이 잘 꾸며진 집들이 루이지애나주를 가장 프랑스적으로 만들어 놓았다. 루이지애나주에서 가장 큰 New Orleans는 프랑스의 유산을 많이 갖고 있는 도시로 특별하다. Mardi Gras 축제가 매년 세계 각처에서 열리고 있는 가운데 New Orleans 축제가 가장 유명하다. 프랑스어인 Mardi Gras는 Fat Tuesday라는 의미를 갖고 있으며, 이 축제는 사순절기의 금식이 시작되기 전날인 거룩한 참회의 화요일을 기념하는 축제이다. 이날에는 사람들이 화려한 색상과 난폭해 보이는 의상을 입고 큰 규모의 행진이 벌어진다. 또한 뉴올리언즈는 재즈 음악이 탄생한 곳으로 유명한 재즈 음악인들을 배출한 것을 자랑스러워하고 있다.

○ 자연환경

Louisiana는 프랑스인들이 미시시피강 전체 유역의 광대한 땅을 지칭하여 불렀던 말이나, 현재의 루이지애나주는 미시시피강에 의한 퇴적 평원 지역과 걸프만의 해안 평원으로 나뉘어진다. 루이지애나의 남부 지역은 습지와 수렁, 사이프러스 나무가 군데군데 자라나 있는 지대가 낮은 강 하구이다. 여기는 미국에서 가장 가치있는 습지로 야생의 동·식물들이 모여 있고, 겨울에는 북미의 야생오리와 거위의 25%가량이 이곳에서 겨울을 지내고 있다. 삼각주의 물에서는 새우와 굴이 자라고 있다.

오랜 시간을 통해 미시시피강을 비롯한 여러 강들이 범람하면서 옮겨 온 흙이 퇴적되어 기름진 저지대의 삼각주를 만들어 놓았다. 남동쪽에 있는 미시시피강 삼각주의 면적이 33,700sq km로 루이지애나주 전체 면적의 4분지 1을 차지하고 있다. 삼각주의 북쪽과 서쪽은 늪지 지역으로 펠리칸과 악어의 보금자리가 되어 있다.

1718년 프랑스인들이 덥고 습기가 많은 New Orleans에 정착하여 미시시피강 하구의 넓은 유역에 곧게 길을 만들었다. 뉴올리언즈는 루이지애나의 중요한 항구로 주 전체 인구의 3분지 1이 거주하고 있다. 라틴 아메리카, 유럽, 아시아, 아프리카를 오가는 배들이 정박해 있다. 뉴올리언즈를 출항하는 대부분의 화물은 강의 상류 지역에서 생산된 옥수수이거나 루이지애나 남부와 멕시코만에 풍부하게 매장되어 있는 석유와 천연가스들이다.

뉴올리언즈에 있는 미시시피강의 제방에서부터 Baton Rouge에 이르기까지 정유 공장들이 줄지어 있다. 남서쪽에 있는 Charles호수변과 북서쪽에 있는 Shreveport에도 정유 공장들이 많이 세워져 있다. 한편 남쪽의 Lafayette와 Morgan에서도 석유와 개스의 채굴이 이루어지고 있다. 한편 강우량이 많고 더운 아열대 기후인데다가 지대가 낮아 홍수 피해가 일어나기 쉽다. 열대성 폭풍우와 허리케인 시즌이 6개월에 달하고 있다. 2005년 8월 허리케인 Katrina로 인해 New Orleans를 보호하는 방파제가 파괴되어 침수 피해를 크게 입었다.

○ 개척 역사

수천 년 동안 루이지애나는 Biloxi, Choctaw, Creek, Natchez, Opelousa, Yazoo 원주민의 본고장이었다. 지금도 루이지애나 북서쪽에 있는 Poverty Point에서는 기원전 1500년에서 기원전 700년 사이에 번영했던 복합적인 여러 문명에 의해 만들어진 제방을 볼 수 있다.

16세기와 17세기에 걸쳐 스페인 사람들과 프랑스인들이 루이지애나를 탐험하였다. 그들의 후예 중 몇 명은 원주민과 결혼하였고 흑인과도 결혼하였다. 그들의 후손들이 Creoles라고 불리어지고 있다. 1760년에서 1790년 사이에 캐나다 Nova Scoti 지방의 프랑스 식민지였던 Acadia에 살던 프랑스인들이 루이지애나에 들어와 정착하였는데 이들을 Cajuns라고 부르고 있다.

여러 해 동안 프랑스, 스페인, 미국이 루이지애나의 서로 다른 지역을 소유하고 있었다. 1768년 식민지 사람들이 북미 최초로 스페인에 반란을 일으켜 잠깐 동안 독립적인 루이지애나 공화국으로 있었던 때가 있었다. 1803년 미국의 토마스 제퍼슨 대통령이 루이지애나주의 서부가 포함되어 있는 Louisiana Purchase를 통해 프랑스로부터 사들였다. 이어서 1810년에 미국은 루이지애나의 동부 지역을 스페인으로부터 획득하였다. 1812년 루이지애나주는 미국의 18번째 주로 연방에 가입하였다. 돌의 벽이라 불리던 미국의 잭슨 장군이 1812년에 다시 시작된 영국과의 전쟁에서 마지막 전투가 벌어진 뉴올리언즈 인근에서 1815년 1월 8일 영국군을 물리쳤다. 이때 잭슨과 영국군은 당시 의사 전달이 되지 못해 2주 전 종전했다는 소식을 전해 듣지 못하였다.

남부 이웃 주들과 마찬가지로 루이지애나에서도 거대한 농장을 경작하기 위해 노예제를 채택하고 있었다. 남북 전쟁 후에는 노예제가 폐지되면서 1861년 연방에 다시 가입하였다. 이때에 흑인들의 권리를 반대하는 많은 백인들이 백인 연맹에 가입하였으며, 이 같은 과격한 백인 연맹은 1874년 뉴올리언즈 경찰과 싸우기도 하였다. 그러나 1898년 루이지애나주의 투표에 관한 새로운 법령이 제정되어 흑인들이 투표에서 주도권을 갖게 되었다.

○ 주요 산업

루이지애나주의 초기 정착민들은 노예의 노동력을 바탕으로 대규모 농장을 세워 쌀과 함께 사탕 수수와 목화를 재배하였다. 아직도 이들 품목이 농산물 생산을 주도하고 있다. 루이지애나 북부 지방에서는 농부들이 주로 목화와 콩을 재배하고 있으며, 남부 지방에서는 쌀과 사탕수수가 재배되고 있다. 해안에서는 굴, 새우, 생선을 어획하고 있으며, 삼각주 늪지에서는 여성 옷에 사용되는 연한 갈색의 사향쥐의 모피가 수집되고 있다.

루이지애나의 남부와 멕시코만에는 상당히 많은 석유와 천연가스가 매장되어 있다. 루이지애나주의 경제는 1991년에 발견된 석유에 의존하고 있으며, 다음으로는 천연가스와 유황에 의존하고 있다. 뉴올리언스에서부터 Baton Rouge에 이르는 미시시피강의 강변에는 석유 정제 공장과 석유 화학 공장들이 줄지어 서 있다. 루이지애나주의 남서쪽 지역의 Lake Charles와 북서쪽 지역의 Shreveport에서도 석유 정제 공장들이 있으며, 남쪽에 있는 Lafayette와 Morgan City는 원유와 개스를 채굴하는 중심지이다. 루이지애나주의 석유, 목재, 종이 산업이 미국 내에서 4위에서 5위를 보이고 있다. 루이지애나주의 풍부하고 다양한 역사, 훌륭한 음악과 음식 등으로 해마다 관광객이 증가하고 있다.

○ 관광 명소

Atchafalaya National Heritage Area: 이곳은 Plaquemine, LA에 소재하고 있으며 규모는 10,400sq miles(26,935sq km)이다. 루이지애나주 남부의 중앙 지역에 있는 이곳은 경치뿐만 아니라 주목할 만한 역사가 풍부하고, 미국에서 가장 넓은 습지의 문화를 갖고 있다. 강어귀와 습지를 따라 오래된 오크나무와 키가 크게 자란 삼나무들이 있으며, 특히 tupelo나무는 홍수가 발생하고 습한 이곳의 땅에 적합하여 무성하게 자라고 있다. 또한 수많은 독수리들이 집을 짓고 날아다니고 있으며, 스라소니, 검은 곰, 악어와 270여 종의 새들이 서식하고 있다.

Jean Lafitte National Historical Park & Reserve: 공원은 6588 Barataria

Blvd, Barataria, LA에 소재하고 있다. Barataria는 lake Cataouatche 호수와 Salvador 호수변에 있는 뉴올리언즈의 남쪽 해변에 있으며 크기는 20,000에이커 규모이다. Barataria의 탐험은 걸어서 반마일을 가면 Bayou Conquil Trail을 만난다. 여기는 건조한 땅으로 참나무와 야자나무숲을 지나 조금 더 가면 악어, 두루미 등을 볼 수 있는 늪지를 바라볼 수 있는 곳으로 향하게 된다. 공원에서 카누를 타고 만과 운하를 지나며 즐길 수 있다.

Battle of Orleans: 이곳은 8606 W. Saint Bernard Hwy, Arabi, LA에 소재하고 있다. Andrew Jackson 장군과 그의 병사들이 1815년 1월 8일 영국과의 전투에서의 결정적인 승리를 기념하는 장소이다.

Maine

○ 일반 소개

　메인주는 미국 북동부의 뉴잉글랜드 지방에 속해 있으며, 1820년 3월 15일 23번째 주로 연방에 가입하였다. 면적은 79,940sq km로 미국의 50개 주 가운데 39위이며 인구는 1,362천 명으로 42위에 있다. 주요 도시로는 주도인 Augusta와 Portland, Lewiston, Bangor가 있다. 메인주는 별칭으로 The Pine Tree State, the Lumber State으로도 불리고 있다. 주의 명칭인 메인이 어떻게 지어졌는가는 분명하지 않으나 프랑스인 탐험가가 고대 프랑스 지방 이름인 Mayne을 따라 불렀다는 설이 있다.

메인주는 미국에서 가장 북동쪽 코너에 위치하고 있으며, 미국 동북부의 New England 지방에서 가장 넓고 비교적 개발이 덜된 야생의 주이다. 메인주는 본래 Algonquin, Abenaki 인디언의 본고장이었다. 메인주는 정말로 휴식의 땅이다. 눈 쌓인 겨울에는 겨울스포츠를 즐기며, 여름에는 시원하게 지낼 수 있는 곳으로 소나무, 전나무 등이 빽빽하게 우거진 삼림과 많은 산맥들, 2천 개가 넘는 호수와 수많은 강과 시내가 있는 아름다운 풍광이 있고, 굴곡지고 변화가 많은 아름다운 해안선이 있다.

미국의 하루가 메인주에서 맨 먼저 시작되고 있다. 대서양에 접해 있는 수백 개의 크고 작은 반도 가운데 하나의 조그마한 반도인 West Quoddy Head에서 가장 먼저 아침 해가 떠오른다. 목장과 농장 등으로 잘 다듬어진 뉴잉글랜드 지방의 이웃 주들과는 달리 울퉁불퉁한 기복이 심한 땅을 갖고 있다. Pine Tree State는 긴 해안을 갖고 있으며, 여기에는 해안의 만과 섬들이 놓여 있고 오두막과 등대가 딸린 그림 같은 마을들이 있다. 대서양의 파도가 해안의 바위에 부딪쳐 흰 거품을 내며, 소나무 숲에 가려진 강에는 햇살에 비춰진 은빛의 강물이 반짝이며 흐르고 있다. 벌목꾼들과 바닷가재를 잡는 어부들에 관한 낭만적인 전설의 이야기 속에 그들만의 삶을 살아가고 있는 땅이다.

○ 자연환경

메인주에는 늘 푸른 소나무와 전나무가 빽빽히 들어찬 숲이 있고, 2000개가 넘는 호수가 있는 가운데 Moosehead Lake는 뉴잉글랜드에서 가장 크다. 높이가 5,627피트인 Katahdin산을 비롯한 많은 산들이 있으며 강과 시내도 많이 흐르고 있다. 굴곡지고 울퉁불퉁한 긴 해안에는 헤아릴 수 없이 많은 비치, 항구, 만, 섬들이 있다. 메인주는 동부의 해안 지역과 서부의 내륙 지역으로 구분되고 있다. 해안 지역은 일반적으로 울퉁불퉁한 바위가 있는 저지대로 모래 사장과 나무들이 늘어서 있는 만들이 있다. 끊임없이 밀려오는 큰 파도와 굴곡진 아름다운 해변, 다소 외로워 보이는 등대가 있는 해변은 메인주를 상징하고 있다.

메인주의 굴곡진 해안과 수많은 만과 곳을 따라가면 그 길이가 5,596km에 이른다. 이 길이는 미국 동부의 New York City에서 서부의 San Francisco에 이르는 거리보다 길다. Passaquoddy Bay에서 메인주의 남쪽 끝에 있는 Kittery에 이를 때까지 해안과 바위절벽, 수많은 만, 바다와 만나는 강어귀들이 이어지고 있다. 바다로 강물이 흘러 들어가는 강어귀에는 6시간마다 조수의 간만이 쉬지 않고 일어나고 있어 신선한 강물과 소금기가 있는 바닷물이 섞이고 있다. 바다 조류는 내륙 깊숙히 있는 Bangor와 Augusta에까지 도달하고 있다.

메인주의 내륙 지역은 Appalachian산맥의 북쪽 끝자락으로 우거진 숲과 호수 그리고 송어와 농어가 많이 살고 있는 강들이 흐르고 있다. 숲이 어느 주보다도 많아 주 전체 땅의 90%를 뒤덮고 있다. 숲의 나무들은 소나무, 전나무, 가문비나무 등 상록수 종류들이다. 메인주 북쪽의 절반은 프랑스계 캐나다인들이 많이 살고 있는 지역과 국경을 이루고 있으며, Acadia 국립공원이 있다.

북서쪽에는 겨울이 되면 눈이 9피트 이상 내리며, 어느 지역은 길조차 없는 매우 거친 지역으로 통나무 배나 수상 비행기로 가야만 한다. 메인주의 겨울은 길고 무척 추운 날씨를 보이고 있으며, 여름은 짧고 시원하다. 메인주 여름의 상쾌하고 시원한 기후와 아름다운 경치로 인해 미국 북동부 지방의 더운 도시로부터 많은 관광객들이 메인주로 오고 있다.

○ 개척 역사

미국에서 가장 북동쪽에 놓여 있는 메인은 초기 개척자들의 통행로였다. 메인주는 본래 Algonquin, Abenaki 인디언의 본 고장이었다. 그들은 주요 강을 따라서 반영구적인 마을을 이루며 살고 있었다. 최초의 유럽 식민자들이 주요 강을 따라 들어왔을 때부터 그들은 거의 200년 동안 백인 정착민들에게 저항하였다. 최초의 백인들의 정착은 해안 저지대를 따라 이루어졌다. 1000년경 바이킹족이 상륙했던 것으로 보이나, 기록에 남겨진 최초의 유럽인 탐험가들은 1500년대와 1600년대에 탐험하였던 프랑스인과 영국인들이었다. 최초의 유럽인 정착이 1623년 Saco강 근처에서 이루어졌으며, 당시에 25,000명 이상의 Algonquin 인디언들이 메인주의 해안가에서 살고 있었다.

매사추세츠에서 Wampanoag 부족의 추장인 Massasoit는 Pilgrim에게 음식물과 여러 종류의 도움을 주었다. 그러나 Massasoit가 죽자, 영국인 정착민들은 새로운 영토의 모든 것을 차지할 기회로 삼아 1675년 Wapanoag를 공격함으로 소위 King Phillip's War라는 인디언과의 전쟁이 시작됐다. Massasoit의 아들인 Metacom은 Wapanoag 부족을 이끌며 영국인들에 대항하여 영국인들이 미국의 독립 전쟁 때보다도 더 많은 피를 흘리게 했으나, 결국 영국인 정착민들이 승리하였다. 그는 영국인들에 의해 유럽인들의 이름인 King Phillip이라 불리어졌다.

1629년 Maine의 모든 지역이 Ferdinando Gorges라는 영국인 가문에 속하였다가, 1677년 매사추세츠가 6천 달러에 사들였으므로 미국의 독립 전쟁 중에는 매사추세츠 지방으로 있었다. 영국인들이 메인에서 자라는 키가 큰 나무들을 베어 배의 돛대를 만들려고 가져가려 하자 해안의 사람들이 이를 막고자 격렬하게 싸웠다. 1775년 미국의 Benedict Arnold 대령이 캐나다에 있는 영국인을 공격하려고 군대를 이끌고 메인을 통과해 올라왔다. 그들이 올라왔던 길은 그를 기념하여 Arnold Trail이라 이름 지어졌다. 후에 Benedict Arnold는 미국을 배반하게 되어 반역자라는 오명을 얻었다.

1819년 드디어 Maine은 매사추세츠로부터 독립을 얻었으며 그다음 해에 미국의 23번째 주로 연방에 합류하게 되었다. 1838년에는 영국과의 국경 문제가 발생하여 Aroostock War가 발발하였으며, 1842년 Webster-Ashburton Treaty조약이 체결되면서 국경 문제가 마무리되었다.

○ 주요 산업

메인주는 땅의 90% 정도가 숲으로 덮여 있어 뉴잉글랜드의 어느 주보다도 나무숲을 많이 갖고 있다. 이러한 삼림 지대에서 생산되는 많은 목재와 종이 생산은 메인주의 중요한 산업이다. 매년 크리스마스 트리용으로 많은 전나무가 베어져 나가고 있다. 메인주의 삼림 지대에는 소나무, 전나무, 자작나무, 단풍나무, 참나무가 주종을 이루고 있다. 목재 회사들이 이들 삼림 지역의 거의 절반을 소유하고 있다. 메인주의 많은 주민들은 가죽 신발을 비롯한 가죽 제품 산업에도 종사하고 있으며, 나무를 재료로 하는 물건을 만드는 일에 종사하고 있다.

메인주의 땅이 단단하게 굳어 있으며, 기름지지 않고 거칠지만 국내에서 감자 생산을 주도하고 있다. 그 밖에도 단옥수수, 건초, 사과, 블루베리 등도 생산하고 있다. 식민지 시대 이전부터 대부분의 사람들이 강을 따라서 살거나 바다 근처에서 생활해 왔다. 오늘날도 절반 이상의 주민이 바닷가 인근에서 생활하고 있다. 어부들은 메인주 앞바다의 차가운 물에서 서식하고 있는 대구, 가자미, 랍스터 등을 잡고 있으며, 랍스터는 어느 주보다도 메인주에서 가장 많이 잡히고 있다. 메인주의 해안에서는 블루베리가 많이 자라고 있다. 블루베리의 수확이 여름 말미의 짧은 기간에 이루어져야 함으로 농장주는 블루베리 수확을 하기 위해 일시적으로 노동자들을 필요로 한다.

메인주는 정말로 휴가의 땅이다. 눈 덮힌 시골에서는 겨울 스포츠를 즐길 수 있고, 여름엔 더위를 피해 시원한 여름을 보낼 수 있는 곳이다. 나무가 가득 들어찬 숲과 수많은 호수가 있고 강과 시내가 흐르고 있다. 구불구불하고 다양한 경치의 해안에는 수많은 섬과 항구들이 있어 많은 휴양객들이 찾아오고 있다.

○ 관광 명소

Acadia National Park: 공원은 25 Visitor Center RD. Bar Harbor ME에 있으며 규모는 65sq miles(168sq km)이다. 동부 해안을 따라 아름다운 해안이 뻗어 있고 높은 산들이 놓여 있어 하이킹, 바이킹, 캠핑, 보우팅을 즐길 수 있다. 바위 해변에서 아침 해를 맞이할 때면 실의에 빠진 사람들에게 희망이 살아나게 하는 듯하다. 깎아지른 화강암 절벽 가운데 세워져 있는 Bass Harbor 등대에 불이 켜지면 등대 밑에 환상적인 그림자를 만들어 내면서 절벽으로 접근하는 배들의 위험을 막아 주고 있다.

Baxter State Park: 공원은 Lily Bay, Me에 소재하고 있다. 공원에서 낚시, 수영, 보우팅, 눈 자동차 타기, 캠핑 등 다양한 활동을 할 수 있다. 공원에는 높이가 1,606m로 주에서 가장 높은 Mount Katahdin산이 있으며, 452km에 이르는 애팔래치아 오솔길을 끼고 있다.

Trenton: 여기에서는 Tina's Great Maine Lumberjack Show 뿐만 아니라, 여러 종류의 바닷가재를 요리하는 레스토랑의 본고장이다.

Acadia Whale Watcher: 메인주의 해변에서 헤엄치는 거대한 고래를 볼 수 있다.

Maryland

○ 일반 소개

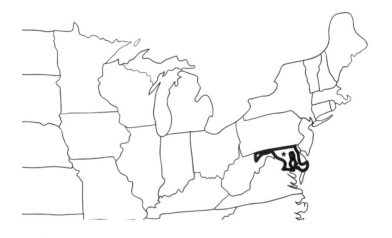

　메릴랜드주는 미국의 북동부 지방에 위치해 있으며, 1788년 4월 28일 7번째로 연방에 가입하였다. 면적은 25,317sq km로 미국의 50개 주 가운데 42위이며 인구는 6,177천 명으로 18위이다. 주요 도시로는 주도인 Annapolis와 Baltimore, Rockville, Fredrick이 있다. 메릴랜드주는 일명 The Empire State, the Excelsior State라고도 불리우고 있으며, 주의 이름인 Maryland는 영국 왕 찰스 1세의 부인 이름에서 따온 것이다. 1632년 찰스 1세 왕이 메릴랜드 식민지를 건설한 Baltimore 공작에게 메릴랜드를 하사하였다. 미국의 많은 역사적 사건이 메릴랜드주에서 일어났다. 미국의 독립 전쟁 때 치열했던 Fort McHenry 전투는 이를 바라보던 Francis Scott Key로 하여금 현재 국가로 불리는 〈The Star - Spangled Banner〉를 쓰도록 고무시켰다.

메릴랜드주는 대서양 해변과 Chesapeake만의 섬들에서부터 굴곡진 Piedmont고원 지역과 Allegheny산맥에 이르는 다양한 지역들을 자랑스럽게 여기고 있다. Chesapeake만과 이곳 만으로 흘러 들어오는 강의 하구는 입지가 좋은 무역항과 엄청난 수산자원을 제공해 주고 있다. 여기에는 300여 종에 이르는 물고기와 조개류가 살고 있으며, 특히 메릴랜드주의 대합과 게는 유명하다.

메릴랜드주는 미국의 북부와 남부의 경계에 놓여 있어 주의 성격을 규정하기가 어려운 곳이다. 특히 동부의 해안 지방에서 남부의 특성이 나타나고 있는데, 여기에서는 여러 세대가 지난 시점에서도 가계 혈통의 기록을 유지하고 있으며, 생활 모습도 느긋하다. 한편 Baltimore, Annapolis 같은 곳에서는 미국의 북부 어느 지방과 비교해서도 뒤지지 않을 속도로 활발하게 생활하고 있다. 메릴랜드주의 땅이 Chesapeake Bay에 의해 나뉘어져 있지만 메릴랜드의 관대한 마음과 정신은 변함이 없다.

○ 자연환경

대서양 연안을 끼고 있는 메릴랜드주의 서부에는 Allegheny산맥과 Blue Ridge산맥이 있으며, 중부 지역에는 Piedmont고원 지대가 있다. 그리고 동부 지역에는 미국의 대서양 연안에서 가장 큰 강어귀인 Chesapeake만이 있다. Chesapeake만은 메릴랜드주를 서부의 언덕진 지역과 대서양 연안에 놓여 있는 저지대의 평원 지역으로 양분해 놓고 있다.

Chesapeake만은 미국에서 가장 큰 만으로, 빙하 시대 이후 수천 년에 걸쳐 만의 북쪽에 있는 Susquehanna강 하구의 범람으로 점차 땅이 가라앉고 해수면이 높아지면서 생겨났다. Chesapeake라는 이름은 커다란 조개류의 만이라는 의미를 가진 인디언 말에서 따온 것이다. 이 Bay는 수심이 매우 깊어서 대서양을 오가는 배들은 반대편 오른쪽으로 항해하여 Annapolis와 Baltimore로 올라간다. Chesapeake만은 식민지 시절로부터 훌륭한 통행로와 항구를 제공해 주고 있다. 식민지 시대에는 북아메리카, 유럽, 캐러비언 지역과의 상업 통로 역할을 해 왔다. 식민지의 대농장에서 생산된 담배, 목재, 가축 등을 실어서 영국 London으로 보내졌으며, 반면 Caribbian에서 설탕, 노예 등을 싣고 왔다. 중요한 항구인 Baltimore, Annapolis, Cambridge가 이 만을 따라 놓여져 있다.

Bay의 서쪽 지역은 언덕과 산들로 이루어져 있으며, 석회석이 풍부한 Piedmont의 계곡이 위치해 있다. 산기슭의 언덕길은 Baltimore에서 미국의 수도인 Washington D.C.로 연결되어 있으며, 이 길을 따라 도시 외곽의 마을들이 이어져 있다. 메릴랜드주 전체 주민의 4분지 3이 볼티모어와 워싱턴 사이의 회랑 지역에서 밀집해 살고 있다. 미국에서 가장 큰 도시의 하나인 볼티모어는 세계적인 항구이며 미국의 산업과 상업, 문화의 중심 도시이다. 좀 더 남쪽의 Severn River강 어귀에는 수도인 Annapolis가 위치하고 있다. 여기에는 해군사관학교와 나무로 둥근 지붕을 한 주청사가 있고, 식민지 시절의 아름다운 집과 빌딩들이 잘 보존되어 있다. Bay의 동쪽에는 Delmarve반도가 있으며, 이 반도의 일부가 메릴랜드주의 영토이다. 대부분이 평지이며, Eastern Shore라고 불리는 습지로 뻗어 나간 땅이다.

○ 개척 역사

메릴랜드에는 본래 Naticoke, Piscataway, Powhatan 인디언 부족들이 연합하여 살고 있었다. 1498년에 영국인 탐험가인 John Cabot이 Chesapeake Bay 지역을 다녀갔다. 1524년 프랑스 왕이 이태리인 항해사 Giovanni da Verrazzano를 이 지역을 탐사하도록 보냈다. 그는 이 Bay에 도착했으나 더욱 항해하지는 않았다. 그는 이곳을 다녀온 것을 입증하려고 인디언 아이를 잡아 함께 프랑스로 돌아갔다. 1608년에는 John Smith가 메릴랜드 해안을 탐험하였다.

1632년 영국 왕 Charles 1세가 이 지방의 땅을 Baltimore 경에게 하사하였다. 1634년 최초의 유럽인 정착민들이 성경의 노아 이야기에서 유래된 Ark와 Dove라는 이름의 2척의 배를 타고 이곳에 들어왔는데, 이 원정은 Leonard Calvert 총독과 이곳의 땅을 하사 받은 그의 형제 Baltimore 경의 지휘하에 이루어졌다. 1649년 메릴랜드는 종교에 관한 법령을 제정하여 완벽하게 모든 종교에 대해 관대한 최초의 지역이 되었다.

1767년 영국인 수학자인 Mason과 Dixon에 의해 메릴랜드와 펜실베이니아와의 경계가 확정되었다. 미국 독립 전쟁 때에 메릴랜드 군인들은 워싱턴 장군과 그의 군대가 후퇴했을 때에도 영국 군대가 침범하지 못하도록 Long Island 전투에서 용감하게 싸웠다. 1788년 미국의 7번째 주로 연방에 가입하였으며, 1791년에는 영토의 일부를 미국의 수도 District of Columbia를 위해 연방 정부에 양보하였다. 1845년에는 해군사관학교가 설립되었고, 1862년에는 McClellan의 부대가 Antietam 근처에서 영국군을 물리쳤다.

오랫동안 Baltimore는 노예 무역의 중심지 중 하나였다. 한편에서는 수많은 노예제 반대운동이 메릴랜드에서 있었는데 특히 서부 지역에서 활발하였다. 이러한 상황에서 메릴랜드주는 남북 전쟁 때에 노예제를 반대하는 북부 연합과 노예제를 찬성하는 남부 연합의 사이에 놓여 있었으나, 그 당시 대통령이던 아브라함 링컨 대통령이 수도인 Washington D.C.가 메릴랜드주에 위치하고 있었으므로 강제로 북부 연합에 남아 있도록 하였다. 그러나 시민들은 서로 싸우고 있는 남부와 북부로 나뉘어 활동하였다.

○ 주요 산업

식민지 시절부터 메릴랜드주의 서부와 중앙 지역의 구릉진 언덕과 산악 지역에서는 소를 비롯한 목축과 낙농이 이루어지고 있다. 식민지 시절에는 메릴랜드 전체 면적의 90%가 야생의 숲으로 덮혀 있었으나, 현재는 절반의 땅에 나무가 우거져 있다. 동부 해안의 저지대는 채소류를 재배하기에 적합한 기름진 땅으로 각종 채소가 재배되고 있으며 특히 토마토가 유명하다. 담배도 중요한 품목으로 포장하지 아니한 잎담배의 경매 규모는 세계에서 가장 크다.

어업도 중요한 분야로 Chesapeake만과 강들에서 많은 양의 굴, 조개, 어류가 잡히고 있다. 거의 300여 종의 어류와 조개류가 서식하고 있다. 메릴랜드주의 대합조개와 crab cake는 세계적으로도 유명하다. 볼티모어는 식민지 시대부터 대서양 무역의 해운 중심지이며, 선박과 관련된 장비들을 제작하고 있다. Delmarva반도의 일부에는 대서양을 접한 항구들과 아름다운 해변이 있다.

오늘날 메릴랜드주의 수입의 대부분은 전자와 전기제품, 화학, 철강 생산에서 이루어지고 있다. 많은 주민들이 철강, 자동차 조립, 연장, 기타 철제 제품 공장에서 일하고 있다. 메릴랜드 주민으로 Washington D.C.의 정부기관에서 일하고 있는 많은 직원들도 주의 재정에 기여하고 있다. 주목받는 산업의 하나인 의학 분야에서 국립건강연구소가 워싱턴 D.C. 외곽인 Bethesda에 세워져 의학 연구의 중심 역할을 하고 있다.

○ 관광 명소

Harriet Tubman Underground Railroad National Historical Park: 공원은 4068 Golden Hill Rd, Church Creek, MD에 소재하고 있으며 규모는 0.75sq miles(1.9sq km)이다. Harriet Tubman은 그녀의 삶의 대부분을 정의와 자유를 위해 헌신했다. 1849년 27살의 젊은 나이에 1.5m의 작은 체구로 메릴랜드의 습지에서 일하는 동안 노예에게 자유를 주고 있는 필라델피아로 가는 항행길을 알아냈다. 그녀는 필라델피아로 나갔으나 가족과 헤어지길 원치 않아 1850년에서 1860년 사이에 13번이나 메릴랜드로 돌아와 그녀의 부모, 형제, 가족, 친구 등을 포함해 70명의 노예들을 인도해 자유를 찾게 해 주었다. 이곳 공원에는 그녀가 태어난 1822년부터 27살까지의 노예 생활에 초점을 맞추고 있으며, 그 이후의 그녀의 강렬한 역할을 잘 보여 주고 있다.

Assateague Island National Seashore: 국립해변은 7206 National Seashore Lane, Berlin, MD에 있다. 이곳의 대서양 해변 공원에서는 Ponies라고 불리는 조랑말을 농장에서 멀리 떨어져 있는 들판과 습지에서 만나게 되며, 아이들도 조랑말을 탈 수 있는 기회가 주어지고 있다. 조랑말을 타고 37마일 되는 섬의 둘레를 둘러볼 수 있다. 야생의 조랑말은 16세기 어느 농부에 의해 들어온 이후 번식이 이루어져 왔다. 조랑말은 적게 먹어 체구가 작으며, 해안의 소금기 있는 물을 먹게 되어 이를 희석시키려고 많은 물을 먹으므로 땅딸막하게 생겼다.

Fort McHenry National Monument and Historic Shrine: 볼티모어 항구에 있는 기념관으로 1812년 영국과의 전쟁에서 승리한 것을 기념하고 있다. 이곳에서의 전투가 Scott Key로 하여금 미국의 국가인 〈The Star - Spangled Banner〉를 만들도록 영감을 주었다.

Massachusetts

○ 일반 소개

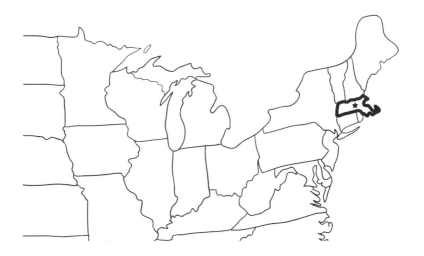

매사추세츠주는 미국 북동부의 뉴잉글랜드 지방에 속해 있으며 대
서양과 접해 있다. 1788년 2월 6일 6번째로 연방에 가입하였고, 면적은
20,300sq km로 미국의 50개 주 가운데 45위이며 인구는 7,030천 명으로 15
위이다. 주요 도시로는 주도인 Boston을 비롯해 Worcester, Springfield가
있다. 매사추세츠주는 일명 The Bay State, the Pilgrim State, the Puritan
State 등으로도 불리어지고 있다. 주의 명칭인 매사추세츠는 이곳에 살
고 있던 원주민 부족의 이름인 Massachusetts에서 불려지게 된 것으로

이 말은 near the great hill이라는 의미를 지니고 있다.

Mayflower Pilgrims들은 이미 땅이 하사된 버지니아로 향하던 중 폭풍으로 인해 북쪽으로 항행하게 되었고 1620년 가을에 오랜 바다 항해에 지쳐 있던 Mayflower 승선자들이 지금의 Province Town의 항구를 발견하였다. 당시 매사추세츠 해변은 특별히 거칠고 메말라 있었던 것으로 보인다. 결국 이후의 이주자들은 따뜻하고 땅이 기름진 버지니아로 방향을 돌렸다. 그러나 마음이 내키지 않는 해변에서 시작한 매사추세츠 개척자들은 Mayflower Compact라는 맹약을 맺어 그들의 운명을 스스로 개척해 나갔다. 그 밖에 주요한 법률과 타운미팅을 만들었으며, 또한 매사추세츠주는 교육 분야에서도 앞장서 왔다. 초기에 청교도 정착민들은 새로운 세계에서 교육 문제에 마주치게 되었다. 매사추세츠 식민지가 형성된 후 5년이 지난 1635년에 최초의 공립학교인 Boston Latin이 문을 열었으며, 다음 해에는 미국 최초의 대학인 Havard대학을 세웠다. 1600년대 중반에는 50가구 이상의 마을마다 초등학교를 세웠으며, 100가정 이상의 타운에는 중·고등학교를 설립하였다.

매사추세츠주는 항상 국가의 리더 역할을 해 왔다. 17세기에 영국 식민지 주의 하나였으며, 18세기에는 영국과의 독립 전쟁에서 중심이 되었다. 남북 전쟁 전에는 노예제 폐지를 선도하며 온갖 노력을 기울였다. 19세기와 20세기에는 여러 제조 분야에서 미국 최초의 공장들이 설립된 산업의 본거지이기도 했다. 최초의 모직물 공장, 철 공장, 신발 공장들이 이곳에서 설립되었다. 오늘날도 매사추세츠주의 아름다운 바닷가와 도시들, 오래된 역사 발자취들로 인해 관광이나 역사를 즐기려는 사람들에게 매우 매력적인 곳이다.

○ 자연환경

보스턴이 있는 해안 지역에서 서쪽 지방으로는 구릉진 산들이 솟아나 있고, 그 사이로 코네티컷강이 흘러 기름진 강의 유역이 만들어져 있다. 오래전부터 인디언들이 코네티컷강을 따라 생겨난 강변 평야에서 작물을 재배하여 왔으며, 17세기 식민지 시대가 되면서 이곳의 기름진 토양과 알맞은 기후로 인해 훌륭한 농업 지역이 되었다. 강은 그 자체가 수로가 되어 수확한 곡식과 목재 제품, 가축 등을 배에 실어 미국 동부 해안과 멀리는 서인도 제도까지 팔려 나갔다. 이 지역에는 버몬트주의 Green Mountains산맥까지 이어지고 있는 Berkshire Hills이 있다. 이곳은 주에서 가장 인구가 희박하고 한적한 곳으로 거의 해마다 여름철이면 Boston Symphony Orchestra가 거주하며, 1936년 이래로 해마다 Tanglewood Music Festival에서 연주해 오고 있다.

보스턴의 북쪽으로는 비치타운과 Salem, Gloucester, Newbury port 같은 역사적인 항구들이 있는 대서양 해안이 뉴햄프셔주의 남쪽 경계에 이르고 있다. 이 지역은 다양한 경관을 보이고 있다. 바위로 이루어진 해안선, 모래 바닷가, 고풍스런 항구타운, 푸른 나무들, 산들바람이 부는 습지가 있고 어딜 가나 대합조개가 구워지고 있다. 이 지역은 대서양으로 뻗어나 매사추세츠만의 북쪽 가장자리를 이루고 있는 Cape Ann반도가 대부분을 차지하고 있다.

보스턴의 남쪽 지역은 지리상으로 매우 넓은 곳이다. 여기에는 South Shore라고 일컫는 해안이 비스듬히 경사져 남쪽으로 내려가 Cape Cod와 연결되고 있다. 이곳에 있는 Milton은 고풍스런 뉴잉글랜드의 진원지이다. Quincy는 초기 미국의 대통령인 John Adams와 그의 아들 John Quincy Adams가 태어난 곳이다. Plymouth는 첫 번째 추수감사절이 있었던 곳이다.

보스턴 남쪽 끝에는 갈고리 모양의 Cape Cod가 대서양으로 105km 뻗어 나가 있으며, 이곳에는 많은 타운들이 있다. 대서양 바다와 바람에 의해 계속적으로 변형되고 깎여 나간 모래 해변은 자연의 아름다움을 더해 주고 있으며 1850년경까지 고래잡이와 무역항으로 번영을 누려 왔다.

○ 개척 역사

대략 1000년경에 스칸디나비아인들이 매사추세츠 해안을 다녀 간 것으로 추정되나, 첫 번째 유럽인의 정착은 1620년 12월 John Winthrop이 이끄는 청교도들이었다. 이들은 당초 버지니아에 도착하기로 계획하였으나, 폭풍을 만나 이를 피하여 북쪽으로 항해하여 Cape Cod의 북쪽 해안에 있는 Plymouth에 상륙하게 되었다. 여기에 Plymouth Colony라고 일컬어지는 정착촌을 세웠다. 다음 해인 1621년 인디언들과 함께 미국에서 최초로 추수감사절을 지냈다. 1628년 일단의 청교도들이 Salem에 정착하기 시작하여 Boston, Lynn의 정착촌을 포함한 매사추세츠 Bay Colony를 만들었다. 그 후 1692년 이 두 개의 식민지들은 합병하였다. 본격적인 이민이 이루어진 초기에는 주로 아일랜드인들이었으며, 이어서 프랑스인, 이탈리아인, 독일인 등이었다.

매사추세츠는 남부의 식민지들처럼 노예의 노동력에 의존하지 않아도 되었던 산업과 무역의 중심이 되어 갔다. 그러나 매사추세츠는 여기에 있는 많은 부자들의 재산을 늘려 나가는 노예 무역의 주요한 센터가 되어 흑인 노예들이 매사추세츠로 들어왔다. 매사추세츠는 자유를 얻은 예전의 노예와 주인으로부터 탈출한 흑인 노예들도 인구에 포함하고 있었다. 공교롭게도 Crispus Attucks는 자유를 얻기 위한 미국의 독립 전쟁에서 최초로 사망한 탈출 노예였다. 그는 1770년 3월 5일 보스턴에서 몇몇 영국 군인들과 논쟁을 벌였던 식민지 주민 그룹의 지도자였다. 영국 군인들이 보스턴에서 Attucks를 포함하여 5명의 미국 시민을 향해 총을 발사했다. 이 사건은 보스턴 대학살로 알려지게 되었다.

매사추세츠는 미국의 독립 전쟁에서도 중요한 지도적 역할을 계속하였다. 1773년 보스턴의 애국자들이 보스턴 Tea Party를 결성하였다. 그들은 영국 의회가 통과시킨 새로운 세금 부과에 저항하여, 차를 싣고 온 영국 배에 침입하여 배 안에 있던 차를 보스턴 항구로 내다 버렸다. 2년 후인 1775년 독립 전쟁의 첫 번째 전투가 매사추세츠의 타운인 Concord와 Lexington에서 민병대와 영국 군인들 사이에 있었으며, 독립 전쟁 때에 영국과 싸웠던 많은 영웅들은 매사추세츠 주민들이었다.

○ 주요 산업

흙이 바위처럼 단단하고 얇게 쌓여져 있어 농사짓기에 부적합하다. 그러나 남동부 지역은 모래습지가 형성되어 있어 미국 전체 크랜베리 생산의 절반가량이 이들 지역에서 생산되고 있다. 또한 석탄, 석유, 개스, 철광석 등 지하자원도 거의 없다. 초기의 정착민들도 어획이나 선박을 만들었고, 후에는 작은 공장이나 제작소를 운영하였다. 오늘날 매사추세츠주는 신발과 가죽 제품을 주도하고 있으며, 보스턴-캠브리지 지역에서는 전자 산업과 의학과 생물학 연구의 중심에 있다.

매사추세츠는 언제나 바다에 의존해 왔다. 초기에는 고래잡이의 중심이었으며, 보스턴 조산소에서는 세계적으로 유명한 Yankee Clippers라는 쾌속 범선을 만들었다. 매사추세츠주는 여전히 수산업의 본거지로 국내에 생선, 조개류, 게, 오징어 등을 공급해 오고 있다. 한편 Nantucket, Martha's Vineyard, Cape Cod 등에서는 고래잡이와 무역항구로 번영하였었으나, 고래가 희귀해지고 램프 기름으로 쓰이던 고래기름이 두유로 바뀌게 되어 고래잡이 산업도 침체되었다. 오늘날 이들 해안에는 리조트가 형성되어 있어 미국 동부 지방의 대중적인 휴양지이다. 식민지 시절 이래로 매사추세츠주는 교육과 예술을 이끌어 왔다. Thoreau, Emerson, Hawthorn, Poe 등은 그들이 만들어 낸 뛰어난 작품들로 미국에 기여해 왔다. 한편 Harvard, M.I.T, Radcliffe, Smith, Wellesley 대학이 미국 교육의 선구자로 뉴잉글랜드의 역사와 산업과 문화의 중심이 되어 왔다.

○ 관광 명소

Cape Cod National Seashore: 이곳은 99 Marconni Site Rd, Wellfleet, MA에 소재하고 있으며 규모는 68sq miles(176sq km)이다. 40마일에 이르는 Cape Cod의 대서양 해변은 바람과 물 그리고 파도가 영혼을 깨끗이 씻어 내는 듯하다. 해변을 즐길 수 있는 많은 산책길 가운데 가장 아름다운 길은 미국의 역사 속으로 들어가는 길이다. Truro에 있는 참나무 숲을 지나는 1.3마일의 좁은 오솔길은 1620년 11월에 Mayflower호를 타고 온 필그림들이 신세계에서 처음으로 찾아낸 필그림 우물로 가는 길이다. 이곳의 국립해안에는 많은 산책의 기회를 제공해 주고 있으며, Marconi Beach 항구에는 상록 관목의 열매와 거친 땅에서도 자라는 잔디를 비롯해 여러 종류의 희귀한 식물이 자라고 있다.

Boston National Historical Park: 공원은 Second Ave, Charlestown, MA에 있으며 규모는 43에이커이다. 미국의 어떠한 장소도 이곳에 있는 보스턴 Freedom Trail보다 미국 독립 전쟁 때의 영웅적인 이야기를 분명히 담고 있는 장소는 없다. 잘 정돈된 4km의 길에는 미국이 영국의 식민지에서 독립 국가로 나아가는 과정을 잘 보여 주고 있다.

African Meeting House: 이곳은 8 Smith Street, Boston, MA에 소재하고 있으며 미국에서 가장 오래된 흑인 교회로 1806년에 세워졌다.

Emily Dickinson Homestead: 이곳은 280 Main Street, Amherst, MA에 소재하고 있으며 19세기의 유명한 시인인 Emily Dickinson이 살던 집과 대지를 보여 주고 있다.

Michigan

○ 일반 소개

　미시간주는 1837년 1월 26일에 26번째 주로 연방에 가입하였으며, 면적은 147,135sq km로 미국의 50개 주 가운데 22위이고 인구는 10,077천명으로 9위이다. 주요 도시로는 주도인 Lansing과 Detroit, Grand Rapids, Warren이 있다. 미시간주는 Great Lake State, Auto State 등의 별칭을 갖고 있다. 주의 명칭인 Michigan은 인디언들이 미시간 지역을 큰 호수라는 의미인 michigama라고 불렀던 데에서 연유하여 지어진 것이다.

　5대호 가운데 미시간, 슈피리어, 휴론, 이리 등 4개의 거대한 호수들이 미시간주와 접해 있으며, 이들 호수와 접해 있는 호수변의 길이가 4,828km에 이른다. 호숫가에는 만과 모래 언덕, 모래 암석의 절벽 등이 있으며, 미시간주의 어느 지점도 이들 호수에서 85마일 이상 떨어져 있는 곳이 없다. 미시간주는 4.5마일의 폭을 가진 Mackina해협에 의해 2개의 반도로 나뉘어져 있으며, 각각 서로 다른 독특한 특성을 갖고 있다.

위스콘신주에서 동쪽으로 뻗어 나간 위쪽의 반도는 개가 짖고 있는 형상을 보이고 있으며, 울퉁불퉁한 암석이 많은 지역으로 인구가 희박하다. 겨울이 길고 눈으로 뒤덮히는 곳이다. 아랫쪽 반도는 벙어리장갑 모양으로 생겨 있으며, 미국 중서부의 대규모 산업 중심지에 속해 있다. 특히 Detroit는 미국의 대도시 가운데 하나이며 자동차 산업의 근거지이다. 대부분의 주민들은 디트로이트시가 있는 아래쪽 반도의 맨 아래 지역에서 살고 있다. Sault에 운하가 만들어져 St. Marie에서 철광석이 배에 선적되어 Lake Superior 호수에서 벗어나, 더욱 남쪽에 있는 다른 5대호의 항구로 운반되고 있다.

○ 자연환경

미시간주의 위쪽과 아래쪽 반도 사이에 Michigan 호수와 Huron 호수를 연결하는 Mackinac해협이 있어 지리적으로는 완전히 분리되어 있음에도 불구하고 하나의 주로 만들어져 있다. 미시간이 미국 연방에 가입하기 위해 다른 주와의 경계를 확정 지을 때에 이웃의 오하이오주와 논쟁이 일었다. 양측 모두가 Toledo 지역이 서로 자기의 영토여야 한다고 주장하였다. 수많은 말싸움 끝에 이미 미국 연방의 주였던 오하이오에게 톨레도 지역을 넘기는 대신에 위쪽 반도를 넘겨받는 것으로 마무리 되어 미시간의 영토가 분리된 2개의 반도로 이루어지게 되었다.

위쪽과 아래쪽 반도는 기후, 지리, 경제 활동 등이 다르다. 아래쪽 반도는 온화하고 습기찬 전형적인 미국 중서부 지방의 기후를 보이고 있으며, 구릉진 언덕과 평평한 평원의 모습을 보이고 있다. 미시간 주민의 대략 90%가 Muskegon과 Bay City를 잇는 선의 이남에서 살고 있으며, 이곳의 많은 사람들은 숲과 호수가 많은 자연에서 휴식을 찾아 다른 주에서 이주해 왔다. 아래쪽 반도의 최초 정착민은 New England와 New York에서 온 사람들에 의해 이루어졌다. 교회를 중심으로 학교, 타운 홀을 세우면서 이루어진 조용한 타운들이 Yankee의 본래 모습을 보여 주고 있다. 기름진 흙과 온화한 날씨 가운데 경작이 이루어지고 있으며, Michigan 호수변은 과수원에 매우 적합한 지역이다.

반면 위쪽 반도는 아래쪽 반도와는 달리 거칠고 추운 북부 지방의 기후를 나타내고 있다. 위쪽 반도의 북동쪽은 호수에 접해 있는 습지이며, 서쪽으로는 Huron산맥이 놓여 있다. 숲이 무성한 산악 지형으로 석유, 석고, 모래석, 석회석 등 광물이 풍부한 지역이다. 위쪽 반도의 남쪽 지역인 Battle Creek 주변에서는 곡물이 재배되고 축산도 이루어지고 있다. 위쪽 반도의 면적은 주 전체의 25%를 차지하고 있으나 인구는 전체의 4%에 불과하다. 이곳의 상당수 주민은 개척 초기에 구리 채굴 광부였던 웨일즈인, 스코틀랜드인들의 후손들과 흰소나무를 벌목하러 왔다가 벌목이 끝나면 낙농을 하며 머물던 핀란드 사람들의 후손들이 많다.

○ 개척 역사

　수백 년 전 Chippewa, Ottawa, Potawatomi 원주민들이 숲에서 사냥하고 호수에서 물고기를 잡아 생활하고 있었다. 1634년 Jean Nicolet이 미시간 Sault 지역을 다녀간 것으로 보이며, 1668년 Father Marquette가 최초의 백인 영구 정착촌을 세웠다. 1701년 프랑스인들에 의해 모피 무역의 거점으로 Detroit를 세웠다. 1763년 미시간은 영국에 양도되었다.

　그 후 Pontiac's 전쟁이 일어나 1796년 미국이 승리하여 영국인들이 마지막으로 이곳을 떠났다. 미시간은 Northwest 지방의 일부가 되었고, 후에 Indiana 지방의 일부로 남아 있다가, 1805년에 Michigan 지방으로 주의 영역이 정해졌다. 1812년 영국과의 전쟁 동안 미국은 Detroit를 획득하였고, 1813년 미시간은 미국에 의해 전반적으로 회복되어 1837년 미국의 26번째 주로 연방에 가입되었다.

　1825년 개설된 Erie 운하가 경제 성장에 도움을 주었고, 20세기 초에는 자동차 산업이 발달하게 되면서 미시간주 산업 발전에 크게 기여하였다. 미국에서 최초의 자동차 공장인 Olds Motor Works가 1900년도에 Detroit에 세워졌다. 그 후 소규모로 시작된 자동차 산업이 수백만의 노동자를 고용하게 되면서 미국 경제에 큰 영향력을 끼치는 산업이 되었다. 1903년 Henry Ford가 디트로이트에 포드 자동차 회사를 세웠다. 당시에는 부자들만이 자동차를 누릴수 있었던 사치스런 것이었다. 그러나 1908년에 이르러 Ford는 많은 가정에서 구입할 수 있는 저가의 Model T 자동차를 생산하여 판매하였다. 한편 자동차 생산에 혁신적인 조립 라인 공정 방법을 찾아내 생산을 획기적으로 증가시켜 왔다. 그러나 이러한 공정 방법으로 인해 노동자들의 임금이 낮아지고 작업이 힘들고 종종 위험한 경우가 발생하여 대규모 파업의 원인이 되기도 하였다.

○ 주요 산업

사람들이 미시간주를 떠올릴 때면 자동차를 연상하게 된다. 사실 미시간주에는 General Motors, Ford Motor Company, Chrysler 같은 대규모 자동차 회사들의 본부가 있어 미국 자동차 산업을 주도하여 왔다. 일본의 자동차가 미국 시장에 진입하면서 미시간주의 경제가 타격을 입었고 수많은 자동차 관련한 일자리가 사라지게 되었다. 미시간주에서는 자동차 외에 기계 도구, 조명 기기, 의약품, 프라스틱, 의류, 종이 등도 생산되고 있다.

1855년 Sault St. Marie 운하가 개통되어 Superior 호수에서 밖으로 나갈 수 있는 출구가 마련되어 미네소타와 윗쪽 미시간에서 채굴된 철광석을 싣고 남쪽의 Huron 호수 항구로 운반이 가능하게 되었다. 미시간주의 풍부한 삼림에서는 통나무집을 짓거나 마차를 제작하는 데에 쓰이는 다양한 종류의 단단한 목재가 생산됨으로 한때 목재 산업이 구리나 철광업과 함께 중요한 산업 분야였다.

농업은 미시간 경제에서 매우 작은 비중을 차지하고 있다. 옥수수, 콩, 사탕무우를 재배하고 있으며, 돼지와 소를 기르고 있다. 미시간 호수의 동쪽 호수변에는 많은 과수원이 있다. 미시간주의 매력적인 호수와 삼림은 스포츠를 즐기려는 사람들과 휴가자들을 불러들이고 있다.

○ 관광 명소

Isle Royale National Park: 공원은 800 E. Lakeshore Dr. Houghton, MI에 소재하고 있으며 규모는 850sq miles(2,201sq km)이다. 미시간주 북쪽의 Superior 호수 안에 있는 작은 섬으로 매혹적인 신비가 숨겨져 있는 듯한 고립된 조용한 장소이다. 삼림이 우거진 북쪽의 숲에는 덩치 큰 사슴과 늑대의 서식처이며, 북동쪽에는 바위로 이뤄진 포구이다. 이곳 공원은 멀리 고립되어 있어 주변 본토에 있는 40여 종의 포유류 동물에 비해 훨씬 적은 19종에 불과하다. 원시의 상태에서 고립을 추구하려는 사람들에게 매우 적합한 곳이다.

Sleeping Bear Dunes National Lakeshore: 이곳은 9922 Front St, Empire, MI에 소재하고 있다. 빙하에 의해 쓸려져 온 암석과 모래, 점토가 쌓여진 퇴적층의 바닥을 호수 물결이 깎아내려 만들어진 언덕 지대이다. 언덕 지대의 길이는 5마일, 넓이가 3마일이며 높이는 400피트이며, 주변으로는 숲, 호숫가, 모래 언덕, 오래된 빙하 흔적들이 있는 아름다운 자연을 나타내고 있다.

Detroit: 디트로이트시는 미시간주의 남동쪽 경계에 있는 디트로이트 강변을 따라 세워져 있다. 이 도시는 Motor City로도 불리고 있는데, 이는 100년 이상 미국의 자동차 생산의 중심에 있어 왔기 때문이다. 강을 따라 만들어진 긴 산책로가 있으며 캐나다로 연결된 다리, 작은 섬인 Belle의 공원이 있다. 디트로이트의 동물원과 많은 박물관들을 관람할 수 있다.

Henry Ford Museum and Greenfield Village: Dearborn에 있는 헨리

포드 박물관은 미국에서 가장 큰 규모이다. 미국이 농경 사회에서 어떻게 산업 사회로 변화해 왔는가를 보여 주고 있다.

Grand Hotel: Mackinac섬에 있는 이 호텔은 100년 이상 된 건물로 현관이 세계에서 가장 긴 빅토리아 시대풍의 뛰어난 걸작이다.

Minnesota

○ 일반 소개

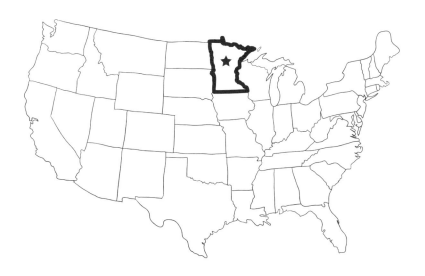

　미네소타주는 미국의 중서부 지방에 위치해 있으며, 1858년 5월 11일 32번째 주로 연방에 가입하였다. 면적은 206,208sq km로 미국의 50개 주 가운데 14위이며, 인구는 5,706천 명으로 22위이다. 주요 도시로는 주도인 St. Paul과 Minneapolis, Bloomington이 있다. 미네소타주는 North Star State, the Bread and Butter State라고도 불리우고 있다. 주의 명칭인 Minnesota는 sky-colored water 또는 cloudy water라는 의미를 갖고 있는 Sioux 인디언 언어인 Mnisbota에서 유래된 것으로 보인다.

미네소타주는 거의 수평을 보이고 있는 평원에 여러 강들이 장식끈처럼 연결되어 흐르고 있으며, 수천 개의 호수들로 수놓아진 파란 물의 땅이다. 미네소타주는 알래스카주를 제외하고는 미국에서 최북단에 놓여 있어 겨울에는 보통 온도가 화씨로 -40도를 나타내는 몹시 혹독한 날씨를 보이고 있다. 여름에는 덥고 습한 기후를 나타내고 있다. 이러한 자연환경에서 조용하고 자립적이며 강한 유대 의식을 지니고 있는 스칸디나비아인들, 즉 덴마크인, 스웨덴인, 노르웨이인, 핀란드인들이 많이 살고 있는 고장이다. 이들은 루터란과 카톨릭의 종교적 전통을 엄격하게 지키며 농촌 생활에 대한 애착과 강한 시민 책임 의식을 갖고 있다. 외딴 곳에 있는 고립적인 농장과 넓은 초원에 놓여 있는 자그마한 도시들, 도심에는 규모가 큰 극장이 있는 모습을 보여 주고 있다.

초기의 개척자들에게 오랫동안 가장 멀리 떨어져 있던 북쪽의 지방이었던 미네소타주는 지하자원이 풍부하고 기술력과 문화가 풍성한 주이다. 미네소타주의 깜짝 놀랄 만한 경치와 친근해 보이는 도시들, 다양한 문화들로 인해 매년 관광객들이 지속적으로 증가하고 있다.

○ 자연환경

빙하 시대에 미네소타주와 미국의 중서부의 여러 지방은 수천 년 동안 빙하로 불리우는 두껍고 서서히 움직이는 얼음에 완전히 뒤덮혀 있었다. 이러한 빙하가 땅 아래를 훑어 내리면서 매장되었던 철광석을 드러나게 하였으며 기름진 흙을 두껍게 쌓아 놓아 풍부한 철광석과 기름진 농토 그리고 수많은 호수를 담고 있는 미네소타가 만들어졌다.

거대한 빙하가 땅을 가로질러 꿈틀거리며 땅을 깎으면서 흘러갔고, 흐른 뒤에는 각종 퇴적물을 남겨 놓았다. 빙하가 녹았을 때 빙하로 움푹 파여진 곳에 물이 고여 수많은 호수가 만들어졌다. 그 가운데 Itasca 호수는 Missippi강의 기원이 되고 있다. 미네소타주의 강과 시내의 길이가 148,000km에 이르고 있으며, 세 방향으로 흐르고 있다. 미시시피강은 남쪽으로 흘러 멕시코만으로 들어가는 반면에 Rainy강과 Red강은 북쪽으로 흘러 Hudson Bay로 들어가고 있다. St. Louis강과 Pigeon강은 동쪽으로 흘러 St. Lawrence해로로 들어가고 있다. 이러한 강들의 강변에 Minneapolice, St. Paul, Duluth 등 주요한 상업 도시들이 세워져 있다.

미네소타주의 우거진 숲에 있는 많은 소나무가 개척 초기에 대평원을 가로지르면서 세워지는 마을과 도시들의 건설에 목재로 공급되었다. 미네소타주 북부 지역의 3분지 1은 야생의 나무가 풍성한 숲으로 사슴, 곰, 각종 새들의 천국이다. 북쪽 캐나다와의 국경을 따라서 일백만 에이커에 일천 개의 호수가 있는 Boundary Waters Canoe Area Wilderness가 펼쳐져 있다.

북동쪽 쐐기 모양의 화살촉 지역으로 불리는 이곳은 호수와 삼림들로 이루어져 있다. Bemidji 외곽에서 전설적인 목재 벌채인인 Paul Bunyan과 그의 푸른색 수소의 거대한 조각상을 볼 수 있다. 근처는 세계에서 철광석이 가장 많이 매장되어 있는 지역의 하나이다. 북서쪽은 북동쪽과는 달리 평평하고 빙하의 퇴적물로 인해 기름진 땅으로 밀, 옥수수, 콩, 사탕무우를 재배하기에 매우 적합한 지역이다. 이로 인해 미국 동부, 독일, 스칸디나비아, 기타 유럽의 농부들이 몰려오게 되었다. 널리 퍼져 있는 호수와 시내, 구릉진 농토가 낙농 하기에도 적합하여 우유, 버터, 치즈 생산을 주도하고 있다.

북부의 중앙 지역에는 세계적으로 큰 규모로 3,780km에 이르는 미시시피강의 발원지인 Itasca 호수가 있다. 그러나 이곳에서의 미시시피강은 매우 좁고 얕아서 건너뛸 수 있을 정도이다. 미네소타에 있는 미시시피강의 지류로 St.Croix강과 Minnesota강이 있다. Croix강은 위스콘신주와 상당 부분의 경계를 이루고 있으며, Minnesota강은 서부 경계에서 발원하여 주를 가로질러 흐르다가 미네소타주에서 가장 큰 도시인 Minneapolis 근처에서 미시시피강과 합류하고 있다.

미네소타주의 서부와 중앙, 남부와 북부의 일부가 포함된 Yoyng Drift 평원은 주에서 가장 넓은 면적을 차지하고 있다. 빙하가 이 지역을 지나 흐르면서 drift라는 물질을 남겨 놓았다. 이 물질은 진흙과 모래, 암석이 혼합되어 있는 퇴적물로서 가장 기름진 농토를 제공해 주고 있다. 미네소타주의 남동쪽은 언덕진 푸른 숲의 시골로서 낙농이 이루어지고 있다.

○ 개척 역사

미네소타는 프랑스인 탐험가들에 의해 탐험되었다. Pirre Esprit, Raddison, Daniel Greysolon, Sieur de Lhut 등 여러 사람들이었는데, 그들의 이름들이 미네소타의 도시와 경계표 등에 남겨져 있다. 모피 상인 Daniel Greysolon, Sieur, Duluth가 1679년 지금의 캐나다 국경을 따라 미네소타에 도착하였다. 그때에 원주민인 Dakota, Ojibway를 비롯한 여러 인디언 부족들이 살고 있었다. 1754년부터 1763년까지 있었던 프랑스-인디언 전쟁 후에 프랑스는 영국에게 미시시피강 동쪽 땅을 넘겨주었으며, 이어 미국의 독립 전쟁이 일어나 1783년 영국은 미국에 양도하게 되었다. 미시시피강 서쪽 지역은 1803년 Louisiana Purchase로 획득되었다. 1849년 미네소타주의 영역이 만들어졌으며 1858년 미국의 32번째 주로 연방에 편입되었다.

Ojibway와 Sioux 원주민들은 점점 더 그들의 땅을 양보하게 되어, 1862년까지 Sioux 인디언들은 미국 정부의 도움에 의존하게 되었다. 그들은 굶어 죽어 가고 있었으나 정부의 관리가 그들에게 잔디를 먹게 하라고 말한 것으로 소문이 나면서 그 유명한 1862년의 Sioux 폭동이 일어났다. 그 관리는 입에 잔디로 채워져 주검으로 발견되었고 다른 백인 485명도 살해되었다. 이에 대한 보복으로 미국 군대가 2000명을 투옥하였고 37명의 Sioux 인디언을 사형하였다. 이는 미국 역사에서 가장 규모가 큰 공식적인 사형이었다. 다른 Sioux 인디언들은 추방되었다.

○ 주요 산업

1850년대 Sioux, Ojibway 인디언들이 그들의 땅을 포기한 후, 나무를 벌목하거나 주로 밀을 경작하려는 개척자들이 쇄도하였다. 그들은 건물을 짓고 강변에 제분소를 운영하였다. 1870년대 철도가 미네소타에 도달하면서 철도의 이용이 가능해져 벌목꾼들에 의해 나무들이 베어져 미국 동부의 시장으로 팔려 나갔다. 통제할 수 없는 벌목으로 인해 목재 공급이 급격히 줄어들게 되었다.

1900년대 초까지 미네소타주는 최대의 철광석 생산지였으며, 지금도 매년 미국 전체 생산의 60%를 점유하는 5천만 톤 정도를 생산하고 있다.

Mesabi, Vermilion 지역에서 생산된 철광석의 대부분은 5대호에 있는 Duluth항에서 선적되어 Chicago, Gary, Cleveland-Youngstown 지역으로 실려 나간다. 농업은 최근까지도 미네소타주의 산업을 주도하여 왔다. 우유 제품은 위스콘신주에 이어 2위이며, 축산뿐만 아니라 밀, 옥수수, 콩 등이 생산되고 있다. 닭과 가축이 길러지고 있는 가운데 칠면조의 생산은 미국 내에서 2위를 보이고 있다.

제조업이 미네소타주의 중요한 산업이 되었다. 육류 포장과 제분업에서 기계류와 전기 장치에 이르기까지 광범위한 제조가 이루어지고 있다. 산업체들이 Minneapolis와 St. Paul 근처에 놓여 있다. 이들 도시는 미네소타주의 문화와 예술의 중심지이며, 심포니 오케스트라는 국제적으로 잘 알려져 있다.

○ 관광 명소

Voyageurs National Park: 공원은 12Miles. E. of International Falls. MN에 소재하고 있으며 규모는 341sq miles(883sq km)이다. Voyageurs 국립공원의 명칭은 한때 모피 무역이 번성했던 때의 용감한 가이드를 의미하고 있다. 캐나다와의 국경과 수 마일 접해 있는 미네소타주의 북쪽 삼림 지대에 놓여 있으며, 멀리 떨어져 고립되어 있는 것으로 보이나, 한때는 여러 원주민들 사이에 주요한 교차 지역이었다. 공원은 30개 이상의 호수에 둘러싸여 있어 땅보다도 수면이 훨씬 넓으며, 자작나무 껍질로 만든 카누로 북서쪽 끝에 있는 모피의 집산지였던 캐나다의 몬트리얼까지 항행할 수 있었던 수로의 일부를 포함하고 있다.

Boundary Waters Canoe Area: 이곳은 8901 Grand Ave. Pl, Duluth, MN에 소재하고 있으며 규모는 1,698sq miles(4,400sq km)이다. 미네소타주의 북동부에 놓여 있으며 캐나다의 Quetico 지방과 경계를 이루고 있는 곳으로 울창한 숲으로 둘러싸인 1천 개가 넘는 호수가 있어 야생의 자연을 즐기려는 사람들에게 알맞는 장소이다. 이곳에는 1,200여 개의 카누 수로가 있으며, 강 오리, 큰 사슴, 늑대, 스라소니, 검은 곰들의 서식지로서 연방 정부에 의해 야생보호지역으로 지정되어 있다.

Theodore Wirth Regional Park: 공원은 1339 Theodore Wirth Pkwy, Minneapolis, MN에 소재하고 있으며 규모는 1.18sq miles(3.07sq km)이다. 도심을 온통 감싸고 있는 리본처럼 수많은 자전거길과 호수, 강, 그리고 정원들이 있다. 공원의 이름은 1906년에서 1935년까지 29년 동안 Minneapolis 공원 관리자였던 스위스 이민자의 이름에서 따온 것이다. 나무가 울창한 유럽 스타일의 공원을 모델로 삼았으며, 도시 공원에서 요구되는 산책로, 하이킹 오솔길 등 모든 편의 시설들이 잘 갖추어져 있다.

Fort Snelling State Park: 공원은 101 Snelling Lake Rd, St. Paul, MN에 있다. 미시시피강과 미네소타강이 합류하는 지점으로 1819년 세워진 역사적인 요새이다. 이 공원은 St. Paul 바로 남쪽에 있다.

Vermilion Interpretive Center: 이곳은 1900 Camp Street Ely, MN에 있으며 미네소타주의 유명한 철광산과 모피 무역, 원주민들의 생활상을 전시하고 있다.

Mississippi

○ 일반 소개

　미시시피주는 미국의 남동부 지방에 속해 있으며, 1817년 12월 10일 31번째 주로 연방에 가입하였다. 면적은 121,507sq km로 미국의 50개 주 가운데 31위이며, 인구는 2,961천 명으로 34위이다. 주요 도시로는 주도인 Jackson을 비롯해 Biloxi, Greenville이 있다. 미시시피주는 the Magnolia State, the Eagle State, the Bayou State라고도 불리어지고 있으며. 주의 이름인 미시시피는 서부의 경계를 이루며 흐르고 있는 미시시피강의 이름에서 유래되었다.

기름지고 지대가 낮은 평원의 땅과 풍부한 강우량 그리고 온화한 기후의 미시시피주는 목화 재배에 이상적인 땅으로 1세기 이상 목화 생산을 주도해 왔다. 목화 재배의 초기에 노예의 도움으로 재배되던 목화 농장은 거대한 대농장으로 변화되어 목화뿐만 아니라 담배를 재배하게 되면서 담배가 주요 작물이 되었었다. 그러나 방적기가 발명되면서 목화가 다시 주류 생산품이 되었다. 수많은 녹색의 공간, 걸프만의 바닷가, 남북전쟁의 전투지들과 함께 블루스 음악이 섞여 있는 진정한 남부의 풍경을 나타내고 있다. 미시시피주는 주민의 절반 이상이 시골이거나 조그만 타운에 살고 있는 전형적인 시골 주이다. 대부분의 주민들은 미국에서 태어났으며, 흑인의 비중이 35%로 다른 주에 비해 높다.

강의 이름과 같은 미시시피주는 변화가 느리고 전통을 굳게 지키려 하며, 희비가 교차했던 역사에 사로잡혔던 시간을 겪어 왔다. 여러 측면에서 모든 남부 주들 가운데 가장 전형적인 남부의 특성을 보여 주고 있는 주이다. 개척되지 않은 야생의 삼림 속에 있는 오두막집들과 Old Man강과 Delta 지역의 호화로운 대저택들이 공존해 있다. 미시시피주의 남부를 찾아가면 하얀 목화꽃 들판을 보면서 향기를 맡을 수 있으며, 미시시피강을 오르내리는 증기선을 타노라면 미시시피의 옛 모습이 그려진다.

○ **자연환경**

미시시피주는 미시시피강 유역의 삼각주를 포함하여 주로 평평한 평원으로 되어 있다. 미시시피주의 풍부하고 기름진 흙은 수천 년 이상에 걸쳐 미시시피강에 의해 쌓여진 퇴적물로 인한 것이다. 매년 홍수로 인해 수많은 충적토와 모래, 퇴적물들이 강둑 너머로 흘러왔다. 시간이 지나면서 미시시피강 유역에 45m 두께의 충적토 평원이 만들어졌다. 충적토 평원은 좁은 폭으로 미시시피주의 서부 경계를 이루며 내려오다가 Vicksburg 북쪽에서 넓어지면서 미시시피강과 Yazoo강 사이의 강 유역에 펼쳐져 있다.

미시시피강과 Yazoo강 사이에는 미시시피주의 서쪽 경계를 따라 폭 65마일의 길고 가느다란 삼각주가 이루어져 있는데, 여기에는 검고 끈적거리는 진흙이 쌓여 있어 이를 미시시피의 진흙 케이크라고 불리우며 세계에서 가장 기름진 농토 가운데 하나이다. 더욱 남쪽으로 내려가면 멕시코 걸프만의 해변이 있으며 여기에는 숲과 그늘진 소나무 언덕들이 있다.

미시시피주의 걸프만 해안은 풍부한 어장을 갖고 있으며, 특히 새우와 굴의 유명한 산지이다. 또한 통조림 제조도 활발히 이루어지고 있다. 새우를 잡은 배가 도착하자마자 종사자들이 즉시 신선한 새우를 곧바로 통조림으로 만들고 있다.

삼각주의 동쪽으로는 동부의 Gulf 평원이 놓여 있으며, 북쪽으로는 완만한 기복의 언덕들과 삼림 지역이 있다. 북동쪽에는 Black Prairie라 불리는 초원이 앨라배마주의 Black Belt까지 뻗어 있다.

○ 개척 역사

미시시피는 유럽인들이 들어오기 전에는 Natchez, Choctaw, Chickasaw 원주민들의 본고장이었다. 1540년 스페인 사람 De Soto가 미시시피를 다녀갔으며, 1681년에는 Marquette와 La Salle가 미시시피강을 탐험하였다.

1699년에 프랑스인들이 Ibervill에 정착하였으며, 1716년에는 Natchez 지역에 정착촌을 이루었다. 1763년 프랑스인들이 영국 사람들에게 이곳을 양도하면서 영국인들이 미시시피의 대부분을 차지하였다. 1783년에는 일부가 미국에 양도되었으며 1811년에 나머지 지역도 미국이 차지하게 되었다. 1798년 미시시피의 영토가 정해졌으며 1817년 주로서 미국 연방에 가입되었다.

1811년 미시시피 주민들은 영국에 대항하여 싸웠다. 이 전쟁의 마지막 전투에서 원주민 Choctaw도 미국과 함께 영국과 싸웠으나, 1830년대에 그들과 나머지 다섯의 인디언 부족들은 그들의 본토를 떠나 오클라호마주와 아칸소주에 있는 인디언 보호구역으로 강제 이주당하였다. 그들은 보호구역으로 가는 눈물의 길이라는 혹독한 여정에서 수많은 사람들이 죽었다.

미시시피주도 이웃 남부 주들과 마찬가지로 거대한 목화 농장과 대농장을 운영하기 위해서는 아프리카 흑인 노예들의 노동에 의존하고 있었다. 19세기에 미시시피강에서 증기선이 항행함에 따라 Vicksburg와 Natchez항이 크게 발전하였다. 이들 항구는 미시시피주 역사의 중요한 현장이다. 아브라함 링컨 대통령이 노예제를 폐지하려 하자 1861년에 연방을 탈퇴하였다. 남북 전쟁 시 Vicksburg에서 전투가 치열하게 벌어져 북군이 승리했다. 북군의 그랜트 장군은 "이곳에서의 북부 연합의 승리가 남부 연합의 운명을 결정지었다."라고 말하였다. Natchez에는 남북 전쟁 전에는 미국 남부 지방에서 고전적인 대저택들이 가장 많이 몰려 있는 곳이었다. 남북 전쟁 기간 중에 6만여 명의 미시시피 주민이 목숨을 잃었는데 당시의 인구 비중으로 보면 어떤 주보다도 가장 큰 희생을 당한 것이다. 전쟁이 끝나고 1870년에 다시 미국 연방에 가입하게 되었다.

남북 전쟁이 끝났음에도 불구하고 많은 미시시피 주민들은 아프리카 흑인들을 동등하게 인식하려 하지 않았다. 1904년 미시시피주에는 시내에 전차가 설치되었으나 흑인과 백인이 함께 타지 못하고 분리하여 이용하였다. 1958년에 아프리카 흑인 학생인 Clennon King이 Ore Miss로 알려진 주립대학에 등록하려고 시도하였을 때 정신병원에 보내지기도 했다. 1962년 흑인 James Meredith가 Ore Miss에 등록할 수 있었다. 등록을 반대하는 과격한 폭도들로부터 보호하기 위해 약 3천 명의 연방 군대가 파견되기도 했다. 1963년에는 시민권리운동의 리더인 Medgar Evers가 잭슨 시내에 있는 그의 집 차도에서 총격을 받았다. 1964년 젊은 시민권리운동가인 2명의 백인과 1명의 흑인이 흑인 유권자들에게 투표 등록을 독려하던 중 Neshoba County에서 살해당하였다.

그러함에도 불구하고 시민권리운동이 지속적으로 이루어져 정치참여 권리를 얻게 되었다. 실제로 미시시피 모든 주민을 위한 흑인 정치 리더가 등장하게 되었다. 1969년 Charles Evers가 Fayette 시장으로 선출되었는데 이는 주 역사상 최초의 아프리카계 미국인 시장이 된 것이다. 오늘날 미시시피주에는 많은 흑인 시장들이 있다.

○ 주요 산업

수천 년 이상 이루어져 온 미시시피강의 홍수로 검은 흙이 두껍게 싸여진 기름진 충적토의 평원이 만들어졌다. 이러한 땅은 목화 재배하기에 아주 알맞는 곳이다. 남북 전쟁 전에는 미시시피주가 번영하던 대농장의 땅이었다. 남부의 이웃 주들과 마찬가지로 주요 작물인 목화로 인하여 번성하고 있었다. 오늘날은 재배 작물이 다양해져 목화뿐만 아니라 쌀, 땅콩, 콩, 밀 등을 재배하며, 메기류의 물고기도 양식하고 있다. 걸프만의 해안 평야와 북동부 지역의 농장에서는 소와 닭 등의 목축과 건초 재배를 하고 있다.

1960년대부터 주된 산업이 공업으로 바뀌어져서 오늘날은 제조업이 가장 중요한 분야가 되었다. 석유와 천연가스의 생산과 목재, 종이, 펄프, 가구 등의 생산이 이뤄지고 있으며 또한 운송 장비, 식품 가공, 전기 용품 등이 만들어지고 있다. 미시시피주의 걸프만 해안은 160km에도 못 미치는 거리이지만 많은 수입을 이뤄 내고 있다. 온화한 날씨와 넓은 바닷가로 인해 관광객들이 몰려오고 있으며, 물고기와 조개류도 풍부하다. 해운과 선박 제조, 석유, 천연가스의 채굴과 정제업이 경제를 지탱해 주고 있다.

이러한 생산에도 불구하고 주민의 4분지 1이 저소득층 이하로 오랫동안 미국에서 가장 가난한 주로 남아 있다. 미시시피 주민들은 개인적으로나 가정별로 미국에서 가장 낮은 소득을 보이고 있으며 실업률도 매우 높은 실정이다. 목화 재배가 쇠퇴한 이래 가난 퇴치가 어려운 과제로 남아 있다.

○ **관광 명소**

Gulf Islands National Seashore: 이곳은 Ocean Springs, MS에 소재하

고 있으며 규모는 215sq miles(556sq km)이다. 미시시피주 동쪽의 Santa Rosa섬에서 서쪽의 미시시피주 Cat Island까지 2개 주에 걸쳐 258km 뻗어 나오면서 미국에서 가장 넓은 해안이 펼쳐져 있다. 이곳에는 남북 전쟁 이전에 세워진 방어 요새들과 보트를 타고서야 도달할 수 있는 하얀 석영의 해변 등 13군데의 독특한 지역이 있다. Barrancas 요새는 미국의 초기 방어 체계를 보여 주는 기념물이며, Davis 강어귀에는 하이킹, 산책, 보트 타기를 할 수 있고, 5개의 피크닉 장소가 있다.

Natchez: Natchez 타운은 오래되고 아름다운 곳으로 남북 전쟁 때에 피해를 거의 입지 않아 오늘날 이곳을 방문하면 풍부한 목화의 거래로 부유했던 19세기 초기에 지어진 대농장의 저택들을 볼 수 있다.

Vicksburg Military Park: 빅스버그는 남북 전쟁 때 북군의 Ulysses S. Grant 장군이 남부 연합군을 격파하여 북부 연합이 전쟁에서 승리하는 데에 중요한 전환점이 되었던 전투지로 기억되는 곳이다. Vicksburg Military Park는 참호와 전사자들의 묘지를 복구하여 쓰라린 전투를 기념하고 있으며, 남북 전쟁의 전투 장면을 재현해 보이고 있다.

Missouri

○ 일반 소개

미주리주는 미국의 중서부 지방에 위치해 있으며, 1821년 8월 10일 연방에 24번째 주로 가입하였다. 면적은 178,446sq km로 미국의 50개 주 가운데 18위이며 인구는 6,155천 명으로 19위이다. 주요 도시로는 주도인 Jefferson City를 비롯하여 Kansas City, St. Louis, Springfield가 있다. 미주리주는 일명 The Bullion State, The Ozark State, The Cave State로 불리우고 있다. 미주리주의 양쪽 끝 지역에 자리 잡고 있는 St. Louis와 Kansas City는 미주리강과 연결된 복잡한 도시의 모습을 보여 주는 반면에 남쪽으로 내려가면서 전원적이고 전설이 얽혀 있는 Ozarks 지대를 만난다.

미주리주는 미국 동부의 대서양과 서부의 록키산맥 사이에서 거의 중간에 위치해 있으며, 또한 북쪽의 캐나다와 남쪽의 멕시코만 사이에서도 중간 지점에 놓여 있다. 미국의 독립 이후 영토가 크게 확장되고 서부로의 인구 이동이 이루어짐에 따라 1790년 최초의 공식 조사가 이루어진 이래 미국의 지리적 중심이 크게 변동되어 왔으나 지금은 St. Louis의 남쪽 지점으로 되어 있다. 미주리주 안에는 숲으로 가득찬 낮은 산들과 빙하가 흐르면서 만들어 놓은 기름진 농토 그리고 미국 남부와 같이 목화가 자라는 저지대의 땅, 광활한 평원의 대초원 등을 가지고 있다.

미주리주는 행운을 찾아서 미국 서부로 가려는 이주자들과 금을 찾으러 가는 탐광자들이 Oregon으로 가는 길과 Santa Fe로 가는 길을 따라 서부로 떠나던 장소로 한때 서부의 어머니라고 불리어졌던 곳이다. 그러나 이들 가운데 많은 사람들이 서부로 떠나는 대신에 미주리의 풍부한 물과 지하자원 그리고 예기치 않았던 아름다운 자연에 반해 이곳에 정착하였다. Mark Twain이 기억에 오래 남을만한 이곳에서의 이야기들을 써 내려가고 있는 동안 독일인 이주자들은 맛있는 맥주 문화를 전해주었다.

○ 자연환경

미주리주의 영토는 매우 특이한 모양을 보이고 있다. 이는 경계가 지리적인 여건에 따라 자연스럽게 형성되었기 때문이다. 동부에는 미시시피강의 흐름을 따라 일리노이주, 켄터키주, 테네시주와 경계를 이루고 있다. 남부는 아칸소주와 경계를 두고 있으며 대부분의 경계가 직선을 이루고 있으나, 남동쪽 끝 부분은 장화의 뒤축과 같은 모양을 하고 있다. 서부로는 네브래스카주, 캔자스주, 오클라호마주와 마주하고 있다. 서부 경계의 북쪽 부분은 미주리강을 따라 이루어져 삐죽삐죽하게 경계가 되어 있다. 북부는 아이오와주와 거의 직선으로 경계가 되어 있다.

미국에서 가장 큰 2개의 강인 미시시피강과 미주리강이 St. Louis 시내의 바로 북쪽에서 만난다. 이러한 강들의 합류는 개척 초기부터 미주리주를 운송의 핵심 지역으로 만들었다. 개척 초기에 모피 사냥꾼, 무역업자, 금을 찾는 사람 등 수만 명의 정착민들이 배를 타고 St. Louis에 도착하였다. 한편 미국 서부의 개척 시대에는 마차를 타고 오리건 길 또는 산타페 길을 통해 서부로 가는 개척민들에게 준비 물품을 공급해 주는 곳이었다.

미주리주는 배로 항행할 수 있는 수로가 1,000마일 이상 되고 있으며, 약 20개의 철도 노선과 300여 곳의 공항과 고속도로가 만들어져 있어 육상 운송과 항행의 중심이 되고 있다. 미시시피강과 미주리강을 오르내리는 배들과 바지선들로 인해 St. Louis를 미국에서 가장 분주한 내륙 항구로 만들었다.

미주리강이 미주리주를 둘로 나누며 흐르고 있다. 미주리강 위쪽 지역은 오래전 빙하가 휩쓸고 간 지역으로 기름진 흙이 덮혀 있는 곳이다. 일명 heart plain으로 불리는 전형적인 미국 중서부의 대초원 지대이다. 여기는 옥수수, 밀, 콩을 경작하기에 적합한 기름진 땅이다. 미주리강 아래쪽 지역은 Ozark고원 지대로 지대가 높고 거칠며 커다란 동굴과 천연

온천이 있는 시골 지방이다. 오래전 Ozark 지역은 화산의 정상이었으나 화산 활동이 진정되면서 땅이 가라앉고 주변의 높은 지대에서 씻겨 내려온 침전물로 홍수를 이루었다. 그 침전물들이 서서히 암반으로 만들어졌고 결국 건조한 땅이 되었다. 이어 급속한 물살의 강들이 골짜기를 깎아 내며 고원 지대로 만들었다. 4,000개 이상의 지하수가 석회석 암반 동굴을 만들었고 수천 개의 샘들도 만들어 놓았다.

남서쪽 지역에서는 밀을 경작하고 있으며, 남동쪽의 코너에는 장화의 뒤꿈치 같은 독특한 모양을 나타내고 있는 미시시피강 유역의 평원이다. 이곳은 지대가 낮은 강변의 평야로 수렁과 같은 습지이며 숲이 우거져 있다. 물이 빠져 나가면 목화, 콩, 쌀을 재배하기에 적합한 기름진 평야가 되고 있다. 대체로 온화한 기후를 보이고 있으나, 일 년에 약 25개에서 30개의 토네이도가 오고 있다.

○ 개척 역사

1682년 La Salle가 미주리 지방을 프랑스 영토로 삼았다. 현재의 미주리주 영토는 프랑스의 Louisiana 식민지의 일부로 만들어졌다. 1720년 미주리 강변에 Orleans 요새가 임시로 만들어졌으며, 1735년 프랑스인들이 St. Genevieve에 영구 정착촌을 세웠다. 1762년에 프랑스는 이 지역을 스페인에게 양도했다가 1802년 프랑스는 스페인으로부터 미시시피를 다시 양도받아 루이지애나 일부로 삼았다. 1803년 루이지애나 매입을 통해 프랑스의 영토를 미국이 사들였다.

1812년 미주리주 영토가 확정되었고 곧바로 국가의 논쟁의 중심이 되었다. 미국 의회에서 새로운 영토와 주들을 노예주로 받아들여야 할지를 놓고 논쟁이 격렬하였다. 1820년의 그 유명한 미주리 협약에서 의회는 메인주를 노예 자유주로 하고 미주리주는 노예제를 허용하는 것으로 결정하였다. 더 나아가 그때 이후로는 노예주와 자유주의 균형을 유지하기 위해 짝을 맞추어 결정해야만 했다.

이 협약이 1854년의 Kansas-Nebraska법으로 이어지게 되자 노예제를 찬성하는 수천 명의 미주리 주민들이 신생 캔자스주도 노예제 주로 만들기 위해 투표에 참여하고자 캔자스주로 이주하였다. 미주리주에서 노예제를 찬성하고 확산하려는 운동이 1882년까지 지속되었으나 남북 전쟁 이후에는 노예제가 완전히 소멸되었다. 노예제 지지운동이 활발하였음에도 불구하고 남북 전쟁 때 다른 노예주들이 연방을 탈퇴하였을 때 미주리주는 연방에 남아 있기를 선택했다.

1876년 Mark Twain을 통해서 미시시피 강변에 있는 미주리의 조그만 타운의 생활이 세상에 알려지게 된『톰 소여의 모험』이 발행되었다. 그 당시 광활한 초원이 농장으로 변하고 있었고, Franklin과 Westport 타운은 Santa Fe Trail 길을 떠나는 시작점이었으며, 중부 내륙의 항구인 St. Louis에서는 보트를 만들고 있었다.

○ 주요 산업

미주리주의 지리적 다양성으로 인해 많은 종류의 곡물이 생산되고 있다. 오늘날 미주리주의 절반 이상이 농토로서 옥수수, 콩, 목화를 재배하며, 가축과 우유를 생산하고 있다. 빙하가 만들어 놓은 옥토 지대인 미주리 강의 북부 지역에서는 옥수수, 콩이 생산되며, Ozark고원 지대에서는 과일과 채소류가 재배되고 있다. 장화 뒤꿈치라 불리는 남동쪽 코너 지역은 미시시피강이 흘러 땅이 기름진 저지대의 평야로 목화, 쌀, 콩이 재배되고 있다.

오래전 한때는 미주리 땅의 거의 3분지 2가 나무숲으로 뒤덮혀 있었으나 벌목꾼들에 의해 베어져 나갔다. 오늘날의 숲은 Ozark Plateau고원 지대의 계곡과 구릉진 언덕에 남아 있다. 이곳에서 자라는 참나무, 히코리나무, 소나무로 만들어진 나무 숯과 나무통은 이들의 미국 시장을 주도하고 있다. 광산업은 미주리주 중부 지역의 주요 산업으로 미국에서 소요되는 납의 대부분을 생산하고 있다. 캔자스 시티에서는 식품 가공을 주도하고 있으며 가축 시장으로도 유명하다. 한편 미주리주는 성장하고 있는 우주 산업의 본고장이기도 하다.

St. Louis에는 강변을 따라 Saarinen's Gateway 아치가 세워져 있다. 이 아치는 서부로 가는 관문으로 미주리가 가장 큰 역할을 했던 것을 상징하고 있는 것이다. St. Louis는 프랑스 왕 Louis의 이름에서 따온 것으로 프랑스가 지배하던 당시에 한때는 루이지애나 북부 지방의 수도였었다. 이 도시에서 맥주를 미국에서 가장 많이 생산하고 있으며, 디트로이트를 뒤이어 자동차를 많이 생산하고 있고, 시카고 다음으로 철도의 중심이 되어 있다.

○ 관광 명소

Gateway Arch National Park: Gateway Arch는 St. Louis 중심의 미시

시피 강변에 세워져 있다. 이 아치는 미국 서부로의 확장을 적극 추진해 온 Thomas Jefferson의 비전과 그를 기념하기 위해 세워졌다. 스테인레스 철로 만들어져 있으며 높이가 192m에 이르고 있어 세계에서 가장 크다. 핀란드계 미국 건축가 Erro Saarinen이 디자인한 것으로 2년간의 공사를 거쳐 1965년에 완공되었다.

Jefferson National Expansion Memorial: 이곳은 11 N Fourth St, St. Louis, MO에 소재하고 있으며 프랑스의 나폴레용으로부터 Louisiana Territory를 매입하였고, Lewis와 Clark를 서부를 탐험하도록 파송하였던 제퍼슨 대통령을 기념하는 곳이다.

Harry S. Truman Library and Museum: 박물관은 U.S. 24 and Delaware Street Kansas City, MO에 소재하고 있다. 캔자스 시티의 바로 동편에 있는 미국의 트루먼 대통령의 옛집으로 대통령과 그의 부인 Bess Truman이 대통령 재임 중에도 여름을 지냈던 곳이다.

Mark Twain Home and Museum: 박물관은 208 Hill Street, Hannibal, MO에 소재하고 있으며 미주리주 출신의 유명 작가로 Mark Twain으로 더 잘 알려진 Samuel Clements가 어릴 적 살았던 집이다.

Montana

○ 일반 소개

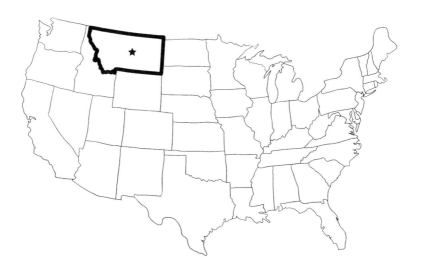

　몬태나주는 미국 서부 지방의 록키산맥 지역에 놓여 있으며, 1889년 11월 8일 41번째 주로 연방에 가입하였다. 면적은 376,990sq km로 미국의 50개 주 가운데 4위인 반면 인구는 매우 희박한 1,084천 명으로 44위를 나타내고 있다. 주요 도시로는 주도인 Helena와 Billings, great Falls, Missoula가 있다. 몬태나주는 일명 the Bonanza State, Big Sky Country, Mountain State 등으로 불리우고 있다. 북쪽으로는 캐나다와 직선의 긴 경계를 이루고 있으며, 동쪽으로는 노스다코타주, 사우스다코타주와 경계를 두고 있다. 남쪽에는 와이오밍주와 직선의 남부 경계를 두고 있다. 남쪽의 일부와 서쪽으로는 아이다호주와 산악으로 경계되어 있다.

끝없이 펼쳐져 있는 것 같은 메마른 광야와 아무도 접근할 수 없는 빙하의 산맥이 개척 시대의 흔적을 품고서 몬태나주를 가로지르며 길게 뻗어져 있다. 이처럼 몬태나주의 발전을 가로막았던 가장 큰 장애물이던 빙하의 산맥과 광야는 여기에 매장된 귀한 광물이 채광되면서 가장 큰 자산으로 바뀌었다. 이같은 발전에도 불구하고 자연 그대로의 초원과 얼음에 덮혀 가파르게 솟아 있는 산꼭대기가 몬태나주를 잊지 못하게 하는 상징이 되고 있다.

Big Sky Country라고 불리는 몬태나주는 동쪽에서 서쪽으로 805km에 이르는 넓은 지역으로 Great Plain 평원과 록키산맥을 껴안고 있는 광활한 땅이다. 미주리강이 몬태나주의 중앙부를 넓게 퍼져 흐르다가 옐로스톤 지역과 빙하 지역에서부터 흘러오는 물과 합쳐지면서 강물이 부풀어 오르고 있다. 오래된 탄광촌과 거대한 목장, 잘 알려지지 않은 전투지 등이 몬태나주를 더욱 넓어 보이게 한다.

○ 자연환경

몬태나주는 40%가 산악 지대이며, 60%는 울퉁불퉁하고 키가 작은 풀들이 자라고 있는 초원 지대이다. 지형을 크게 보면, 웅장한 Rocky산맥이 솟아 있는 서부 지방과 광활한 초원 지대인 동부 지방으로 나뉘어진다. 한편 Yellowstone강이 여러 색깔을 나타내고 있는 황무지를 감싸며 굽이굽이 굴곡져 흐르고 있다.

몬태나주의 서부는 웅장한 록키산맥에 압도되어 있다. 이로 인해 스페인어로 산을 의미하는 몬태나라는 주명을 갖게 되었다. 록키산맥은 높이 솟아 있는 가파른 산꼭대기 그리고 깊은 계곡으로 특징지어진다. 몬태나의 동부 지역은 나무가 거의 없이 풀이 자라는 거대한 초원으로 구릉진 초원의 언덕들이 수 마일 뻗어 있다. 이러한 초원 지대는 텍사스주의 중앙에서 북부에 있는 캐나다와 미시시피 서부 밸리에서 록키산맥까지 이어지고 있다. 이처럼 광활하게 펼쳐진 지형으로 인해 Big Sky Country라는 별칭을 얻게 되었다.

검푸른 거대한 몬태나주의 산맥에는 구리, 아연, 금, 은뿐만 아니라 석유 등 지하자원이 많이 매장되어 있다. 10,000에이커의 초원에는 소와 양의 목장이 조성되어 있으며, 관개로 물을 끌어와 사용하는 농장에서는 밀과 보리, 사탕무우 등이 자라나고 있다. 서부에는 숲으로 뒤덮힌 산맥이 높이 솟아나 있으며 이 산맥은 Continental Divide로 대륙의 분기점이 되고 있다. 북쪽의 캐나다와의 국경 근처에는 웅장한 산봉우리와 빙하가 뒤덮혀 있는 국립공원이 있다.

기후도 둘로 나뉘어지고 있다. 서부는 연중 비교적 온화한 날씨를 보이는 반면 동부의 겨울은 몹시 춥고 여름에는 서부보다 비가 적게 내리며 매우 덥다. 동부의 추운 겨울에 종종 서쪽에서 건조하고 따뜻한 바람인 chinook가 록키산맥을 넘어 동쪽으로 불어 내려오면 기온이 올라가고 눈이 녹으면서 목초지가 만들어지고 있다.

○ 개척 역사

  몬태나 지역은 본래 원주민인 Crow, Blackfoot, Cheyenne, Flathead 인디언들의 본고장이었다. 미국이 Louisiana Purchase로 미국의 북서부 지방을 프랑스로부터 획득하기 전에는 비교적 유럽인의 탐험이 이루어 지지 않았다. 몬태나를 탐험한 최초의 유럽인은 Pierre de la verendrye 이며, 그는 또한 Dakota도 탐험하였다.

  1803에 루이지애나 매입으로 록키산맥의 동쪽인 몬태나 동부 지역을 미국이 획득하였다. 1805년에서 1806년에 Lewis와 Clark은 태평양으로 가려고 미주리강을 따라 이곳을 지나갔지만 1800년대 중반까지 타운이 형성되지는 않았다. 그 후로 무역상과 사냥꾼, 예수 선교 단원들이 들어 왔다. 몬태나 지방은 1812년 미주리 지방의 일부가 되었으며, 연속하여 1854년에는 네브래스카 지방의 일부로, 1861년에는 다코타 지방의 일부 로 남아 있었다. 록키산맥의 서부는 1848년에 오리건 지방의 일부가 되 었으며, 이어서 1853년에는 워싱턴 지방의 일부로, 1863년에는 아이다호 지방의 일부가 되어 있었다.

  1861년 금이 발견되면서 개척민의 이주가 급속히 이루어졌으며 1864 년에 몬태나주의 영토가 편성되었다. 몬태나산맥에서 금과 은을 찾으 러 들어온 개척민들과 원주민인 인디언들과의 갈등이 계속 일어났다. 1876년 Custer 장군과 200명의 병사들이 Sioux와 Cheyenne 인디언과의 Little Big Horn 전투에서 패배하여 사망하였다. 그러함에도 다음 해에 인디언들은 파괴되었다. 그 후 1883년에 북태평양 철도가 개설되어 향 후의 성장과 발전에 크게 기여하게 되었다. 마침내 1889년 몬태나는 미국의 41번째 주로 편입되었다.

○ 주요 산업

농업은 몬태나주 경제의 근간을 이룬다. 많은 대농장과 목장에서 농산물이 재배되고 목축이 이루어지고 있다. 특별히 목축과 밀은 유명하며, 농장에서는 가축 사료용 보리와 사탕무우도 재배되고 있다. 몬태나주의 4분지 1을 덮고 있는 삼림은 목재를 공급해 주고 있으며, Yellowstone 국립공원과 Glacier 국립공원을 비롯한 야생의 자연은 스포츠와 레크리에션을 끝없이 제공해 주고 있다.

1913년 천연가스가 Glendive 근처에서 발견되었고, 1915년에는 석유가 Elk Basin에서 발견되었다. 1940년에는 미주리강에 Ft. Peck댐이 완공되었고 1953년에는 Flathead강에 Hungry Horse댐이 완공되었다. 몬태나주에서 금이 첫 번째로 발견되었으나, 은과 구리가 점차적으로 금의 중요도를 대체하고 있다. 몬태나주는 석유, 구리, 아연 생산을 주도하고 있으며, Butte에 있는 구리 광산은 세계에서 가장 큰 구리 광산 중 하나이다. 이 같은 금, 은, 구리, 아연 등 광산업도 몬태나주의 핵심 분야이다. 서부의 록키산맥에는 구리, 은, 금, 아연, 납, 망간 등의 지하자원이 풍부하게 매장되어 있으며, 남동부 지역에서는 석유, 천연가스, 석탄의 매장이 발견되고 있다. 미국에서 유일한 사파이어 채굴 장소가 몬태나주 중부에 있는 Judith Basin에 있다. Assiniboine과 Sioux 원주민의 영역인 Fort Peck 인디언 보호구역에서 발견된 석유를 놓고 몬태나주가 어떻게 개발해야 하는가에 대한 논쟁이 이어지고 있다.

○ 관광 명소

Glacier National Park: 공원은 64 Grinnell Drive, West Glacier, MT에 소재하고 있으며 규모는 1,583sq miles(4,099sq km)이다. 미국에서 가장 무시무시한 광경을 보이는 곳 가운데 하나로, 실제 빙하를 볼 수 있다. 이 빙하 공원은 거대한 미 대륙의 분기점이 되는 분수령을 갖고 있다. 여기에는 침엽수의 삼림과 야생화가 가득한 숲, 아른아른 빛나고 있는 호수들이 있으며, 50여 개의 빙하와 기묘하게 생긴 바위들이 있다. 들소, 산양, 늑대, 기타 록키산맥의 야생동물이 살고 있다.

Little Bighorn Battlefield National Monument: 이곳은 756 Battlefield Tour Rd, Crow Agency, MT에 소재하고 있으며 넓이는 1.2sq miles(3.1sq km)이다. 1800년대 말엽까지 이곳의 인디언들은 광활한 초원에서 들소를 사냥하며 살고 있었다. 미국의 서부로의 확장으로 인한 마찰로 전투를 치르게 되었다. Lakota Sioux 인디언은 Red Cloud 지도자 아래 미국과의 전투에서 승리하여 1868년 Fort Laramie협약을 맺었다. 이로 인해 Great Sioux 보호구역이 만들어졌으나, 또 다른 지도자인 Sitting Bull과 Crazy Horse는 통제받기를 거부했다. 1874년 Black Hills에서 금이 발견되자, 미국 정부는 보호구역을 사들이려 하였으나 Lakota Sioux는 이를 거부하였다. 이로 인해 1876년부터 Great Sioux 전쟁이 시작되어 크고 작은 전투 가운데 Little Bighorn에서의 전투가 가장 치열하였다.

Nebraska

○ 일반 소개

  네브래스카주는 미국의 중서부 지방에 위치해 있으며, 1867년 3월 1
일 37번째로 연방에 가입하였다. 면적은 199,114sq km로 미국의 50
개 주 가운데 15위이며 인구는 1,962천 명으로 37위이다. 주요 도시로
는 주도인 Lincoln과 Omaha, Grand Island가 있다. 네브래스카주는 일
명 The Cornhusker State, Antelope State라고도 불리운다. 주의 명칭인
Nebraska는 원주민이던 Oto 인디언들이 오늘날의 Platte강을 평원의 물
이라는 의미를 지닌 Nebrathka라고 불렀던 데에서 유래하고 있다.

네브래스카주는 미국 중서부의 농토 지대와 대초원 사이에서 경계를 알아볼 수 없는 평원으로 펼쳐져 있다. 미주리강의 지류인 Platte강이 동쪽에서부터 드넓은 평야를 가로질러 흐르다가 서쪽 경계를 이루고 있는 미주리강으로 흘러 들어가고 있다. 푸르른 잔디와 밝고 아름다운 색깔을 가진 들꽃들로 덮인 들판이 저 멀리 지평선에 이르기까지 펼쳐져 있다. 졸졸 흐르는 시냇물들이 서로 교차하며 흐르고 있는 대초원의 땅이다. 개척 초기에는 작물을 재배하기에 기후가 맞지 않다고 여겼으나 개척의 유산으로 오늘날에는 수백만 명의 식량을 공급하고 있어 Cornhusker State로 불려지고 있다.

주민들이 그들 스스로를 옥수수 까는 사람들이라고 부를 정도로 옥수수 생산량이 많은 주이다. 9백만 에이커 이상의 땅에 옥수수가 심겨져 생산되므로 단연 1위의 생산량을 보이고 있으며, 2위로 생산하는 주보다도 거의 2배를 기록하고 있다. 드넓은 평원은 North Platte River강에 의해 남북으로 나뉘어져 있으며, 개척 초기에 서부로 가던 Oregon Trail 길과 미국 최초의 대륙 횡단 철도가 지나는 중요한 통로 역할을 하였다.

○ **자연환경**

네브래스카주는 대부분이 광활한 평원 지대에 놓여 있다. 네브래스카주의 땅은 동쪽 지역에서 서쪽으로 가면서 지대가 점차로 높아지며 기복이 있는 지형을 보이면서 록키산맥의 기슭에 이른다. 주 전체 면적의 97%가 농토로 사용되고 있는 평원 지대로 대부분의 땅이 고대에 한때 바다의 밑바닥이었던 북미의 중앙 지역에 놓여 있다. 먼 옛날 14피트 크기에 털이 많은 맘모스가 이곳의 평원을 돌아다녔으나, 지금은 Lincoln 시에 있는 네브래스카 주립대학 박물관에 맘모스의 뼈가 전시되어 있을 뿐이다. 그 후에 이 평원을 들소떼가 차지하였으나 오늘날은 거의 사라지고 자연보호구역 근처의 Nine Mile 대초원에서 도보로 여행하며 볼 수 있다.

동부 지방은 미주리강이 흐르는 저지대의 기름진 땅으로 옥수수 재배에 적합한 지역이다. 미주리강의 지류인 Platte강이 서쪽의 록키산맥에서 발원하여 동쪽으로 네브래스카주를 가로지르면서 흐르다가 Omaha 시 인근에서 주의 동쪽 경계를 이루고 있는 미주리강과 합류하고 있다. 동부 지방의 강우량은 작물 재배에 충분하여 옥수수, 콩의 재배가 크게 이루어지고 있다.

네브래스카주의 중앙 지역과 Platte Valley는 서부로 가던 개척자들과 오늘날의 여행객들이 경유해 가는 통로의 역할을 하고 있다. 몰몬 교도들이 지나갔던 Mormon Trail과 Pony Express가 지나다니던 Overland Trail이 네브래스카주를 가로질러 지나고 있다. 1840년대에서 1850년대 동안에는 서부로 가는 수십만 명의 개척자들이 덜거덕거리는 역마차를 타고 유타, 오리건, 캘리포니아를 향해 네브래스카를 통해 갔다. 시간이 지나서 Platte 지역은 동서 간에 물동량이 가장 많은 80번 고속도로의 경로이며, 미국 최초로 건설된 대륙 횡단 철도의 경유지가 되었다. 오늘날 Platte강은 농업용 관개와 레크레이션, 수력 발전, 홍수 조절에 맞춰 통제되고 있다.

네브래스카주의 중앙 지방의 북부 평지에서 51,800sq km를 차지하고 있는 Sand Hills는 지대가 낮고 풀로 뒤덮여 있는 모래 언덕으로 북미에서 가장 넓은 모래 언덕이다. 마치 물결치는 듯한 풍경을 나타내고 있다. 이곳에 있는 수백 개의 조그만 호수와 연못들이 백조, 거위, 오리들에게 먹이와 보금자리를 제공해 주고 있다.

네브래스카주의 서부 지방은 밀이 바람에 물결치는 듯하는 전형적인 평원이다. 이곳은 강우량이 희박하나, 관개를 통해 곡식 재배에 필요한 물을 충분히 끌어들이고 있다. 광활한 평원에서 수많은 소들도 길러지고 있다.

○ 개척 역사

프랑스인 탐험가들이 1739년 Platte강을 따라서 Forks까지 탐험하였다. 네브래스카 지역은 1803년 루이지애나 매입으로 미국이 프랑스로부터 획득한 땅이다. 1804년 Lewis와 Clark이 지나갈 때까지 본격적인 탐험이 거의 이루어지지 않았던 곳이다. 1823년 프랑스인들이 미주리 강변의 Bellevue에 최초의 영구 정착촌을 세웠으며, 다음 해에는 지금의 Omaha에 무역 거점을 만들었다. 1841년에 오리건 지방으로 가던 정착민들이 최초로 네브래스카의 Platte Valley를 통해 지나갔으며, 그 후 1854년에는 몰몬교의 Brigham Young이 교도들을 이끌고 네브래스카를 통해 지나갔다.

1854년에 네브래스카 영토가 정해졌으며 Omaha를 수도로 삼았다. Kansas-Nebraska법이 만들어져 네브래스카가 노예제 찬반의 경계에 놓여 있어 노예제 찬성 주로 할 것인가 노예 자유주를 하여야 할 것인가 논란이 일었다. 노예제 찬성 주의 경계 안에 있게 되어 노예제 찬성 주로 있었으나, 1861년에 주에서 법으로 노예제를 배제하였다.

1860년에는 Pony Express가 네브래스카를 통해 지나가는 Overland Trail을 이용하였으며, 수천 명의 개척자들도 캘리포니아로 가기 위해 Overland Trail을 따라 통과하였다. 1862년 농장법이 통과되어 개척민들은 단지 그들이 말뚝을 박아 구획을 정해 5년 이상 거주할 의사만 있으면 실제로 160에이커의 땅을 무료로 얻을 수 있었다. 그 후 네브래스카에 대홍수가 발생하여 많은 농가들이 폐허가 되었으나 농가를 다시 지을 충분한 나무가 없었다. 이에 개척민들은 잔디 뗏장으로 오두막을 지었다. 집을 지은 잔디 뗏장은 초원의 잔디와 서로 엉켜 지탱하고 있었다. 그 후에 네브래스카 주민들은 토양 보호에 도움이 되도록 나무를 심었다. 이로 인해 Holsey 지역에는 National Forest가 만들어졌으며, 이는 사람들에 의해 나무가 심겨져서 만들어진 유일한 National Forest이다.

1863년 Union Pacific 철도가 Omaha에 도달하였고, Omaha를 주도로 하여 1867년 미국의 37번째 주로 연방에 가입되었다. 1876년 미군 제5 기병대가 800명의 Cheyenne & Sioux 인디언들을 보호구역으로 내보냈다.

○ 주요 산업

네브래스카주는 대표적인 농업주로 여겨져 오고 있으며 농장과 목장이 차지하는 면적이 전체 면적의 97%가량 차지하고 있어 어느주 보다도 점유 비율이 높다. 주로 옥수수, 콩이 재배되고 있으며 소와 돼지가 길러지고 있다. 네브래스카주의 동부 지역은 강우량이 충분하여 옥수수, 콩의 재배가 크게 이루어지고 있는 가운데 귀리, 밀, 알파파 등도 재배되고 있다. 반면 서부 지역은 강우량이 적어 목축과 낙농이 이루어지고 있으며, 관개수로를 통하여 물을 끌어와 작물을 재배하고 있다.

평지의 농부들은 적기에 땅을 깊이 일구어 씨를 심지 않고 그냥 두어 물이 보존되게 하였다가 눈이 녹은 물이 얕은 골을 만들면 얕게 땅을 파서 재배한다. 이러한 농법은 땅을 공기에 덜 노출시킴으로 땅의 수분이 사라지는 것을 줄일 수 있다. 또한 추수 후에 남는 줄기나 그루터기들을 경작지에 그냥 두어 겨울의 눈을 저장하고 봄에는 바람과 햇빛으로 건조해지는 것을 줄이고 있다.

한편 네브래스카주에는 지하수 매장량이 풍부하여 밀, 옥수수, 알파파 등의 재배와 소, 돼지의 목축에 도움을 주고 있다. 네브래스카주에서는 대규모로 소와 젖소의 목축이 이루어짐으로 Omaha가 주요한 소 시장과 가공육센터가 되었다. Omaha는 또한 보험과 통신판매 산업의 중심적인 위치에 있다. 주의 제조업으로는 농업을 기반으로한 식품 가공업이 가장 큰 산업이나, 그 밖에도 전기장치에서 자동차에 이르기까지 다양한 제품들도 생산되고 있다.

○ 관광 명소

Scotts Bluff National Monument: 이곳은 190276 Old Oregon Trail, Gering, NE에 소재하고 있다. 네브래스카주 대평원의 서쪽 끝 지역에 North Platte강이 흐르고 있다. 이 강의 건너편에 높이가 243.8m에 달하는 거대한 바위가 놓여 있다. 모래, 흙, 화산재, 석회석 등으로 이루어져 있는 이 절벽 바위를 이곳에 살았던 Cheyenne와 Arapaho 인디언들이

Me-a-pa-te라고 불렀는데, 이는 둘러보기가 어려운 언덕이라는 의미이다. Scot Bluff는 19세기 개척자들이 포장 마차를 타고 서부로 가는 길을 안내하는 표식이 되었었다.

Agate Fossil Beds National Monument: 이곳은 301 River Rd, Harrison, NE에 소재해 있다. 주의 북쪽을 흐르는 Niobrara river강의 주변 초원에 2개의 황갈색 언덕이 솟아나 있다. 언덕은 보석이 나는 곳은 아니지만 Miocene 포유류 화석이 있어 매우 가치가 있는 곳이다. 대략 2천만 년 전에 이 지역은 너른 초원 지대로 여기 저기 물웅덩이가 흩어져 있었고, 동물들이 떼 지어 살고 있었다. 심각한 가뭄이 생겨 물이 말라져 버렸고 동물들이 죽어 화석으로 변하게 되었다.

Omaha's Great Plains Black Museum: 개척자들의 생활에 대해 많은 것을 배울 수 있다. 오늘날 네브래스카주에는 적은 수의 흑인이 살고 있지만 흑인 개척자와 카우보이들은 서부 개척 역사의 중요한 부분이다.

Stuhr Museum of the Prairie Pioneer: 이 박물관은 U.S. 34과 U.S. 281이 만나는 Grand Island에 소재하고 있으며, 여기에서 옛적 미국 서부 인디언의 가공품과 60채의 건물이 줄지어 있는 농가, 그리고 오랜 전통 복장을 한 사람을 볼 수 있다.

Nevada

○ 일반 소개

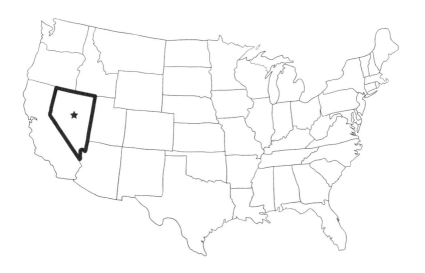

　네바다주는 미국의 서부 지방에 위치해 있으며, 1864년 10월 31일 36번째 주로 연방에 가입하였다. 면적은 284,398sq km로 미국의 50개 주 가운데 7위이며 인구는 3,105천 명으로 32위이다. 주요 도시로는 주도인 Carson City와 Las Vegas, Reno가 있다. 네바다주는 일명 Siver State, Sagebrush State, Mining State라고도 불리운다. 햇빛과 바람에 그슬려지고 깎여진 Mojave Desert 사막과 산봉우리가 눈에 덮혀 있는 Sierra산맥이 있는 네바다주는 극단적으로 대조적인 면이 많은 주이다. 황량한 사막이 있는가 하면 휘황찬란한 도박의 도시가 있고, 땅은 미국에서 7번째로 큰 광활한 주이지만 인구는 매우 희박한 가운데 주에서 가장 큰 2개의 도시 지역에서 모여 살고 있다.

네바다주에는 산맥이 매우 많지만 가장 적은 강우량을 보이고 있으며, 강들이 내륙에서만 흐르다가 소멸되고 있다. 어느 주의 도시보다도 호텔이 많이 밀집되어 있는 반면에 사막에는 사람이 살지 않는 유령 타운들이 많이 있으며, 야생마가 큰 무리를 이루며 살고 있는 땅이다. 인공의 Hoover Dam과 도박의 도시는 Great Basin 국립공원과 Lake Tahoe 호수의 아름다운 자연과 대조를 이루고 있다.

거대한 Hoover Dam과 Mead 인공 호수의 인상 깊은 경치와 건조하고 메마른 땅에 야생 식물로 가득 차 있는 Nevada 사막은 미국 서부의 상징이다. 네바다주는 적은 인구가 살고 있는 주이지만 유명한 장소가 많이 있다. 도박은 네바다주에서는 합법적이며 많은 관광객들이 카지노와 호텔에 모여 도박을 하며 행운을 바라고 있다. 많은 네바다 주민들은 카지노와 호텔에서 종사하고 있으며, 전체 인구의 80% 이상이 도박 중심의 도시인 Las Vegas와 Reno-Lake Tahoe 지역에 살고 있다.

○ 자연환경

네바다주의 대부분이 바람이 많이 불고 군데군데 잡초가 나 있는 황량하고 메마른 불의 사막 지대이다. 서부와 남서부로는 캘리포니아주와 접해 있고, 동쪽으로는 유타주, 남동쪽으로는 애리조나주와 접해 있다. 북쪽으로는 아이다호주와 경계를 두고 있다. 네바다주는 서쪽의 Sierra

Nevada산맥과 Rocky산맥 사이에 있는 Great Basin의 중심에 놓여 있으며, 하나의 분지가 아니고 적어도 90개 이상의 분지로 이루어져 있다. 500피트 이상의 높은 고원 지대가 계곡에 의해 교차되고 있다. 가장 깊은 계곡인 Death Valley는 일부만 네바다주에 속해 있고 대부분은 캘리포니아에 속해 있다. 남쪽 끝부분에는 Sonoran 사막이 놓여 있고, 북동쪽 코너에는 Columbia고원 지대가 있다. 서쪽에는 시에라 네바다산맥의 일부가 캘리포니아주와 서쪽 경계를 이루고 있다.

네바다주가 거대한 분지에 놓여 있어 강들이 바다로 이어지지 않고 호수로 흘러들거나 넓고 얕게 파져 있는 웅덩이로 들어간다. 네바다주의 대부분의 강들은 우기의 한철에만 물이 흐르고 오랫동안 말라 버려져 있다. 우기에 고인 물이 여름에는 말라 버려 땅표면이 갈라지거나 소금기 있는 진흙의 평지를 남긴다. 반면, 네바다주의 광활하고 건조한 분지를 둘러싸고 있는 산간에서는 숲으로 둘러싸인 호수들이 있다. 그 가운데에는 깊고 아름다우며 깨끗하고 푸른색을 띤 Lake Tahoe가 캘리포니아와의 경계에 있다.

서쪽에 있는 시에라네바다산맥이 태평양에서 불어오는 습기 찬 바람을 막고 있어 네바다주를 가장 건조한 땅으로 만들고 있다. 매년 평균 강우량이 23cm에 불과하여 경작이 어려우며, 덤불이 퍼져 있고 다소 지대가 높은 곳에서는 관목이 자라고 있다. 드문드문 정착된 마을에서는 너무나 건조해서 농사를 지을 수는 없고 소, 말, 양들을 목축하고 있다.

미국 동부의 뉴욕시에서 서부의 샌프란시스코까지의 2차선 고속도로를 만들기에 충분한 콘크리트가 쓰여져 만들어진 Hoover댐이 있다. 이는 Colorado강의 물줄기를 막아 수력발전도 하며 관개로 이용되고 있으며, 후버댐으로 생겨난 Lake Mead, Lake Mohave는 미국에서 가장 큰 레크레이션 지역이 되어 있다. 또한 네바다에서 가장 큰 인공 호수인 Lake Mead가 있다.

○ 개척 역사

수천 년 동안 Paiute, Shoshone, Washoe 인디언 부족들이 사냥으로 생활하기 위해 무리를 지어 네바다를 떠돌아다녔다. 1770년대 스페인 수도사들이 스페인 정착민들 사이의 소통과 인디언들을 기독교로 개종시키기 위해 그들을 만나려고 뉴멕시코에서 캘리포니아에 이르는 네바다의 오솔길을 열심히 오갔다. 1775년 프란시스코 수도사인 Francisco Garces가 캘리포니아로 가는 길에 네바다를 통해 지나갔다. 그 후 약 50년이 지나 미국인과 캐나다인인 사냥꾼들이 Humboldt강을 따라서 사냥을 하였으며, 1840년대 초기에는 캘리포니아로 가는 수많은 이민자들이 네바다를 가로질러 지나갔다. 1843년에서 1845년까지 Fremont가 수차례 네바다를 탐험하였다.

1848년 미국과 멕시코와의 전쟁이 종식되면서 멕시코와 맺은 Guadalupe-Hidalgo조약에 따라 네바다가 캘리포니아의 Washoe카운티로 불리며 미국에 편입되었다. 1849년 Carson강 유역의 Genoa에 네바다 최초의 정착촌이 세워졌다. 1850년에는 현재의 네바다 영토가 대부분 포함되어 유타 지방의 일부로 변경 되었다.

1850년대 몰몬 교도들이 Las Vegas와 여타 지역에 정착하여 가축을 기르고 관개수로를 만들어 불모의 땅에서 곡식을 수확하였다. 캘리포니아의 골드러시 때에는 금을 캐러 가는 수천 명의 탐광자들이 네바다를 가로질러 캘리포니아로 들어갔다. 1859년 가장 많은 금속 성분이 함유된 Comstock Lode가 네바다에서 발견되면서 수천 명의 이주자들이 들어왔다. 이들은 처음에는 금을 채굴하러 왔고 다음에는 은을 찾아 들어왔다.

1861년 유타주와 워싱턴주의 경계가 정해져 나누어질 때에 네바다의 영토도 결정되었으며, 1864년 미국의 36번째 주로 연방에 가입되었다. 1880년대에 광물이 고갈되어 대부분의 광산 마을이 유령 마을이 되었다. 그 후에 다른 곳에서 금과 은이 발견되었다. 그러나 오늘날의 네바다 경제는 광물보다는 관광업에 더 많이 의존하고 있다. 1931년에 네바다주는 도박을 합법화함에 따라 Reno와 Las Vegas가 도박의 중심 도시가 되었다.

○ 주요 산업

오늘날 네바다주는 도박이 합법화된 주로 관광업이 네바다주 경제의 핵심 분야이다. 도박이 합법회되어 있는 가운데 Las Vegas와 Reno에 수많은 호텔 등 관광 기반이 잘 갖추어져 있어 매년 수백만 명의 관광객들이 찾아오고 있다. 한편 Lake Tahoe, Lehman Cave, Death Valley와 같은 아름답고 신비한 자연과 Virginia 유령 마을, Lake Mead, Hoover Dam과 같은 인공 구조물들도 매력적인 관광지이다. 이들 관광객들로부터의 관광 수입이 주 전체 수입의 절반을 상회하고 있다. 그 밖의 산업으로는 도박장치 제조와 광산업이 있다. 네바다주는 미국 전체의 금 채굴에서 절반을 차지하며 은 생산도 2위이다. 또한 수은을 생산하는 유일한 주이기도 하다.

댐의 덕택으로 약간의 농업 활동도 있다. 1936년 준공된 후버댐으로 관개가 가능해져, 알파파, 토마토, 귀리, 보리, 밀 농사가 가능해졌다. 또한 댐에서 전기도 생산하고 있다. 네바다주의 땅의 대부분이 광산 업자들이나 목장주들에 의해 소유되어 있지 않고 미국 정부가 소유하고 있다. 1950년대에 네바다주에서 지하 핵무기 실험이 최초로 이루어졌으며 지금도 핵 발전에 기여하는 중요한 지역이다.

○ 관광 명소

Great Basin National Park: 공원은 100 Great Basin National Park, Baker, NV에 소재하고 있으며 규모는 121sq miles(313sq km)이다. 네바다주 동부의 가장자리에 있는 Great Basin 국립공원은 사막의 바닥에서 극적으로 5,300피트로 솟아나 있어 실제로 사막과 산들의 서양 장기판과 같은 모양을 나타내고 있다. 여기에는 수령이 가장 긴 나무의 일종인 bristlecone pines 나무가 숲을 이룬 한가운데에 수령이 4천 년 된 소나무들이 서 있으며, 40여 개의 동굴들이 있다. 키가 작은 나무 숲속에 놓여 있는 Lehman 동굴의 안에는 복잡하게 꼬여 있는 통로로 수많은 동굴방으로 연결되어 있다. 각각의 방에는 기반 암석인 대리석의 사이로 스며나온 물과 탄산에 의해 정교하게 깎여져서 만들어진 돌 조각품들이 있다.

Las Vegas: 사막의 평원에 밤이 되면 방해를 받지 아니하고 반짝이는 수많은 불빛과 수많은 사람들을 보면 놀라움을 금치 못한다. 오늘날 최고 수준의 박물관과 테마파크의 매력뿐만 아니라 세계 최고 수준의 거대한 리조트와 레스토랑을 갖추고 있다.

Valley of Fire State Park: 공원은 29450 Valley of Fire Rd Overton, NV에 소재하고 있다. Mead 호수에서 북동쪽으로 55마일 지점에 있으며 환상적인 경치를 나타내 주고 있다. 바위에 그림이 그려진 것 같은 다양한 색깔의 바위를 볼 수 있다.

Hoover Dam: 댐은 Route 93, Boulder City, NV에 소재하고 있다. 1930년대 Colorado강에 세워진 댐으로 727피트 높이의 콘크리트로 만든 웅장한 댐으로 수력발전을 생산하고 있다.

Lake Tahoe: 산 정상에 있는 호수로 여름에는 등산과 낚시, 수상스키, 자전거를 탈 수 있고, 겨울에는 스키, 스노우보드 등을 즐길 수 있다.

Pony Express National Historic Trail: 19세기 중반 서부 개척이 한창인 때에 Pony Express가 먼 거리로 가는 편지를 전하는 가장 효율적인 전달 수단의 하나였다. 오솔길을 걸으며 역사적인 사실을 만나고 황야의 경치를 볼 수 있다.

New Hampshire

○ 일반 소개

　뉴햄프셔주는 미국 북동부의 뉴잉글랜드 지방에 속해 있으며, 1788년 6월 21일 9번째 주로 연방에 가입하였다. 면적은 23,230sq km로 미국의 50개 주 가운데 44위이며 인구는 1,378천 명으로 41위이다. 주요 도시로는 주도인 Concord와 Manchester, Nashua가 있다. 뉴햄프셔주는 일명 The Granite State, White Mountain State, Mother of Rivers라고도 불리운다. 자유가 아니면 죽음을 달라는 유명한 말은 뉴햄프셔주를 상기하는 단어로 이는 식민지 시절 영국의 지배에 저항하며 주창했던 말이다.

오늘날도 뉴햄프셔주의 바닷가, 눈 덮인 산, 즐비한 호수, 뉴잉글랜드의 전통적인 작은 마을을 다녀 보면 무척 자유로워 보인다.

뉴햄프셔주는 화강암의 주라고도 불리어지고 있다. 이는 뉴햄프셔주의 땅이 울퉁불퉁한 화강암으로 이루어져 있기 때문만이 아니라, Yankee의 완고한 불굴의 정신에서도 연유하고 있다. 뉴햄프셔주는 그들이 지닌 최고를 자랑스러워하고 있다. 미국의 북동부 지방에서 가장 높은 산인 Mount Washington산이 뉴햄프셔의 경계를 이루고 있으며, 뉴잉글랜드 지방에서 가장 긴 강인 코네티컷강의 발원지이기도 하다. 한편 뉴햄프셔주는 4년마다 이루어지는 미국의 대통령 선거 때가 되면 첫 번째 예비선거가 이곳에서 열리는 것을 소중히 여기고 있다.

미국의 독립선언서가 조인되기 6개월 전인 1776년 1월에 뉴햄프셔의 의회가 공식적으로 그들의 독립을 선언하였고, 독립 정신을 강렬하게 지녔던 본고장다운 전통을 이어 오고 있다. 뉴햄프셔주는 미국의 헌법을 9번째로 비준하며 새로운 국가 건설에 큰 역할을 했다. 18세기와 19세기에는 선박 제조, 섬유 생산, 화강암 채석 등으로 뉴햄프셔주가 부유하게 되었다. 남동부 지역에 아름답게 복원된 대저택들이 그 당시 번영했던 모습을 나타내 주고 있다.

○ 자연환경

뉴햄프셔주는 뉴잉글랜드 지방에서 산이 가장 많은 주이며, 가장 규모가 큰 스키장들이 있다. 반면 미국 동부 해안에 접해 있는 주들 가운데에서 가장 짧은 해안선을 갖고 있다. 뉴햄프셔주의 85% 이상이 숲으로 뒤덮혀 있다. 나무가 많은 산악의 경치는 매년 수많은 관광객을 불러오고 있다. 여름철은 짧고 겨울철은 7개월간 지속되고 있다. 봄이 되어 얼어 있던 수백여 개의 폭포가 녹기 시작한다. 얼음이 녹으면 길이 진흙으로 변해 걸어 다니기에 무척 불편하다. 길이 진흙으로 바뀌어지기 전에 각종 회의나 투표 등이 이루어진다. 매년 3월 첫째 화요일에 뉴햄프셔주의 여러 타운들에서 식민지 시절의 뉴잉글랜드 풍습을 관람할 수 있다.

뉴햄프셔주는 크게 3개 지역으로 나눌 수 있다. 북쪽 지방을 가로질러 White Mountains산맥이 놓여 있으며, 여기에서 수백만 년 전에 만들어진 빙하가 뒤덮여 있는 협곡들을 볼 수 있다. 또한 이 산맥에는 미국의 북동부 지방에서 가장 높은 Mount Washington산이 있다. Mount Washington산은 사나운 바람이 불어오는 곳으로 유명하며, 시속 200마일의 바람이 불었던 것으로 기록된 적도 있다.

중앙 지역에는 호수들로 가득 차 있다. 호수들 가운데 인디언 말로 smiling water를 의미하는 Winnepesauk 호수가 유명하다. 이 지역에는 나무숲들과 주요 도시인 Manchester, Nashua, Concord시가 있다. 본래 Moor's Indian Charity School이 있었으며, 오늘날 IVY대학들 중 하나인 Dartmouth대학이 소재하고 있다.

뉴햄프셔주의 중요한 강으로 Conneticut강과 Merrimack강이 있다. 이들 강은 북부에서 시작되고 있다. 코네티컷강은 카나다와의 국경에서 불과 수백 야드 떨어진 수렁 지대에서 시작되어 남쪽으로 흐르면서 버몬트주와 경계를 형성하고 있다. 메리맥강은 수 많은 지류와 1000개가 넘는 호수를 거치며 흐르고 있다. 코네티컷강과 메리맥강 유역의 나무가 우거진 언덕 아래의 초원에서 젖소들이 풀을 뜯어 먹고 있다.

○ 개척 역사

오늘날의 뉴햄프셔주 영토에는 Asmokeag, Nashua, Ossipee, Pennacook, Pequawker, Piscataqua, Squamscot, Winnipe-Saukee 등 여러 인디언 부족들이 살고 있었다. 그들 부족의 이름들이 뉴햄프셔주의 많은 도시와 수로 등에 사용되고 있다. 이곳에 온 첫 번째 유럽인은 영국인 선장인 Martin Pring으로 보여진다. 그는 1603년에 Piscataqua강을 따라 거슬러 올라가서 오늘날의 Portsmouth 근처에 상륙하였다. 1605년에는 프랑스인 탐험가 Samuel de Champlain이 뒤따라 들어왔으며, 그 뒤를 이어 1614년 영국인 선장인 John Smith가 들어왔다. 초기의 정착민들은 영국에서 온 이민자들로서 1623년 Portsmouth와 Dover에 타운들을 세웠다.

원주민들과 새로운 정착민들 사이에 종종 폭력이 발생하였다. 1627년 인디언 지도자인 Passaconaway는 17개의 인디언 부족들을 연합하여 백인들과 평화를 희망하며 Penacook 동맹을 결성하였다. 그러나 1675년 인디언 추장인 King Philip이 유럽인의 침략에 저항하여 백인들의 농장과 마을들을 계속적으로 급습하였다. 더우기 프랑스와 인디언의 전쟁으로 더욱 많은 인디언의 급습이 이루어졌으며, 1759년 인디언들이 패망할 때까지 습격이 계속되었다.

반면에 영국인 식민지 주민들은 뉴햄프셔의 해안을 따라 정착하였다. 1629년에 영국 왕실 해군의 John Mason 해군 대령이 뉴햄프셔 지역을 할양받아 그의 어린 시절의 고향인 Hampshire 지방의 이름을 따라 이름을 지었다. 1640년 매사추세츠와 영토 논쟁을 하였으며, 1679년 뉴햄프셔는 자체적으로 분리된 지방을 수립했다. 1686년 the Dominion of

New England의 일부 지방이 되어 Edmond Andros 경의 통치를 받았다. 뉴햄프셔는 미국의 독립선언이 이루어지기 7개월 전인 1776년 1월 5일 그들 자신의 독립적인 공화국을 구성하였다. 뉴햄프셔가 미국 헌법에 서명할 때까지는 미국은 공식적으로 존재하지 않았다. 1777년 8월 16일 뉴햄프셔의 Stark 장군이 Bennington에서 영국 군대를 물리쳤으며, 1788년 뉴햄프셔가 미국 헌법에 9번째로 서명함으로써 미국을 만든 진정한 주가 되었다.

19세기 동안 뉴햄프셔는 영국과 북동부 경계를 놓고 논쟁을 이어갔다. 결국 1842년 Daniel Webster에 의해 체결된 유명한 Webster-Ash-burton협정으로 경계가 확정되었다. 최초로 뉴햄프셔주 출신인 Franklin Pierce가 1852년 대통령으로 선출됨으로 뉴햄프셔주가 국가적인 관심을 받게 되었었다.

○ 주요 산업

뉴햄프셔주의 북동쪽 지역을 비롯해 많은 부분의 땅이 굳어 있고 돌이 많으며 척박하여 농사짓기에 적합하지 않다. 주로 코네티컷강 유역에서 낙농, 건초, 사과, 토마토 등이 생산되고 있다. 전체 면적의 80%가 숲으로 덮혀진 시골 지방이지만, 주민들은 주로 제조업에 종사하며 생활하고 있다.

미국에서 몇몇 공장들은 뉴햄프셔에서 최초로 세워졌다. 수력을 제공하고 쉽게 이동할 수 있는 강들을 따라 강변에 조그만 공장과 제분소들이 만들어졌다. 직물과 의류, 신발, 펄프와 종이가 생산되었다. 맨체스타에서는 세계에서 가장 큰 직물 공장이 세워졌다. 최근에는 직물 생산보다는 하이테크 산업에 더 의존하고 있다. 컴퓨터와 소프트웨어의 많은 회사들이 주정부의 낮은 세금 부과와 매사추세츠주의 보스턴을 벗어나려는 회사들이 새로운 거처를 찾아 뉴햄프셔주로 유입되고 있다.

뉴햄프셔주의 채석장에서는 기념비나 공공건물에 쓰이는 화강암 채석이 이루어지고 있다. 수많은 국립 기념비 제작과 의회 도서관 건축에도 제공한 적이 있다. 뉴햄프셔주의 단단한 나무의 숲에서 목재가 생산되며, 단풍나무에서는 팬케이크에 쓰이는 당밀이 채취되고 있다.

뉴햄프셔주에 속한 바다 해안의 길이는 29Km에 불과하여 해안과 접해 있는 미국의 주들 가운데 가장 짧다. Portsmouth는 수심이 깊은 항구로 주에서 가장 오래된 정착지이다. 1630년에 세워진 포츠머스는 조선업으로 알려져 있다. 1800년에 미국 해군이 이곳에 첫 번째 조선소를 만들어 제1차 세계 대전에 쓰인 잠수함을 진수시킨 곳으로 오늘날에도 잠수함의 제작과 수리가 이루어지고 있다.

○ 관광 명소

White Mountain National Forest: 이곳은 71 White Mountain Dr, Campton, NH에 소재하고 있으며 규모는 1,225sq miles(3,172sq km)이다. 뉴햄프셔주의 동부와 메인주의 서부를 가로질러 놓여 있는 공원에는 산과 강, 호수 등이 있으며, 캐나다 국경까지 뻗어 있는 야생 숲은 6개의 야생 지역으로 나뉘어져 있다. White산맥에 있는 Washington산은 뉴잉글랜드에서 가장 높으며, 가을의 단풍과 겨울의 눈 덮힌 풍경은 한 폭의 그림처럼 아름답다. 산 정상의 극단적인 날씨 변화도 유명하다.

Canterbury Shaker Village: Winnipesaukee 호수의 남쪽에 있으며, 19세기의 공동체의 역사를 볼 수 있다. 당시의 수공예품과 단순한 생활 양식은 오늘날에도 많은 느낌을 준다.

Saint-Gaudens National Historic Site: 미국의 조각가 Augustus Saint-Gaudens의 작업장이 있던 곳이다. 그는 그의 수많은 공공 대중을 위한 작품들로 가장 잘 알려진 인물이다. 1885년에서 1887년까지에 재단장된 그의 집과 아름다운 정원에서 1900년부터 1907년 죽을 때까지 살았다. 수백 점의 그의 작품들이 이곳 주변의 전시관에 전시되고 있다.

New Jersey

○ 일반 소개

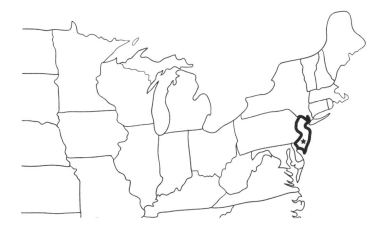

　뉴저지주는 미국의 북동부 지방에 속해 있으며, 1787년 12월 18일 3
번째로 연방에 가입하였다. 면적은 19,215sq km로 미국의 50개 주 가운
데 46위이며 인구는 9,289천 명으로 11위에 있다. 주요 도시로는 주도인
Trenton과 Newark, Jersey City, Paterson이 있다. 뉴저지주는 일명 The
Garden State, the Clam State라고도 불리우고 있다. 뉴저지주는 면적이
매우 작은 주의 하나이지만 인구 밀도는 미국에서 3번째로 매우 높다.
특히 북쪽 지역은 미국에서 가장 붐비는 곳으로 유료 도로를 따라 타운
과 도시들이 연결되어 있다. 전체 뉴저지 인구의 거의 90%가 Newark,

Jersey, Patterson, Elizabeth 같은 도시 지역에 살고 있다.

뉴저지주는 대서양의 중부 해안에 접해 있으며 미국에서 가장 큰 도시인 뉴욕시와 필라델피아 사이에 끼어 있다. 워싱턴 D.C.로 부터 캐나다에 이르는 제조업 벨트의 중앙에 놓여 있으며 가장 산업화가 이루어져 있다. 화학, 의료 공장에서부터 구리, 석유 정제에 이르기까지 많은 분야의 공장들이 밀집되어 있다. 뉴저지주의 북쪽 은 가장 인구 밀도가 높은 뉴욕과 경계를 이루고 있다. Garden State로도 불리우는 뉴저지주는 도시 지역으로 들어가는 회랑 지대이기도 하지만 구릉진 농장 지대와 멋진 모래 해변, 놀라운 야생의 자연도 지니고 있다.

한편 미국의 독립 전쟁 기간에는 거의 100개의 전투가 뉴저지에서 있었다. 그 가운데 가장 유명한 장소로 Trenton을 들 수 있다. 1776년 크리스마스 밤에 George Washington 장군과 그의 부하들이 여기에서 얼음이 꽁꽁 얼어붙은 Delaware강을 가로질러 건너가 전투에서 승리하였다. 유명한 그림인 〈Washington Crossing the Delaware〉에서의 장소가 바로 이곳이다. 지금도 Trenton에 있는 군인 막사에서는 워싱턴 장군의 병사들이 졸고 있는 영국의 용병들을 깜짝 놀라게 하는 것을 재현해 보이고 있다. 또한 Crossing State Park에서는 크리스마스에 강을 건너는 것을 재현해 보여 주고 있다.

○ 자연환경

Kittatinny산맥이 있는 뉴저지주의 북쪽 지역은 Appalachian고원 지대를 형성하고 있다. 북서쪽 코너에는 애팔래치아산맥의 능선을 따라서 56km 길이의 Kittatinny산이 놓여 있으며, 산 정상에는 참나무, 단풍나무, 물푸레나무 등이 덮여 있는 넓고 평평한 고원 지대를 이루고 있다. 주 전체에 800여 개의 호수 또는 연못이 있으며, 이 가운데 많은 호수들이 키타티니산 근처에 자리 잡고 있다. 빙하 암석과 자갈이 많이 섞여 있는 토양과 급격한 경사를 이루는 지형으로 인해 대규모의 농사가 어려워 대부분의 농부들이 낙농이나 가금류를 기르고 있다. 석회석 성분의 흙으로 되어 있는 산기슭의 작은 언덕들에는 풀들이 무성하게 자라고 있어 말들이 양육되고 있는 시골이다.

Delaware강이 펜실베이니아주와 서쪽 경계를 이루며 흐르고 있다. 강의 북쪽에 있는 키타티니산을 지나며 깊게 잘려져서 기묘하게 꼬여져 있는 작은 길인 Delaware Water Gap이 있다. 뉴욕시의 바로 맞은편의 Hudson강을 따라서 경사가 가파른 절벽인 Palisades를 볼 수 있다. 뉴욕시와 가까운 키타티니산의 동쪽 산기슭 언덕들에서는 젖소 농장이 있는 전원적인 마을들이 놓여 있다. 여기에서 초기 개척자들을 회상해 볼 수 있는 마을과 첨탑 모양의 흰색 교회를 볼 수 있다.

Appalachian산맥의 남동쪽에는 기름진 Piedmont 평원 지대가 놓여 있다. 더욱 남쪽으로는 소나무, 참나무의 숲과 습지로 이루어져 있다. 대서양이 뉴저지주의 동부 해안을 둘러싸고 있으며, Delaware만은 델라웨어주와 남쪽의 경계를 이루고 있다. 뉴저지주의 남부는 대부분이 해안을 낀 평지로 농사짓기에 적합하다.

뉴저지주는 거의 완벽하게 물로 둘러싸여 있으며, 뉴욕에 있는 Hudson강의 항구와 펜실베이니아주에 있는 Delaware강 하구의 항구를 함께 사용하고 있다. 뉴저지주의 절반 이상이 해안의 평지와 여름철에 휴양객을 부르는 하얀 모래 해변을 갖고 있다. 대서양 해안을 따라서 유명한 Jersey Shore가 있는데, 이 해변은 12마일에 이르는 모래사장으로 군데군데 휴양 리조트들과 오락 공원들이 있다. 더욱 남쪽에는 Atlantic City가 있는데, 이 도시는 동부 해안의 유명한 도박 도시이다.

○ **개척 역사**

유럽인이 뉴저지에 도착하였을 때 Leni-Lanape라 불리는 원주민과 마주쳤다. 1609년 Henry Hudson은 Hudson강을 거슬러 올라가며 항행하였으며, 1614년에는 Cornelius May가 Delaware강을 탐험하였다. 1617년 네델란드인들이 Bergen에 정착하였다. 곧 이어 스웨덴 사람들이 저지대인 Delaware에 정착하여 원주민들로부터 현재 뉴저지의 많은 땅을 사들였다. 이어서 네델란드인들이 들어와 정착하면서 1655년에 스웨덴 정착민들을 내쫓았다.

1664년에 영국인들이 네델란드로부터 뉴저지 지역을 차지하여 그들의 식민지로 삼았다. 영국의 Charles 2세 왕이 그의 형제이며 York의 공작인 James에게 하사했으며, James는 다시 Berkeley와 Carteret에게 양도하였다. 이들에게 양도되었을 때 섬의 이름이던 Jersey를 따라 이름을 지었다. Jersey는 영국 해협에 있는 섬으로 Carteret가 태어나고 나중에 이 섬의 총독 대리를 하였으며, 아메리카에 있는 Jersey를 New Jersey라고 이름을 지었다.

1673년 네델란드가 다시 뉴저지를 지배하였으나 다음 해인 1674년 Westminster조약에 따라 영국이 다시 차지하게 되었다. 1676년 뉴저지는 Berkley의 요구로 서부와 동부로 나뉘어졌으며, 뉴저지의 서부는 퀘이커 교도들의 재산이 되었고, 동부는 Carteret의 소유로 남게 되었다. 1682년 William Penn이 서부와 동부 뉴저지를 사들였다. 1702년 영국 왕실의 식민지로 되면서 동부와 서부가 합쳐졌다. 1736년까지 뉴저지는 New York 통치권자의 지배 아래 있었으나, 13개 식민지의 하나로 분리되어 미국 독립을 위한 투쟁에 크게 기여했다.

○ 주요 산업

뉴저지주에는 1만 개 이상의 농장이 있고, 블루베리, 복숭아, 크랜베리를 포함한 100종류에 이르는 다양한 과일과 채소를 생산하고 있다. 미국 독립 전쟁 동안 뉴저지주에서 100여 개의 전투가 있었다. 뉴저지의 농장에서 전쟁을 수행하는 군인들에게 음식물을 제공하며 독립을 쟁취하는 것을 적극 도왔다. 이로 인해 뉴저지주가 Garden State로 불리게 되었다.

뉴욕시를 가로질러 흐르는 Hudson강을 따라서 Palisade의 가파른 절벽이 있으며, 그 남쪽으로 해안 평지가 있다. 이곳 농장에서는 정원에서 생산되는 과일과 채소가 주로 생산되고 있으며, 여기서 제배된 과일과 채소는 필라델피아와 뉴욕시 주민들에게 공급되고 있으며, 특히 뉴저지주의 토마토와 옥수수, 딸기, 복숭아는 유명하다.

뉴저지주 해안에서는 푸른 빛깔의 전갱이류, 가자미, 조개, 대게, 대합조개 등 각종 생선과 조개류가 어획되고 있다. 한편 100마일이 넘는 모래 해변에는 휴양 리조트가 군데군데 세워져 관광객을 부르고 있다.

뉴저지주는 기업에 호혜적인 정책을 펼치고 지리적으로도 대서양 연안의 주들 가운데 중앙에 위치해 있어 다양한 산업과 상업이 발달해 있다. 15,000개 이상의 기업들이 미국에서 인구 밀도가 매우 높은 뉴저지주와 이웃 주들에게 제품을 공급해 주고 있다. 화학제품과 의약품 분야에서 선도적인 위치에 있으며, 전자, 전기장치, 기계류, 인쇄, 석유 정제 산업도 활발하다.

○ 관광 명소

Great Swamp National Wildlife Refuge: 이곳 야생 보호지역은 32 Preasant Plain Rd, Basking Ridge, NJ에 소재하고 있다. 1960년도에 설립된 야생보호지 시스템으로 현재 미국 내에 550여곳의 야생보호구역이 있다. 이곳도 그중 하나로서 1966년 5월 국립 자연보호구역으로 지정되었다.

Pinelands National Reserve: 미국의 첫 번째 국립 보존 지역으로 뉴저지주의 거친 야생의 모습을 맛볼 수 있다. Chatsworth 근처에 소재하며 110만 에이커 규모의 자연 보존 지구이다. 수백 개의 샛강과 시내가 있어 카누를 타기에 알맞는 장소이다.

Thomas Edison National Historical Park: 공원은 211 Main St. West Orange, NJ에 소재하고 있다. 이곳 공원은 토마스 에디슨의 작업실과 주거지가 있었던 장소로서 당시 에디슨의 발명품은 세계 사람들의 생활에 큰 충격을 주었다. 1847년 출생한 에디슨은 생애에 수많은 발명품을 만든 가운데 가장 유명한 3가지의 발명은 전화기와 전등, 영화를 들 수 있다.

Molly Pitcher's Spring: 이곳은 Wemrock St. off Route 522 in Freehold 에 소재하며 미국의 독립 전쟁 때의 유명한 여장부였던 Mary Hays를 기념하고 있다. 그녀는 목말라 하는 전투 군인들에게 물을 날라다 주었다. 물을 원하는 군인들이 그녀를 부를 때에 Molly, pitcher라고 부른 데에서 별칭을 얻게 되었다.

New Mexico

○ 일반 소개

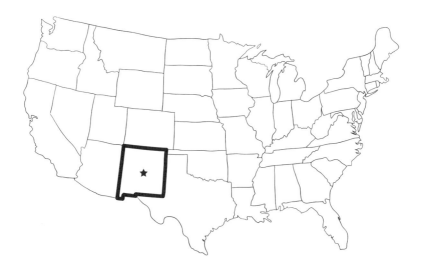

　뉴멕시코주는 미국의 남서부 지방에 위치해 있으며, 1912년 1월 6일 47번째의 주로 연방에 가입하였다. 면적은 314,333sq km로 미국의 50개 주 가운데 5위이고 인구는 2,118천 명으로 36위이다. 주요 도시로는 주도인 Santa Fe와 Albuquerque, Las Cruces가 있다. 뉴멕시코주는 Land of Enchantment, the Cactus State, the Spanish State 등으로도 불리우고 있으며, 주의 명칭에서 보듯이 매우 흥미로운 곳으로 다른 나라인 것 같은 생각이 드는 특별한 문화와 독특한 매력이 있다.

뉴멕시코주는 서로 대조적인 모습이 공존해 있는 땅이다. 흰 모래 사막과 숲이 울창한 산을 뽐내는가 하면 끝없이 넓은 평원과 탁자처럼 생긴 거대한 바위산, 평원에 고립된 산들이 상반된 경치를 나타내고 있다. 또한 깊은 계곡과 기름진 들판이 어우러져 있다. 19세기 말엽에는 텍사스 주민들이 이곳으로 이주해 와 정착하였다. 오늘날 소를 키우는 목장과 석유 채굴장, 조그만 타운과 도시들 그리고 군대 주둔지 등이 있어 마치 이웃의 텍사스주와 비슷한 면이 많아 작은 텍사스라는 별명을 갖고 있다.

뉴멕시코주는 여러 인디언 부족들의 근거지였다. 각각의 부족들은 독특한 자신들의 축제의 날을 갖고 있으며, 서로 다른 관습과 전통을 갖고 있다. 한편 초기에 정착하였던 스페인 사람들과 멕시코인들의 생생한 식민 역사가 숨 쉬고 있으며, 여기에 인디언과 미국인의 문화가 혼합되어 있다. 미국의 남서부 지방을 여행하는 관광객들에게 뉴멕시코주는 다소 거칠어 보일 수 있으나 매우 매력적인 땅이다.

○ 자연환경

뉴멕시코주의 동부 지역은 광활한 평원으로 평평하고 끝없이 펼쳐진 초원 지대이다. 중앙 지역에는 록키산맥의 남쪽 끝 돌출부가 뻗어 있어 지대가 갑자기 솟아나 있다. 서부 지역은 콜로라도 고원 지대로 지대가 높으며, 메마르고 드넓은 광야를 보이고 있다. 남쪽과 남서쪽 지역은 전형적인 불모지에 가까운 평원으로 다양한 색깔을 띤 사막과 단단해 보이는 거대한 암석들이 놓여져 있다.

주민들은 뉴멕시코에 있는 White Sands 사막과 숲이 무성한 산, 끝없이 펼쳐진 초원과 거대한 메사와 홀로 외떨어져 있는 산, 깊은 계곡과 기름진 들판 등 대조적이며 다양한 모습을 보이는 그들의 자연을 자랑스러워하고 있다. Carlsbad Caverns는 세계에서 가장 넓은 동굴로 자연의 신비로움을 더해 주고 있다. 콜로라도주의 록키산맥에서 발원한 Rio Grande강이 북쪽에 있는 Sangre de Cristo산맥과 Sierra Nacimiento산맥의 측면을 통해 뉴멕시코주를 관통하며 남쪽으로 흐르다가 Basin과 Range지역으로 흘러 들어간다. 강에는 댐이 세워져 수력발전이 생산되고 있으며 관개시설을 통해 작물 재배가 이루어지고 있다.

뉴멕시코주에는 18개의 분리된 인디언 마을들이 있다. 이들은 그들의 부족별로 통치되고, 그들 각각의 고유한 역사적인 건물을 갖고 있다. Laguna 부족은 여러 지역에 퍼져 있는 6개의 마을을 구성하고 있으며 도자기류로 유명하다. Acomo 부족의 거주지는 매력적인 Mesa 근처에 있다. 이 메사는 하나의 통으로 된 돌이며 높이가 400피트이고 윗면이 평평하게 되어 있다. Cochiti 인디언 거주지는 의식적인 춤과 북, 이야기를 구수하게 하는 인형으로 유명하다. Isleta에 있는 인디언 거주지에는 스페인 식민지 시절의 오래된 선교 건물이 있고, 밤마다 빙고 게임이 열리고 있다. Jemez 인디언 거주지에서는 용설란과에 속한 Yucca 잎으로 엮은 바구니로 유명하며, San Juan de Jemez 선교 건물을 볼 수 있다. Juni 인디언 거주지는 가장 규모가 크며 청록색과 은색의 보석으로 유명하다.

뉴멕시코주에 Navajo 인디언 보호구역이 있다. 이는 미국에서 가장 규모가 큰 인디언 집단 거주지로서 보호 구역의 넓이가1,600만 에이커에 이르고 있으며, 유타주와 애리조나주 쪽으로 뻗어 있다. 또한 Jicarilla Apache와 Mescalero Apache 인디언 보호구역도 있다.

○ 개척 역사

뉴멕시코에는 원주민인 Navajo, Apache, Zuni, Kiowa 등 인디언 부족들이 살고 있었다. 1536년에서 1581년 사이의 여러 시기에 걸쳐 멕시코로부터 온 스페인 사람들이 뉴멕시코의 여러 지역을 탐사하였다. Francisco Coronando가 1540년에 금을 찾아 뉴멕시코 지역을 가로질러 탐험하였으며, 곧이어 스페인 정착민들이 들어왔다. 1598년 Juan de Onate가 San Gabriel에 최초의 유럽인 정착촌을 세웠다. 그들은 원주민들인 인디언 부족들과 어울리기도 하고 다투기도 하였다. 1610년 미국에서 가장 오래된 타운인 Santa Fe를 해발이 거의 7000피트인 높은 곳에 세웠다. 1680년에 인디언 폭동이 일어나 스페인 정착민 400명 이상이 살해당하였으며, Santa Fe가 포위되었다. 그러나 1692년 스페인 사람들이 그 지역을 되찾았으며 유럽인 정착민들도 안정되었다. 18세기의 뉴멕시코의 역사에는 별다른 사건이 없었다.

1821년 멕시코의 독립이 이루어진 후 뉴멕시코는 멕시코의 히니의 지방이 되었다. 1848년 Guadalupe-Hidalgo조약에 의해 뉴멕시코가 미국에 양도되었으며, 그 이후로 미국인의 정착이 지속적으로 이루어졌다. 1850년 미국 의회에 의해 뉴멕시코 지역 정부가 만들어져 1851년 3월 3일 발효되었다. 1853년 멕시코와의 Gadsden Purchase로 멕시코로부터 경계 지역의 땅을 획득하였다.

1886년 Apache 원주민의 지도자인 Geronimo는 그의 동족들이 애리조나주로 추방되자, 반란을 주도하였으나 패배하고 말았다. 오늘날 뉴멕시코의 원주민들이 다른 주로도 분리되어 살고 있지만, 아직도 다른 어느 주에서보다도 더욱 많이 그들의 문화와 언어를 유지하며 그들의 정부를 갖고 있다. 오늘날 뉴멕시코의 도시와 타운에서는 스페인과 Pueblo 인디언의 문화가 많이 남아 있다. 스페인의 이름과 풍습들이 주위에 많이 남아 있고 인디언들이 만든 도자기, 양탄자, 그림, 은 세공품 등이 판매되고 있다.

1912년 1월에 47번째 주로서 미국 연방에 가입되었다. 1915년과 1916년에 뉴멕시코 마을들이 멕시코인 강도들로부터 습격을 당해 미국과 멕시코 사이에 긴장 관계를 불러오기도 했다. 1942년에는 뉴멕시코주의 Los Alamos에서 Manhattan Project가 시작되었으며, 1945년 7월 16일 세계에서 최초로 Carrizozo 근처에서 핵폭발 실험이 이루어졌다. 1962년에는 Navajo댐이 건설되었다.

○ 주요 산업

초기의 정착민들은 농사와 가축을 길렀다. 1900년대 중반에 Elephant Butte댐과 Navajo댐이 건설되어 새로운 넓은 농경지가 생겨났다. 새로 만들어진 농토에서 주로 목화 재배에 집중하여 목화가 주요한 작물이 되었다. 뉴멕시코주에서 양과 소의 목축은 매우 중요하다. 그러나 뉴멕시코의 진정한 재산은 광활한 초원이 아니고 지하에 있다. 풍부한 주된 지하자원으로 우라늄, 석유, 구리, 아연 등이 있으며, 특히 우라늄 광석 매장량은 미국에서 뉴멕시코주가 가장 많다.

뉴멕시코주는 제2차 세계 대전 때부터 핵 실험의 중심지가 되어 왔다. 1940년대에 일단의 사람들이 뉴멕시코주에 들어왔다. 그들은 곧바로 Santa Fe 근처의 목장 지역에 있는 Los Alamos 기숙사학교로 격리되었다. 연방 정부는 이곳에 핵폭탄 개발 실험실을 만들었으며, 과학자들이 여기에 와서 극히 비밀스럽게 핵폭탄을 만들었다. 여기서 만들어진 핵폭탄은 제2차 세계 대전을 속히 끝내려고 일본의 히로시마와 나가사키에 투하되었다. Los Alamos와 Albuquerque는 정부의 지원을 받아 무기류, 우주 계획, 핵 에너지, 전자 등에 대한 연구와 개발을 하고 있다. 이로 인해 높은 교육을 받은 젊은이들이 직장을 얻어 타 주로부터 이곳에 들어왔다.

○ 관광 명소

White Sands National Park: 공원은 19955 Highway 70 West, Alamogordo, NM에 소재하고 있으며 규모는 230sq miles(595sq km)이다. 세계에서 가장 넓은 석회 모래 언덕으로 별천지 같은 인상을 주고 있다. 2019년 국립공원으로 지정되어 미국에서 가장 최근에 이루어진 국립공원이다. 얼핏 보면 황량한 모래벌판으로 보이나, 자세히 들여다보면 이곳 Chihuahuan 사막의 생태계를 나타내고 있는 다양한 종류의 동물들이 서식하고 있다. 즉 올빼미, 붉은 꼬리 매, 뻐꾸기를 비롯한 220여 종의 새들과 특이한 파충류, 스라소니와 같은 야행성 포유류 동물들이 살고 있다.

Gila Wilderness: 이곳은 Gila National Forest, Datil, NM에 소재하고 있으며 규모는 872sq miles(2,258sq km)이다. Gila Wilderness는 Gila강 주변의 산과 강, 숲 지역을 일컫는다. 야생의 지역이지만, Paleo 인디언 들이 9,500년 전에서 6,000년 전 사이에 이곳에서 살았던 것으로 여겨진 다. AD 1280년경 Mogollon 인디언이 절벽에 주거지를 만들어 살았으 며, 마지막으로는 16-17세기에 유목민인 Apache 인디언이 사냥을 하며 여기에 모여 살았다. 오늘날에는 50여 개의 지정된 오솔길을 걸을 수 있 고 산행과 하이킹을 할 수 있다. 걷기에는 힘든 지역이지만 말을 타고서 산 정상이 해발 3,048m인 Mogollon산을 가로지를 수 있다.

Carlsbad Caverns National Park: 공원은 727 Carlsbad Cavern Hwy, Carlsbad, NM에 소재하고 있으며 규모는 73sq miles(189sq km)이다. 이 른 봄부터 10월까지 수백만 마리의 꼬리 없는 멕시칸 박쥐가 새끼를 낳 고 기르기 위해 이곳으로 찾아든다. 매일 밤에 동굴에서 나온 거대한 구 름 같은 박쥐 떼가 먹이를 찾아 밤에 활동하고 있다. 공원에는 83개의 동 굴이 밀집되어 있으며, 여기에는 옛적 내륙 바다였던 이곳이 솟아나면 서 만들어진 화석도 발견되고 있다. 이 가운데 가장 큰 동굴이 Carlsbad Cavern으로 다른 동굴과는 전혀 다른 광경을 보여 주고 있다. 넓은 지하 동굴은 매우 아름다운 바윗돌들과 자연 구조물들이 지하에 수놓아져 있 는 환상적인 공간이다.

Wheelwright Museum of the American Indian: 박물관은 704 Camino Lejo, Santa Fe, NM에 소재하고 있다. 전통적인 Navajo 인디언 부족의 집 들이 지어져 있다. 통나무와 나뭇가지로 짜 맞추고 진흙이나 풀 따위로 덮은 집이며, 안에서는 생소한 그들의 예술품이나 공예품을 볼 수 있다.

Santa Fe: 미국에서 가장 오래된 주 정부의 수도로 오래되고 다양한 문화재가 풍부한 도시이다. 다른 도시들처럼 높이 솟아 있는 건물들의 스카이라인 대신에 진흙으로 만든 벽돌로 지은 건물들이다. 다양한 문화 행사를 즐길 수 있는 곳으로 율동적인 플라멩코 춤과 오페라 등도 즐길 수 있다.

New York

○ 일반 소개

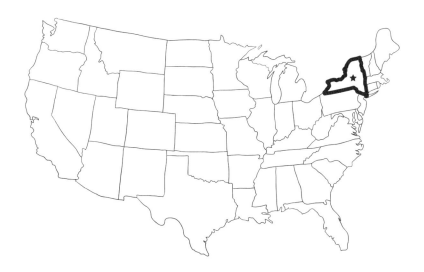

　뉴욕주는 미국의 북동부 지방에 위치해 있으며, 1788년 7월 26일 11번째로 연방에 가입하였다. 면적은 122,310sq km로 미국의 50개 주 가운데 30위이며 인구는 20,201천 명으로 4위를 보이고 있다. 주요 도시로는 주도인 Albany와 New York, Buffalo, Rochester 등이 있다. 뉴욕주는 The Empire State, the Excelsior State라고도 불리고 있다. St. Lawrence 강이 캐나다와 북쪽 경계를 이루고 있으며, 캐나다와 미국의 국경 근처에 있는 5개의 Great Lakes 호수들 가운데 2개의 호수와 접하고 있다. 서 북쪽으로는 Ontario 호수와 접해 있으며, 서남쪽에는 Erie 호수와 접해 있다. 동쪽으로는 버몬트주, 매사추세츠주, 코네티컷주와 마주하고 있으며, 남쪽으로는 펜실베이니아주, 뉴저지주와 접해 있다.

뉴욕주는 캘리포니아주에 이어 인구가 많으며, 대부분의 뉴욕주 주민들은 세계적으로 큰 도시인 New York City와 주변에 살고 있다. 뉴욕시는 초창기 네덜란드 식민지 시대 때부터 미국으로 오는 주요한 관문이었다. 이민 온 수많은 이민자들 가운데 많은 사람들이 뉴욕시에 머물렀다. 가장 매력 있는 도시로 상업과 문화의 중심이 되어 있다. 세계 각지에서 뉴욕시를 보러 관광객들이 오고 있으며, 여기에서 전문적인 스포츠팀, 극장, 레스토랑, 그 밖에 문화, 예술을 즐기고 있다. 뉴욕주는 미국에서 가장 뛰어난 문학가들인 Washington Irving, James Fenimore Cooper, Walt Whiteman, Herman Melville 등을 배출하였다.

뉴욕시에 있는 깊고도 안전한 항구는 세계에서 가장 크고 멋진 곳으로 매년 새로운 이민자들을 맞이하고 있다. 자유의 여신상이 놓여 있는 Ellis섬을 통하여 1892년부터 관문이 폐쇄된 1954년까지 16백만 명 이상의 이민자들이 들어왔다. 오늘날 미국인의 대략 3분지 1의 선조들과 친척들이 이 섬을 통과하여 미국에 들어왔다.

○ 자연환경

뉴욕주는 대서양 연안의 항구에서부터 애팔래치아산맥을 가로질러 Buffalo가 있는 대호수의 항구에까지 이르고 있다. 뉴욕주의 지형은 매우 다양하다. Great Lakes의 저지대로부터 Adirondack산맥의 고지대에 이르고 있으며, Hudson강과 Mohawk강 유역에는 매우 기름진 땅이 놓여 있다. 뉴욕주에는 빙하로 인해 땅이 파내어지고 물이 채워진 Great Lakes와 Finger Lakes의 좁고 기다란 참호 등이 빙하의 흔적으로 남겨져 있다. 대략 1만 년 전에 빙하가 녹으면서 녹은 물이 Great Lakes를 채웠고, 넘쳐난 물은 Niagara강을 만들고, St. Lawrence강의 수로를 깊게 만들었다. 또한 빙하가 물러나면서 거대한 바위 능선과 흙을 쓸어 내리면서 길다란 섬을 만들어 놓았다. 얼음 덩어리가 녹아지면서 8천여 개의 호수와 연못이 만들어졌다.

뉴욕주의 남쪽 끝부분에는 세계에서 가장 큰 도시의 하나인 New York 시가 있으며, 대서양쪽으로는 Long Island섬이 뻗어나 있다. 이 섬의 넓이가 1,723평방 마일로 미국 동부 해안에서 가장 크다. 여기서 더욱 북쪽으로 올라가면 멋지게 생긴 산들과 평화로운 산지에는 푸릇푸릇하고 싱싱한 포도나무의 과수원 등이 있는 무척 아름다운 시골이다.

뉴욕주의 동부는 많은 산들이 있다. 뉴욕시 북쪽 방향으로 몇 시간 운전 거리에 Catskill산맥이 놓여 있으며, 예전에는 이곳에 휴양 리조트, 호텔들이 많았었으나 대부분이 문을 닫았고, 지금은 많은 미술 공예가들의 터전이 되어 있다. 더욱 북쪽에는 Adirondack산맥이 놓여 있다. 이곳은 높은 산자락 지대로 Lake Placid와 Lake George 호수 근처에는 오래되고 고급스러운 리조트 휴양지가 만들어져 있다. 이들 산맥과 산맥 사이에는 Hudson강과 Mohawk강의 valley가 있다.

뉴욕주의 서쪽 멀리에는 Appalachian산맥이 있으며, 산맥 너머에는 Finger Lakes 호수 지역이 있다. 뉴욕주의 이곳은 미국에서 가장 순수한 시골로 알려져 있다. 뉴욕주의 서쪽 끝에는 미주에서 가장 유명한

Niagara 폭포가 있다. 실제로는 3개의 폭포로 이루어져 있는데, 뉴욕주에 있는 American 폭포와 Bridal Veil 폭포 그리고 캐나다 온타리오에 있는 Horseshoe 폭포로 구성되어 있다.

○ 개척 역사

본래 뉴욕 지방에는 원주민인 Iroquois, Algonquin 인디언이 살고 있었다. 1524년 스페인 사람 Giovanni da Verrazano가 뉴욕해안의 만을 다녀갔으며, 1609년에는 프랑스인 탐험가인 Samuel de Champlain이 뉴욕의 북동 지역에 들어왔다. 같은 해 영국인 Henry Hudson이 지금 그의 이름을 딴 Hudson강을 거슬러 올라가 현재의 Albany 지역까지 올라갔다. 1623년 네델란드인들이 Ft. Orange에 첫 번째 영구 정착촌을 만들었으며, 1626년에는 Peter Minuit가 인디언들로부터 Manhattan섬을 사들여 New Amsterdam을 세웠다. 1641년에 인디언 전쟁으로 인해 네델란드 식민지가 황폐화되었다. 그 후1664년 영국의 Charles 2세 왕이 그의 형제인 요오크 공작인 James에게 네델란드 식민지인 New Netherland를 하사했다.

Charls 2세 왕은 450명과 4척의 배를 네델란드 식민지인 New Amsterdam으로 보내 뉴암스텔담과 그들의 식민지를 영국에 양도하도록 네델란드 군대 장군인 Peter Stuyvesant를 협박하였다. 영국의 소유가 된 뉴네덜란드와 뉴암스텔담은 요크공의 후대에 New York으로 개명되었다. 당시의 뉴욕에는 오늘날의 코네티컷주, 델라웨어주, 뉴저지주를 포함하고 있었다. 초기에 뉴욕의 영토가 이루어지기까지 많은 어려움과 전쟁이 있었다. Hudson강 유역에서는 Algonquin 인디언들과 전쟁을 하였고, 뉴욕의 중앙 지역에서는 Mohawk을 비롯한 5개의 인디언 연합과 전쟁을 하였다. 또한 미국의 독립 전쟁과 1812년의 전쟁을 겪기도 하였다.

뉴욕주는 대서양의 항구에서부터 애팔래치아산맥을 넘어 5대호 가운데 하나인 Erie 호수의 항구인 Buffalo에 이르기까지 확장되었다. 1774년 식민지 의회가 구성되었으며, 1774년 뉴욕 의회는 대륙 회의 소집을 제안하였다. 독립 전쟁이 끝난 후 1788년 미국의 11번째 주로 연방에 가입하였다. 1825년 Erie 운하의 준공으로 서부 뉴욕주의 발전이 급속히 이루어졌다.

1825년 Lake Erie Canal 운하가 만들어져 Hudson River강과 Lake Erie 호수가 연결되었고, 철도가 Hudson-Mohawk 저지대를 따라 건설되어 뉴욕시와 시카고 등 서부 지방과도 연결되었다. 이렇게 연결된 경로를 따라 주요한 산업 도시들인 Troy, Schenectady, Utica, Syracuse, Rochester 등과 뉴욕주의 수도인 Albany가 생겨났다.

○ 주요 산업

미국 내에서 뉴욕주의 경제 규모는 캘리포니아와 텍사스주에 이어 3위에 있다. 뉴욕주 면적의 20% 정도가 농촌으로 수많은 농장이 있다. 주된 분야로는 낙농으로 우유, 버터, 요구르트, 치즈를 생산하고 있으며 미국 내 4위를 차지하고 있다. 또한 목장에서는 소, 양, 돼지가 길러지고 있다. 뉴욕주는 날씨에 크게 의존하는 과일류도 온타리오 호수와 에리 호수, 핑거 호수 근방의 과수원에서 많이 생산하고 있다. 사과 생산은 미국 내에서 2위, 포도는 3위를 나타내고 있고 배와 딸기도 재배되고 있다.

Mohawk Valley 북쪽에는 Adirondack산맥에 놓여 있는 호수와 숲들로 이루어져 있고, 남쪽에는 뉴욕주의 대부분의 가금류와 젖소 농장이 있다. 서쪽으로는 포도 과수원들이 있고 Hudson Valley를 따라서는 과수원들이 놓여 있다. 상업적인 어획이 Erie 호수와 Ontario 호수에서 이루어지고 있으며, 바다 어업은 Long Island를 중심으로 이루어지고 있다. 뉴욕주에서 생산되는 광물은 90%가 모래, 자갈, 석회석이다.

Hudson강과 Mohawk강을 따라서 뉴욕주의 산업 도시들이 놓여 있다. 이들 도시들로는 Albany, Schenectady, Utica, Rome, Rochester, Buffalo 등이 있다. 뉴욕은 세계 곳곳에서 새로운 이민 세대를 지속적으로 받아들였다. 새로운 이민자들과 본래의 뉴욕 주민들 양쪽 모두가 관광, 인쇄, 금융, 영화, 무역, 부동산 등에서 독특한 열기를 만들어 가고 있다.

○ 관광 명소

Central Park: 뉴욕시에 있으며 규모는 1.31sq miles(3.41sq km)이다. 1853년 주정부가 뉴욕의 맨해턴에 공원을 조성할 땅의 구입 자금을 승인해 줄 당시에는 바위가 많은 늪지대로 소규모 농장들이 들어차 있었다. 이곳에 매년 42백만 명의 방문객들이 잠시의 휴식을 위해 찾아올 줄은 아무도 몰랐다. 공원의 설계자인 Frederick Law Olmstod와 그의 파트너였던 영국인 건축가 Calvert Vaux는 외관과 자연을 결합한 푸른 잔디의 공원을 구상했다. 설계의 독특한 기본 계획은 마차를 타고 가는 사람과 보행자가 서로 지장을 주지 않고 똑같이 공원을 즐길 수 있도록 지하로 횡단길을 만드는 것이었다. 오늘날 공원에는 휴식처와 나무 그늘로 이어진 산책로, 호수와 연못 등이 조성되어 있어 뉴욕시의 허파로 불리며 사랑받고 있는 공원이다.

Saratoga National Historical Park: 공원은 648 NY 32, Stillwater, NY에 소재하고 있다. Saratoga Spring 근처에 있는 Hudson River 유역에는 목가적인 농장과 들판, 물레방아가 도는 시골이다. 오늘날 이렇게 조용한 시골 풍경을 바라볼 때면 어떻게 200년 이전에 이곳이 미국의 역사에서 중추적인 사건들이 있었고 더 나아가 서구 문명이 시작되었는지 상상하기가 어렵다. 미국의 독립을 쟁취하던 역사적인 장소이다.

Niagara Falls: 1만 년 전 만들어진 유명한 폭포로 매분당 1억 51백만 리터의 나이아가라 강물이 약 1km 폭에 높이가 55m인 폭포의 아래로 쏟아져 내린다.

American Museum of Natural History: 뉴욕시의 맨해튼 서부에 있으며, 세계에서 가장 큰 박물관 가운데 하나이다. 전시되어 있는 공룡, 늑대, 들소 등을 관람할 수 있으며, 인디언의 문화와 생활상도 볼 수 있다.

Baseball Hall of Fame: 이곳은 25 W. Main St. Cooperstown, NY에 소재하고 있다. 야구 영웅들에 대한 이야기와 경기 실적에 대한 시청각 영상 그리고 관련한 그림, 자료 등을 찾아 볼 수 있다.

Underground Rail road History Project: 비영리단체가 지하철도를 찾아보고 흑인 노예들이 자유를 찾도록 도와준 사람들에 대해 알도록 도와준다. 이 단체는 Albany, Troy, Arbor Hill을 통과하는 도보 관광을 제공하고 있다.

United States Millitary Academy at West Point: 웨스트 포인트 박물관

에서는 1802년부터의 군대의 역사를 배울 수 있다.

Statue of Liberty: 자유의 여신상으로 잘 알려진 조각상이다. 1886년 프랑스로부터 선물받아 Liberty섬에 세워져 있다. 이 조각상은 높이가 93m이고 무게가 204톤에 이른다.

North Carolina

○ 일반 소개

　노스캐롤라이나주는 미국의 남동부 지방에 위치해 있으며, 1789년 11월 21일 12번째로 연방에 가입하였다. 면적은 126,180sq km로 미국의 50개 주 가운데 내 29위이며 인구는 10,439천 명으로 10위이다. 주요 도시로는 주도인 Raleigh와 Charlotte, Greenboro가 있다. 노스캐롤라이나주는 일명 the Tar Heel State, the Turpentine State로도 불리고 있다. 노스캐롤라이나는 과학과 기술, 그리고 세계 수준의 대학을 육성하기 위해 목화와 담배 농사를 멀리한 면도 있다.

노스캐롤라이나주의 동쪽에는 얕은 여울들로 둘러싸여 있고, 서쪽에는 산맥으로 둘러싸여 있어 초기에 식민지를 이루기가 어려웠다. Roanoke섬이 신세계로 찾아온 첫 번째와 두 번째의 영국인 이주자들에게 정착지를 제공하였으나, 3년이 지난 후에 모두 사라져 버렸다. 결국 동부 해안에 있는 지역으로 식민 초기에 내륙으로 정착지를 확장시키지 못한 몇 안 되는 주들 가운데 하나가 되었다. 오늘날의 노스캐롤라이나주는 첨단 제품의 생산과 섬유, 담배, 가구 생산으로 잘 알려져 있다.

노스캐롤라이나는 북쪽으로 버지니아주와 이웃하고 있으며, 남쪽으로는 사우스캐롤라이나와 경계를 두고 있다. 남서쪽 코너로는 테네시주, 조지아주와 연결되어 있다. 미국 동부 지방에서 대서양과 접하고 있는 14개 주 가운데 하나로 대서양 중부 해안에 놓여 있다. 다른 주들과 다른 독특한 형태를 갖고 있는데, 이는 바다로부터 내륙을 보호하고 있는 해안 앞바다에 줄지어 놓여진 Outer Banks섬들이 있기 때문이다. 주민들은 대서양에 있는 Hetteras만에서부터 Great Smoky산맥에 이르는 넓고 다양한 자연과 아름다운 시골의 경치를 자랑스러워하고 있다.

○ **자연환경**

노스캐롤라이나주는 산악 지방과 고원 지대 그리고 대서양 해안 평지 등 3개의 주요 지역으로 나눌 수 있다. 서부 지역은 산악 지대로 주 전체 면적의 10% 정도를 차지하고 있으며, 미국의 동부에 놓여 있는 애팔래치아산맥의 남쪽에 놓여 있다. 숲이 우거진 많은 산들이 1.6km 이상의 고도로 높이 솟아 있고, 계곡에는 기름진 땅의 농장들이 있다. 주요한 산으로는 Blue Ridge Mountains, Great Smoky Mountains가 있으며, 그 밖에 Black Mountains, Brushy Mountains, Pisga Mountains, Great Balsam Mountains가 있다.

노스캐롤라이나주의 중앙 지역은 고원 지대로 숲으로 덮인 언덕의 산업 지역이다. 이러한 고원 지대가 주 전체 면적의 45%를 차지하고 있으며, 애팔래치아산맥과 대서양 해안 평지의 사이에 놓여 있는 곳으로 Piedmont Plateau라 불리고 있다. 주에서 가장 많은 사람들이 이곳에 있는 Raleigh, Durham, Chapel Hill, Greensboro, Winston-Salem, High Point 등의 도시에서 살고 있다. 고원 지대에는 구릉진 언덕들과 Blue Ridge의 지맥인 Uwharrie산, Sauratown산, Pilot산, Brushy산 등이 놓여 있다.

많은 강과 시내가 서쪽의 산에서 발원하여 동쪽의 해안을 향해 고원 지대를 급속히 흐르면서 계곡을 만들어 놓았다. 고원 지대의 동쪽에는 크고 작은 수많은 폭포들이 놓여 있고, 폭포수가 저지대의 해안 평지 쪽으로 빠르게 흐르고 있다.

대서양 해안 평지가 노스캐롤라이나주의 동부를 점유하고 있다. 남서쪽 해안 평지에 있는 모래 언덕들이 고원 지대와 해안 평지를 나누고 있다. 해안 평지는 지대가 낮고 바다 쪽으로 완만하게 경사져 있다. 해안 평지도 주 전체 면적의 45%를 차지하고 있다. 수백만 년 전에 바다가 지금의 해안 평지를 덮고 있었다. 육지에서 완전히 빠져나가지 못한 물이 늪지에 모였다. 이로 인해 노스캐롤라이나의 북동쪽은 Great Dismal Swamp에서 버지니아주까지 이어지는 미국에서 가장 넓은 늪지가 만들어져 있다.

○ 개척 역사

노스캐롤라이나에는 본래 Cherokee, Catawba를 비롯해 여러 원주민들이 살고 있었다. 북미에서 영국인이 최초로 정착했던 곳은 1585년 노스캐롤라이나 해변에서 떨어져 있는 Roanoke Island이었다. 최초의 정착민들은 굶주림에 직면하였으며 영국으로 되돌아갔다. 그러나 1587년에 다른 이민 그룹이 도착하였다. Virgin Dare라는 어린이가 북미에서 최초로 태어났다. 그 식민지는 안전해 보였으나 3년 후 영국으로부터 새로운 배가 Roanoke섬에 도착했을 때에는 알 수 없는 이유로 모두가 사라져 버린 잊혀진 식민지로 남아 있었다.

1660년경에 버지니아의 Jamestown 지역의 영국인 정착민들이 노스캐롤라이나로 들어와서 Chowan 강변의 Albemarle에 첫 번째 영구 정착촌을 이루었다. 1663년과 1665년 영국의 Charls 2세 왕이 이 지역의 땅을 8명의 식민지 지배자들에게 하사하였다. 1677년 영국의 Foreign rule에 따라 식민지 사람들의 무역 거래에 대해 영국 왕정이 세금을 부과하자 이에 대해 식민지 사람들은 분개하였다. 그로 인해 John Culpeper가 그들을 지도하며 Culpeper의 반란이라고 알려진 북미에서의 최초 반란이 일어났다. 그들은 관리를 감옥에 넣었고 1683년까지는 간섭받지 않고 식민지 스스로 지내 왔다.

캐롤라이나가 남과 북으로 갈라지던 1728년, 노스캐롤라이나는 영국 왕실의 식민지가 되었다. 1768년 시골 농부들이 영국이 부과하는 세금에 대해 또 다른 반란을 일으켜 영국 지배자들을 두렵게 하였으나, 1771년 Alamance 전투에서 패배하고 말았다. 일부 사람들은 이 전투를 최초의 미국 독립 전쟁이라고도 말한다. 1775년 Mecklenburg Declaration of Independence가 통과되었는데, 이는 1776년의 미국 독립선언서의 표본이 되었다. 1780년-1781년의 독립 전쟁 때에 여러 전투가 노스캐롤라이나에서 있었다. 노스캐롤라이나는 1788년 미국 헌법 비준을 거부하였으나 1789년 헌법을 채택하여 연방에 가입하였다. 1861년 5월 20일 노스캐롤라이나주는 미국 연방을 탈퇴하였으며, 남북 전쟁 때에는 많은 교전과 전투가 이곳에서 있었다. 1868년 7월에 다시 연방에 가입하였다.

○ 주요 산업

노스캐롤라이나주의 경제는 농업과 공업으로 두 산업은 밀접하게 연결되어 있다. 여기에서 담배, 목화, 섬유, 목재, 종이가 생산되고 있다. 노스캐롤라이나주의 해안 평지와 산록 지역에서는 담배 재배를 많이 하고 있다. Winston-Salem과 Durham에는 세계에서 가장 큰 담배 공장들이 있다. 노스캐롤라이나주의 Neuse강, Cape Fear강, Yadkin강, Catawba강들은 미국에서 가장 큰 섬유 공장 지대에 수력발전을 제공해 주고 있다.

목재 산업이 주 전체 곳곳에서 이루어지고 있는 가운데 특히 서부 산악 지역에서는 중요한 산업이다. Blue Ridge산맥에는 Great Smoky 국립공원이 있다. 이 공원은 발길이 닿지 않은 800sq miles의 넓이와 미국 동부에서 가장 높은 Mitchell산을 갖고 있다.

노스캐롤라이나주는 서비스 업종들을 갖고 있다. 많은 연구원들과 과학자들이 Durham 지역에 있는 Reserch Triangle Park에서 일하고 있다.

또한 노스캐롤라이나주는 식품, 화학, 의료 분야에서 주도적인 위치에 있다. 대규모 대학, 은행, 군대에서 일자리를 제공해 주고 있으며, 호텔, 박물관, 음식점 등에서도 많은 일자리를 제공해 주고 있다. 노스캐롤라이나주는 또 다른 최초의 역사적인 사건이 이루어졌던 주이다. 1900년대 초에 Wilber와 Orville Wright가 Kitty Hawk에서 비행 시험을 하였다. 이들 라이트 형제를 기념하여 Kitty Hawk에 국립기념관이 세워져 있다.

○ 관광 명소

Cape Hatteras National Seashore: 이곳은 46375 Lighthouse Rd, Buxton, NC에 소재하고 있으며 규모는 47sq miles(122sq km)이다. Bodie, Hatteras, Ocracoke 등 3개의 모래섬들이 Cape Hatteras National Seashore를 구성하고 있다. 쓸쓸한 해변과 부서지는 파도, 시원한 대서양의 바다는 평화로운 휴식처를 제공해 주고 있으며, 5종류의 바다 거북이들의 피난처와 바닷새들의 보금자리가 되고 있다. Bodie섬에 있는 등대는 Cape Hatteras를 지나고 있는 나무 널빤지로 만들어진 산책로와 연결되어 있으며, Cape Hatteras 해변에는 휴가철에 빌려 사용할 수 있는 여러 색상의 예쁜 집들이 지어져 있다.

Cape Lookout National Seashore: 이곳은 131 Charles St, Harkers Island, NC에 있다. Cape Lookout은 본토와 떨어져 있고 본토와 연결된 다리가 결여되어 있어 오직 보트로만 갈 수 있는 섬이다. 이 섬은 노스캐롤라이나주의 경계선을 이루고 있는 야생의 섬으로 오염되지 아니한 깨끗한 해안을 갖고 있으며, 섬 안에는 철새와 야생마 등 야생의 동물들이 많이 살고 있다. 수영, 낚시, 캠핑 등을 즐길 수 있다.

Wright Brothers Memorial: 이곳은 158 Bypass, Kill Devil Hills, NC에 소재하고 있다. 1903년 12월 17일 Wilber와 Orville Wright 형제가 최초로 비행기를 만들어 Kitty Hawk에서 비행한 것을 기념하고 있으며, 복제한 당시의 비행기를 관람할 수 있다.

Discovery Place: 이곳은 301 N. Tryon Street, Charlotte, NC에 소재하고 있다. 인기 있는 과학 박물관으로 수족관과 실내 우림, 행성들, 대극장 등을 볼 수 있다.

North Dakota

○ 일반 소개

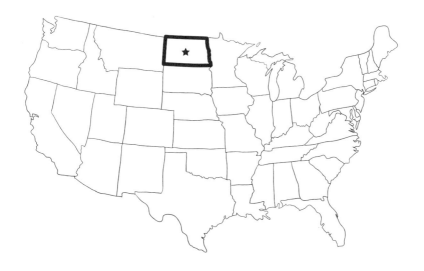

　노스다코타주는 미국의 중서부 지방에 위치해 있으며, 1889년 11월 2일 39번째로 연방에 가입하였다. 면적은 178,694sq km로 미국의 50개 주 가운데 17위이며 인구는 779천 명으로 47위이다. 주요 도시로는 주도인 Bismark와 Fargo, Grand Forks가 있다. 노스다코타주는 일명 The Sioux State, the Flickertail State로도 불리고 있다. 노스다코타주는 대서양이나 태평양보다는 Hudson Bay와 더 가깝다. 캐나다와의 국경에 있는 Turtle Mountains에는 영원한 우정을 상징하는 국제 평화 정원이 만들어져 있다.

　노스다코타주는 지리상으로 미국 본토의 중앙에서 오른쪽에 있으나, 전체 북미 대륙에서는 중앙에 놓여 있다. 북부 중앙 지역에 있는 Rugby 타운 근처에 석조 기념비가 세워져 있어 이곳이 북미 대륙의 중앙인 것을 표시하고 있다. 이곳에서 동쪽의 대서양까지와 서쪽의 태평양까지, 그리고 북쪽의 북극까지와 남쪽의 멕시코만까지의 거리가 각각 2,400km인 것이다.

　노스다코타주의 기름진 대평원은 넓게 트인 공간을 좋아하는 개척자들에게는 매력적인 곳이었다. 땅이 매우 평평하여 수도인 비스마르크 시내에 있는 19층의 주청사 건물이 수 마일 떨어진 곳에서도 보여지고 있다. 지평선이 보이며 끝없이 펼쳐진 초원의 넓은 땅이나, 인구는 매우 희박하다. 주를 상징하고 있는 데오도어 루스벨트 국립공원이나 국제 평화 정원보다는 극심한 겨울 날씨에 대한 기사가 종종 신문에 기재되곤 한다.

○ 자연환경

　노스다코타주의 동부 지역에 있는 Red River가 미네소타주와의 경계를 이루며 흐르고 있다. Red River Valley는 세계에서 가장 비옥한 농토 지역이다. 중앙 지역에는 미주리강을 가로질러 Garrison댐이 건설되면서 200마일의 긴 호수가 생겨났으며, 수천 에이커의 농장과 목장이 생겨났다. 중앙 저지대에도 농사에 적합한 기름지고 풍부한 검은 흙이 서쪽으로 수도인 Bismark까지 뻗어 있다.

반면 서부 지역은 땅이 건조하여 농사짓기에 부적합하다. 특히 몬태나주와의 경계 부근에 있는 Badlands가 그러하다. 이곳에서는 수백만 년 전 강에 의해 깎여져 만들어진 절벽, 골짜기, 섬, 테이블 모양의 통바위 산 등 환상적인 풍경을 볼 수 있다. 이곳에 있는 Roosevelt 국립공원에서는 들소, 야생마, 검은꼬리사슴, 큰 영양, 큰 뿔을 가진 양 등이 자유로이 어슬렁거리고 있다.

최근 북서부 지역에서 원유 매장지가 발견되었고, 북부 지역과 중앙 지역에서는 갈색탄이 채굴되고 있다. 노스다코타주의 거칠고 거센 날씨는 이곳에서의 생활에 외로움을 더해 주고 있다. 모래 폭풍, 사나운 눈보라, 기복이 심한 기후 등 온화한 해양성 기후와는 동떨어진 전형적인 내륙성 기후를 보이고 있다.

○ 개척 역사

노스다코타에 들어온 최초의 유럽인은 1738년에 이곳을 다녀간 프랑스 탐험가인 Pierrede la Verendrye로 기록되어 있다. 그가 다녀간 이곳은 원주민인 Mandan, Hidatsa, Arikara, Sioux 부족들의 터전이었다. 18세기 후반에는 Hudson Bay Company의 무역상들이 다녀갔다. 1803년의 Louisiana Purchase에 의해 프랑스로부터 미국으로 양도된 지역의 일부분이었다. 1804년에서 1805년에는 Lewis와 Clark가 노스다코타를 가로질러 답사하여 갔다.

1812년 고지대에 살던 스코틀랜드인들에 의해 최초의 영구 정착촌이 Pembina에 만들어졌다. 그들은 노스다코타 지역이 영국의 식민지로 알고서 앞서 Winnipeg에 거주한 적이 있었다. 19세기에 노스다코타에 정착한 이주자들은 추운 북쪽 땅에서 농사를 지었던 노르웨이 출신자가 많았으며, 그들은 아이슬랜드, 독일, 체코에서 온 이민자들과 합류되어 정착하였다. 결과적으로 노스다코타의 많은 사람들은 같은 종교를 공유하고 있어 주민의 절반 정도가 루터란이며 3분지 1은 카톨릭 신자들이다.

1861년 노스다코타주의 영토를 비롯하여 와이오밍주, 몬태나주의 영토가 만들어졌으며. 1863년에는 실제로 현재와 같은 노스다코타주의 영토와 경계가 확정되었다. 노스다코타에서 Homestead Act가 발효되던 해인 1863년까지는 정착민들이 얼마 되지 아니했으나, 이 법이 발효되면서 많은 정착민들이 들어왔다. Homestead Act는 개척자가 5년간 농사지은 땅은 무료로 160에이커까지 제공하는 것이었다.

한편 원주민들의 반대에도 불구하고 철도가 건설되고 연방 정부는 유럽인과 미국 정착민들에게 지속적으로 보상이 제공되었다. 1881년까지 인디언들은 보호구역으로 강제 이주되었고, 같은 해 노스다코타를 통과하는 철도가 준공되었다. 1889년 11월 2일 노스다코타주는 39번째로 미국 연방에 가입하였다. 1951년에는 Tioga 근처에서 석유가 발견되었으며, 1953년에는 Garrison Dam이 준공되었다.

○ 주요 산업

빙하가 미주리강의 동쪽으로 풍부하고 기름진 흙을 만들어 놓았다. 농부들은 이곳에 밀, 보리, 해바라기 등을 재배하고 있다. 초기 개척 시대부터 밀은 노스다코타의 주된 곡물로서 캔자스주 다음으로 밀을 생산하고 있다. 또한 보리와 해바라기 씨의 생산도 주도하고 있다. 그 밖에 토마토, 사탕무우, 아마, 해바라기, 보리, 콩 등도 농촌 경제에서 중요하다. 소 목장은 주로 서부의 초원 지대에 있으며, 젖소 농장은 Red River 유역에서 이루어지고 있다. 미주리 강을 가로막아 만든 Garrison Dam 으로 200마일에 이르는 긴 호수가 만들어졌으며, 수천 에이커의 농경과 목장을 할 수 있는 땅이 생겨났다.

노스다코타주의 대평원에는 석탄과 석유가 많이 매장되어 있다. 1884년 북쪽과 중앙 지역에서 갈탄이 발견되었으며, 1951년에는 석유가 북서쪽 지역의 Tigo 근처에서 발견되었다. 우라늄, 석탄, 석유는 노스다코타주에서의 핵심 광산물이다. 수도인 Bismark는 미주리 강변 유역에 세워져 있으며 노스다코타주의 산업 중심지이다.

노스다코타주는 다양하고 독특한 매력을 가지고 있다. Theodore Roosevelt National Memorial Park이 Badlands에 있다. Badlands는 노스다코타주의 서쪽 지방의 미주리고원 지대에 있다. 이곳은 복잡한 미로와 같은 언덕들과 미주리강 지류에 깎여져서 만들어진 뾰족한 돌탑 등이 있는 곳이다. 1880년대 데오도어 루스벨트가 미국의 대통령이 되기 전에 목장을 만들어 지냈던 장소였다. 오늘날 그의 Elkhorn 목장은 들소가 어슬렁거리고 늑대가 우는 노스다코타주의 유일한 국립공원의 일부로 남아 있다.

○ 관광 명소

Theodore Roosevelt National Park: 공원은 Box7, Medora, ND에 소재

하고 있으며 규모는 110sq miles(284sq km)이다. 미국의 26대 테오도어 루스벨트 대통령은 1884년 그의 누이 Anna Roosevelt Cowles에게 편지를 썼다. 그는 편지에서 North Dakota Badlands의 황량함과 사납고 억세 보이는 그 자체가 자신을 매혹하는 묘한 아름다움이 있다고 묘사하고 있다. 그는 Little Missouri강이 흐르는 부드러운 색조를 띤 협곡을 갖고 있는 수수께끼 같은 광활한 대지를 탐험하며 7년을 이곳에서 보냈다. 그는 항상 그의 건강을 되찾게 해 준 노스다코타의 자연 그대로의 시골을 칭송하였다. 들소와 야생마, 키가 큰 사슴, 가지뿔영양, 큰뿔사슴 등의 많은 야생동물들이 살고 있다.

North Dakota Heritage Center: 이곳은 612 East Boulevard, Bismark, ND에 소재하고 있다. 수도인 비스마르크에 있으며 자연의 역사뿐만 아니라 원주민과 개척자들의 가공품들이 전시되어 있다.

North Dakota Lewis & Clark Interpretive Center: 이곳은 2576 Eighth St SW Washburn, ND에 소재하고 있으며 Lewis와 Clark가 탐험한 것을 살펴볼 수 있는 자료들이 전시되어 있다. 이들 탐험가들이 Fort Mandan에서 체류한 1804년-1805년 겨울에 있었던 사실을 강조해 보이고 있다.

International Peace Garden: 1932년 미국과 캐나다 국경에 만들어진 정원으로 두 나라 간에 평화로운 관계가 영원하도록 하기 위한 심볼로서 만들어졌다.

Ohio

○ 일반 소개

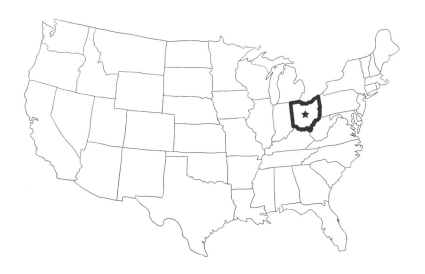

　오하이오주는 미국의 중서부 지방에 있으며 5대호와 접해 있다. 1803년 3월 1일 17번째로 연방에 가입하였으며, 면적은 106,068sq km으로 미국의 50개 주 가운데 35위이고 인구는 11,799천 명으로 7위이다. 주요 도시로는 수도인 Columbus를 비롯해 Cleveland, Cincinnati 등이 있다. 오하이오주는 The Buckye State, the Mother of Modern Presidents라고도 불리어지고 있다. 주의 명칭인 Ohio의 유래는 Great라는 의미를 갖고 있는 인디언 말에서 나온 것으로 실제로 그러하다. 그러한 위대함은 오하이오주의 자원과 위치, 사람들에서 나오고 있다. 땅이 기름지고 구릉져 있고 수많은 호수와 강들이 있으며, 점토, 석탄, 석유, 소금, 천연가스 등 지하자원이 풍부하게 매장되어 있다.

오하이오주는 북쪽으로는 5대호의 하나인 Erie 호수가 둘러싸고 있으며, 동쪽으로는 애팔래치아산맥의 바로 서쪽에 놓여 있어 미국의 동서남북을 연결하는 요충지이다. 미국의 개척 시기에는 동부 해안을 따라 밀집하여 생활하던 주민들이 더욱 넓은 지역을 찾아 나설 때에 넓은 공간을 제공해 준 곳이다.

오하이오주는 농촌 지대의 중심 지역일 뿐만 아니라 대규모의 산업 지역을 지니고 있다. 이처럼 농촌 지대와 산업 지역이 함께 있는 오하이오 주민들은 산업 지역의 도시적인 특성과 넓고 느긋한 전형적인 농촌 지역의 성격이 혼재되어 있는 가운데 오하이오 주민들은 일찍기 화합을 통해 다양성을 성취하여 미국적인 정체성을 보여 왔다. 이러한 사람들 가운데 Edison, Wright 형제, 7명의 대통령이 배출되었다.

○ 자연환경

오하이오주는 자연적으로 3지역으로 나뉘어져 있다. Toledo와 Cleveland 항구 도시가 속해 있는 북부 지역은 뉴잉글랜드의 유산이 많이 남아 있으며, 평평한 평원 지대로 Erie 호수가 북쪽의 경계를 이루며 놓여 있다. 중앙 지역은 평원으로 되어 있으며, 수도인 Columbus와 작은 도시들, 농장들이 놓여 있다.

남쪽 지역은 언덕지고 고도가 높으며 Ohio강이 남쪽 경계를 이루며 흐르고 있다. 주요한 도시인 Cincinnati가 있으며, 농장과 조그만 도시들이 있다. 남동쪽은 나무가 우거져 있고, 울퉁불퉁하며 날카롭게 솟아 있는 애팔래치아산맥의 고원 지대로 이 같은 고원 지대는 펜실베이니아주와 웨스트버지니아주까지 연결되어 있다. 동쪽으로는 Allegheny고원의 서쪽 끝 지역으로 절벽과 강이 있는 기복이 심한 지형을 보이고 있다.

미국의 북서 지방의 일부로서 독립 전쟁 후에 뉴잉글랜드 지방에서부터 버지니아에 이르는 미국의 동부 해안 지역에서 서부로 이주해 올 때에 첫 번째로 마주하는 땅이었다. 미국이 성장하면서 운하와 고속도로, 철도가 만들어지면서 오하이오주는 서부와 연결되는 중요한 지점이 되었으며, 또한 철강 산업이 떠오르면서 미네소타주의 철광석 광산 지역과 펜실베이니아주와 웨스트버지니아주의 석탄 산지 사이에 놓여져 있는 좋은 입지 조건으로 인해 오하이오주에서 철강 산업이 발전하게 되었다.

○ 개척 역사

1670년에 La Salle를 지도자로 한 프랑스 탐험가들이 오하이오에 도착했다. 당시 유럽 사람들은 배로 아시아로 갈 수 있는 수로를 찾고 있었다. 중국과 유럽 간의 무역이 활발하여 중국에서 비단과 향신료를 배에 실어 유럽으로 가져올 때에 아프리카를 돌아 먼 거리를 항해하여야만 하였다. La Salle는 지름길로 올 수 있다는 오하이오강에 대한 소문을 들었다. 그러나 오하이오강이 태평양으로 흐르지 않아 북미주를 동서로 가로지르는 강이 아님을 알고는 실망하였다. 그는 계속하여 미시시피강을 탐험했다. 함께 간 다른 탐험자들은 실망하지 않았는데, 이는 강에서 떼 지어 살고 있는 비버를 보았기 때문이다. 비버의 모피는 비단이나 실크보다 더욱 값진 것으로 그들에게 부를 안겨 줄 수 있었다. 북미에서의 모피 무역은 동부 해안에서 시작되었다. 1600년대 중반까지 Iroquois 인디언들이 비버를 너무 많이 잡아 비버의 수가 급속히 줄어들게 되자 그들은 오하이오강 유역으로 와서 비버를 찾아 나섰다. 유럽인들도 같은 이유로 오하이오강 유역으로 왔다.

영국과 프랑스는 모피 무역을 놓고 다투었다. 프랑스는 오하이오 강 유역을 자기들의 식민지로 선언하면서 모든 영국인은 애팔래치아산맥의 동부에서 지내도록 하였다. 대부분이 펜실베이니아에서 온 영국인 모피 무역상들은 프랑스의 선언을 무시하고 더욱 활기차게 무역을 계속했다. 한편 영국의 조지 2세 왕은 버지니아에 거주하는 영국인들에게 농사를 지으러 오하이오강 유역으로 가서 살도록 지시하기까지 하였다. 1754년 프랑스는 이 지역으로 오는 영국인 무역상과 정착민을 막기 위해 오하이오 강변에 요새를 구축하였다. 이로 인해 곧이어 영국과 프랑스 간에 전쟁이 발발했다. 미국에서의 프랑스와 인디언의 전쟁으로 알려진 이 전쟁은 1754년에서 1764년까지 계속되었으며, 대부분의 전투가 오하이오의 동부와 북부에서 있었다. 결국 영국이 승리하게 되어 프랑스는 캐나다와 미시시피강 동편에서 오하이오가 포함된 애팔래치아산맥까지의 권리를 포기하게 되었다.

영국은 더 많은 영국인 정착민들이 오도록 하였으며, 정착민들은 농토로 만들기 위해 인디언들의 사냥터인 숲을 베어 땅을 개간하였다. 이에 정착민들을 내쫓으려는 인디언들의 저항이 있었으나 실패하고 말았다. 1775년 13개 영국 식민지는 독립을 위해 영국과 싸워 1783년 독립을 얻고 미국을 세웠다. 미국은 오하이오 지방에 대한 권리를 주장해 오다가, 1787년에 Northwest Ordinance 법률을 통과시켜 미국의 북동 지역 영토로 삼았다. 북동부 지역의 미국 영토는 오하이오강에서부터 캐나다 국경까지와 애팔래치아산맥에서 미시시피강에까지 이르는 지역이었다.

1799년 북서부 지방의 영토가 확정되었으며, 1803년 미국 연방의 17번째 주로 가입되었다. 1813년 영국과의 전쟁 때에 Perry 장군이 Lake Erie 호수에서 영국군을 격파하였다. 오하이오주는 서부로 나아가는 데에 매우 중요한 위치에 있어 원자재를 들여오고 생산품을 외부로 이동하는 운하, 철도, 고속도로의 교통 중심이 되었다.

○ 주요 산업

오하이오주의 절반 이상이 농토로서 많은 땅이 기름지고 구릉진 언덕, Valley, 평원이다. 콩과 옥수수는 오하이오주의 대표적인 농산물이다. 그 밖에 귀리, 토마토, 건초, 포도 등을 생산하고 있으며, 온실채소의 생산은 미국 내 2위이다. 사과, 복숭아, 포도, 딸기가 오하이오주에서 생산되고 있는 중요한 과일이다. 돼지는 오하이오주에서 가장 중요한 가축으로 Poland China 돼지가 1800년대에 수많은 오하이오 농가에서 개량되어 길러졌다. 대부분의 미국산 돼지고기와 햄은 Poland China 돼지에서 생산되고 있다.

애팔래치아산맥에는 많은 석탄 광산들이 있으며, 석탄은 오하이오 경제에 아직도 중요하다. 그러나 석탄 채굴량은 절반 이상이 감소되어 왔다. 오하이오주의 수로와 풍부한 자연자원이 오하이오주가 거대한 제조업주가 되는 데에 기여했다. 주의 남동쪽에 있는 애팔래치아산맥에서 채굴된 석탄, 석유, 철광석을 보트에 실어 공장들에게 실어 나르고, 완성된 제품은 시장으로 운반되고 있다.

수로를 따라 조성된 산업 도시들은 서로 다른 제품을 생산하며 특화되어 있다. Erie 호수변에 있는 Cleveland는 세계에서 가장 큰 철광석 항구가 되었으며 오랫동안 비누 제조로도 유명하다. Toledo는 저울눈과 유리로, Akron은 세계적으로 가장 큰 고무 산업의 이며 특히 타이어로 유명한 도시이다. 오하이오주의 주된 생산품은 자동차, 트럭, 기계 공구들이다.

○ 관광 명소

Cuyahoga Valley National Park: 공원은 6947 Riverview Rd, Peninsula, OH에 소재하고 있으며 규모는 51sq miles(132sq km)이다. 꾸불꾸불 굽이쳐 흐르는 Cuyahoga강이 둘러싸고 있는 땅에는 농토와 숲이 우거져 있다. 오하이오주에서는 유일한 국립공원인 이곳은 19세기에 개척자들의 통로 역할을 해 왔고, Erie 운하가 만들어지기까지는 화물 운송에 크게 기여해 왔다. 1825년에서 1832년까지 운하 공사가 이루어져 길이가 496km인 Erie 운하가 만들어졌다. 이 운하는 Erie 호수의 남쪽 호수변에 있는 Cleveland와 Ohio 강변에 있는 Portsmouth 사이를 수로로 연결해 주고 있어 미국의 각 주와 연결하는 시스템이 만들어졌다.

Neil Amstrong Air and Space Museum: 박물관은 500 Apolo Dr.

Wapakoneta, OH에 있다. 달에 최초로 착륙한 우주비행사인 Neil Amstrong 을 기리는 박물관으로 우주 여행이 어떠한가를 느껴 볼 수 있는 곳이다.

Mound City Group National Monuments: 이곳은 16062 SR-104, Chillicothe, OH에 소재하고 있다. 약 24기의 선사 시대 인디언 무덤들이 보존되어 있다.

Oklahoma

○ 일반 소개

　오클라호마주는 남중부 지방에 위치해 있으며, 1907년 11월 16일 46번째로 연방에 가입하였다. 면적은 177,879sq km로 미국의 50개 주 가운데 19위이며 인구는 3,959천 명으로 28위이다. 주요 도시로는 주도인 Oklahoma City를 비롯해 Tulsa, Lawton이 있다. 오클라호마주는 일명 The Sooner State, the Boomer State라고도 불리어지고 있다. 오클라호마주의 전체 주민 가운데 대략 3분지 2가 도시 지역에 살고 있으며, 이들 중 절반은 수도인 Oklahoma City와 Tulsa시에 살고 있다.

SKETCH

원주민인 Choctaw의 언어로 ukla가 사람을 의미하며, huma는 붉다를 의미한다. 1866년 Choctaw 인디언 추장인 Allen Wright가 그들의 거주 지역 경계를 논의하러 Washington D.C.에 갔을 때에 붉은 사람들의 지역으로 알리면서 주의 이름이 오클라호마로 불리어지게 되었다. 오클라호마주는 남북 전쟁이 끝난 후 약 25년 동안 정착이 허용되지 않고 인디언 지역으로 제쳐 놓았었다.

오클라호마주에는 구비구비 구릉져 있는 초원과 지대가 높은 곳에 있는 평원, 너른 들판에 쓸쓸히 고립되어 있는 산, 푸르른 강변의 유역 등 미국의 모든 풍경이 혼합되어 있다. 미국의 식민지가 만들어진 후에도 수세기 동안 원주민들의 근거지로 유일하게 남아 있었다. 그러다가 개척민들이 몰려오면서 농장과 목장 지대로 바뀌어졌으며 이어서 석유의 발견으로 미국 에너지의 주요 생산 지역이 되었다.

○ 자연환경

오클라호마주는 미국의 남중부에 놓여 있으며 텍사스주의 바로 북쪽에 있다. 텍사스주, 뉴멕시코주, 콜로라도주, 캔자스주, 미주리주와 아칸소주 등 6개 주와 경계를 두고 있다. 오클라호마를 떠올릴 때에 건조하고 흙먼지가 일고 있는 평평한 평원으로 생각할 수 있으나 사실은 그렇지 아니하다. 오클라호마주의 181,035sq km 안에는 매우 다양한 지형이 있는 가운데 높이가 1,516m로 가장 높은 고도를 갖고 있는 Black Mesa가 있는가 하면, 높이가 88m로 가장 낮은 Little River도 있다.

북서쪽 지역은 길고 좁게 뻗어 있어 마치 프라이팬 손잡이 모양을 하고 있어 팬 손잡이 지역으로 불려지고 있다. 이곳의 길이는 269km이나 넓이는 55km에 불과하다. 오클라호마주는 록키산맥의 기슭인 Black Mesa가 있는 프라이팬 손잡이 모양의 서쪽에서 시작하여 동부로 가면서 고도가 낮아져 Great Plains 지역인 거대한 평원을 이루고 있다.

동부 지역은 아칸소주와 미주리주까지 걸쳐 있는 Ozark고원 지대의 일부가 놓여 있다. 고원 지대가 전체 면적의 3분지 1을 차지하며, 험준한 절벽과 물살이 빠른 계곡들이 있다. 이곳에 납, 아연, 석탄 등이 매장되어 있어 19세기에 유럽의 광산 업자들이 들어와 정착을 이루었다.

오클라호마주의 주요한 산맥으로 남동부에 있는 Ouachitas, 중앙지역의 Arbuckles 그리고Arbuckles 서부에 있는 Wichitas산맥이 있다. 오클라호마주의 북동쪽 코너를 관통하며 흐르고 있는 오클라호마강과 텍사스주와 남쪽 경계를 이루며 흐르는 Red강이 오클라호마주의 주요한 물줄기이다.

오클라호마주는 2개의 큰 기후대를 가지고 있다. 프라이팬 손잡이 모양의 지역과 남서부는 날씨가 건조하며, 너른 잔디 벌판과 푸른 화강암 산들이 있다. 조그만 마을마다 카우보이들의 생생한 유물인 승마용 안장과 기타 유물들을 파는 상점들이 있다. 반면에 동쪽은 아열대 기후를 보이며, 습기가 많다. 오클라호마주는 여름이 길며 매우 덥고, 겨울은 짧으나 추운 날씨를 보이고 있다.

○ 개척 역사

오클라호마주의 역사는 넓게 보아 아메리칸 인디언의 역사로 볼 수 있다. 약속과 조약들이 깨어지는 이야기들이다. 유럽인들이 북아메리카에 들어오기 전에는 Osage, Arapaho, Comanche, Apache 인디언 부족들의 생활 터전이었다. 1682년 La Salle는 오클라호마를 프랑스 땅으로 권리를 선언했다. 이후 1803년 토마스 제퍼슨 대통령이 프랑스와 Louisiana Purchas를 체결하여 오클라호마를 미국이 차지하게 되었다. 토마스 제퍼슨 대통령이 루이지애나 매입으로 프랑스로부터 획득한 땅의 일부였다. 멀리 떨어져 있는 오클라호마가 포함된 서부 지역은 추방되는 인디언들에게 항상 새로운 터전과 자유를 제공해 줄 수 있을 것으로 믿었다.

위스콘신주, 일리노이주, 인디애나주와 미국의 남동부 지방에서 추방된 12 부족의 인디언들이 미국 정부에 의해 정해진 인디언 영토로 이주해 왔다. 1809년 초 Delaware, Sac, Fox 인디언 등이 오클라호마로 추방되었다. 1830년 미국 의회는 오클라호마를 인디언 지역으로 공식화하였으며, 추방이 계속되었다. 1831년에서 1833년까지에 2만여 명의 Choctaw 인디언이 오클라호마로 이주해 왔으며, 1838년에는 15천여 명의 Cherokee 인디언들이 Trail of Tears를 따라 강제적으로 힘든 여정을 겪으며 오클라호마에 정착 하였다. 이 고단한 여정으로 인해 오클라호마로 오는 동안 4천여 명의 Cherokee 인디언이 생명을 잃었다. Creek, Chickasaw족도 오클라호마로 이주당하였다.

1834년 미국 의회는 오클라호마를 Indian Territory라는 이름으로 분리된 지방으로 지정하였다. 각 부족이 그들의 정부, 땅, 학교에 대해 자체적으로 통치권을 갖도록 한 적이 있었다. 그들은 농부가 되었고 몇몇은 남부에서처럼 노예를 소유하기도 했다. 남북 전쟁 때에 이들 인디언 부족 국가들은 북부 연합에 기울어 있었으며, 전쟁이 끝났을 때 흑인 노예들은 인디언 국가에서 동등한 시민으로 받아들여졌다.

1869년 미국 군대는 Fort Sill Military Reservation을 설립하여 인디언 부족 국가들을 군사적으로 통제하였다. 1870년대를 거치면서 25개 이상의 인디언 부족 국가들이 오클라호마에 강제 편입되었다. 1889년에 오클라호마는 처음으로 백인 정착민들에게 개방되어 그들에게 무료로 땅을 제공하자 땅을 차지하려고 즉각 모여들었으며, 인디언의 땅은 점점 줄어들었다. 1890년 오클라호마의 영역이 확정되었으며. 이로 인해 오클라호마에는 실제적으로 인디언 부족 국가의 영역과 오클라호마의 영역으로 2개의 영역이 존재하게 되었다.

1893년 Dawes Commission은 인디언 부족 국가들의 폐지를 결정하였다. 인디언 부족 국가들은 함께 일하며 그들 자신들의 연합체를 만들었다. 1905년에 그들은 Sequoya라는 새로운 국가를 만들려고 했으나, 미국 의회가 국가의 지위에 관한 그들의 청원을 기각하였다. 오클라호마의 영역이 확정되었기에 인디언 영역이 오클라호마에 합류되었다. 1907년 인디언 부족 국가와 오클라호마 영역이 함께 오클라호마주로서 미국의 46번째 주로 연방에 참여하게 되었다. 오클라호마주의 인장에는 다섯 개의 인디언 부족 국가를 상징하고 있으며, 지금도 인디언의 문화와 언어가 살아 있다.

1930년대에 미국의 대공황 속에서 오클라호마주에는 긴 가뭄이 이어져 땅이 메마르고 풀이 사라지면서 먼지와 모래폭풍이 생겨나 집과 길이 파묻히게 되었다. 거대한 먼지 구름을 수백 마일 떨어진 곳에서도 볼 수 있었으며, 그 지역이 황무지로 변해져 이들 지역을 먼지 그릇이라고 불렀다. 이로 인해 절반 이상의 주민들이 새로운 일자리를 찾아 캘리포니아 등으로 떠나갔다.

○ 주요 산업

오클라호마주의 주축 산업은 석유이다. 석유가 광범위하게 매장되어 있어 어떤 사람들은 뒷마당에서 석유 샘을 발견하기도 했다. 1889년 석유와 개스의 발견이 새로운 부를 가져왔다. 오클라호마주에서의 석유와 가스의 생산 규모는 미국 내 4위를 보이고 있으며, 가스로부터 추출되는 헬륨은 첫 번째이다. 많은 원유 채굴과 정제소, 큰 규모의 석유 회사 본부가 Tulsa에 있어 석유 산업의 중심지가 되어 있다. 오늘날 석유와 천연가스가 거의 모든 카운티에서 발견되었으며, 석탄 매장도 풍부하다. 그밖에 기계, 플라스틱, 탄성고무 등을 생산하고 있다. Ozark Plateau를 포함하고 있는 오클라호마주 동부 지역의 고원 지대에는 납, 아연, 석탄이 매장되어 있다.

소를 기르는 목축은 오클라호마주 경제에서 중요하다. 오늘날 소고기 생산은 주요한 산업으로 미국 내에서 4위를 차지하고 있다. 주의 절반을 차지하는 건조한 서부 지역에서는 밀, 호밀을 주로 경작하며 생산량이 미국 내에서 5위를 나타내고 있다. 목장에서는 소, 양, 말, 칠면조를 기르고 있다. 반면에 습한 기후를 보이고 있는 동부 지역에서는 수수, 땅콩, 목화가 재배되고 있다.

○ 관광 명소

Chickasaw National Recreation Area: 이곳은 901 W 1ˢᵗ St, Sulphur, OK에 소재하고 있다. 오클라호마주의 남부 중앙 지역에 있는 Chickasaw에

는 수영하기에 좋은 환경이 조성되어 있다. 신선한 물이 솟아나는 샘들이 모여 있으며, 수영장이 있고, 계곡과 호수들이 있다. 또한 이 지역의 500sq miles 범위에서는 지하의 물이 구멍이 많은 석회석과 백운석을 거쳐서 땅위로 분출하고 있다. 여기에서 계곡과 온천들을 둘러볼 수 있으며, 물의 신비로움을 탐험할 수 있다.

National Cowboy Hall of Fame and Western Heritage Center: 이곳은 1700 N. E. 63rd Street Oklahoma City, OK에 소재하고 있다. 초기 개척자들이 살던 잔디 떼 집들과 사롱, 광산 등을 재생시켜 놓았으며, 그림, 조각품, 기타 수공예품 등을 진열해 놓았다.

Woolaroc: 이곳은 Box 1647 Battlesville, OK에 있다. 들소를 비롯해 40여 가지의 야생동물들의 보존 지역으로 동물들이 어슬렁거리며 다니는 것을 차를 타고 관찰할 수 있는 곳이다.

Oregon

○ 일반 소개

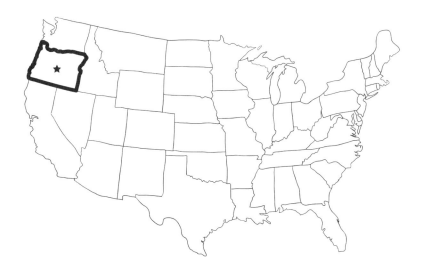

　오리건주는 미국의 북서부 지방에 위치해 있으며 태평양에 접해 있다. 1859년 2월 14일 33번째로 연방에 가입하였으며, 면적은 248,645sq km로 미국의 50개 주 가운데 10위이고 인구는 4,237천 명으로 27위이다. 주요 도시로는 주도인 Salem과 Portland, Eugene이 있다. 오리건주는 The Beaver State, the Hard-Case State 등으로도 불리어지고 있다. 주의 명칭이 어떻게 만들어졌는지 확실히 알 수는 없으나 프랑스계 캐나다인들이 허리케인이나 폭풍우를 ouragan이라고 부른 데에서 연유한 것으로 보는 견해가 있다.

땅이 기름진 계곡과 나무가 무성한 숲, 400마일에 이르는 흰 모래의 태평양 해변, 자유가 약속된 땅이었던 오리건은 개척 초기에 35만 명이 넘는 이주자들을 불러들였다. 이들 초기 이주자들은 미국의 동부에서부터 2천 마일의 Oregon Trail을 통해 많은 어려움을 견디며 이곳에 정착하러 왔다. 이로부터 1세기 이상의 시간이 흘렀음에도 아직도 오리건주로 이주하고자 하는 매력은 여전하다. 매년 새로운 이주자들이 들어오고 있으며, 수백만 명의 관광객들이 오리건의 경이적이고 아름다운 자연을 즐기며 다녀가고 있다.

오리건주는 어느 주보다도 목재가 많으며 미국의 원목 산업을 주도하고 있다. 동쪽 지방에 있는 Blue Mountain산에는 Ponderosa소나무가 울창하며, 서부의 해안 지역과 Cascade 산악 지대에는 Douglas 전나무가 무성하다. 땅이 기름진 Willamette Valley에서는 많은 과수원들이 있고, 주에서 가장 큰 포틀랜드와 주도인 Salem이 있다.

○ 자연환경

오리건 주는 꼬불꼬불한 해안선, 흰 모래사장, 외로워 보이는 등대, 자그마한 항구 마을, 눈 덮힌 산, 광야의 땅, 기름진 골짜기 등 여러 지형이 얽혀 있다. 태평양 해안을 따라 깎아지른 듯한 절벽은 해안의 만을 둘러싼 거대한 벽이 둘러쳐진 것 같다. 뒤틀려 뾰족하게 솟아나 있는 바위는 출렁이는 파도 가운데 보초를 서고 있는 것 같다. 해변과 평행으로 놓여 있는 해안 지역에는 작은 타운과 어촌 마을 그리고 많은 주립공원들이 해안을 따라 줄지어 있다. 대부분의 해안은 안개가 많고 숲이 우거져 있어 바닷새들의 보금자리가 되며, 바다사자와 혹고래가 종종 떼를 지어 살고 있다. 이곳에 있는 낮은 산에는 안개와 비로 흠뻑 젖어 있고 전나무, 소나무 등의 삼림이 이루어져 있다.

Cascade산맥이 습하고 기름진 오리건의 서부 지역과 건조한 동부 지역으로 나뉘어 놓고 있다. 캐스케이드산맥에는 울퉁불퉁한 산의 정상에서 떨어지는 폭포가 많아 폭포산맥이라 불린다. 서쪽의 해안 지역과 캐스케이드산맥 사이에 Willamette Valley가 있다. 1840년대에 이곳의 기름진 땅에 대한 소문이 미국 동부에 알려지면서 수많은 개척자들이 Oregon Trail길을 따라 이곳에 들어왔다. 이곳으로 이주해 온 농부들은 그들이 씨앗을 심기만 하면 잘 자라나는 그들의 땅을 자랑하였다. Willamette Valley에는 오리건주의 대부분의 주요 도시들이 놓여 있다. 이들 도시로는 Portland, Eugene, Salem이 있다. 정착민들은 나무를 베어 다리를 놓고 흰색의 판자로 집을 지어 New England의 모습을 재생하면서 생활하였다. 이러한 집들과 다리들이 아직도 오리건주 주도인 Salem에 많이 남아 있다. Salem시는 선교사들의 정착촌으로 뉴잉글랜드에서 온 개척자들에 의해 세워졌으며, Salem은 평화를 의미하는 히브리어인 Shalom에서 따온 것이다.

오리건주의 북쪽 지역에는 북쪽의 워싱턴주와 경계를 이루고 있는 Columbia강이 흐르고 있다. 초기 정착민들은 이 강을 통해 서쪽 바다로 항해하기를 시도하였으나, 물살이 너무 강하여 뗏목이나 바닥이 평평한 배로는 불가능했다. 오늘날은 이러한 강한 물살이 Columbia Dam에 의해 전기 동력을 생산하고 있으며, 이곳에서의 수력 발전량이 미국 대륙의 수력 전기의 3분지 1을 공급하고 있다. 강의 하구에 있는 Portland시는 사업 및 산업의 핵심 역할을 하는 항구이다. 미국에서 판매되는 대부분의 일본제 차량이 이곳을 통해 하역되고 있다.

Cascade산맥의 동쪽에는 건조하고 거친 기후를 보이고 있는 Columbia 고원 지대가 있다. 여기에서는 방목이 이루어지고 있으며, 관개수로를 통해 밀과 건초를 재배하고 있다. 북동쪽에는 오리건주의 동쪽에 있는 아이다호주로부터 흘러온 Snake강이 흐르고 있다.

○ 개척 역사

오늘날 오리건이라고 불리는 땅에는 10,000명 이상의 인디언들이 살고 있었다. Athabascan, Chinook, Shoshone 등의 인디언 부족들이 태평양 연안에서 Continental Divide 사이의 오리건 지역에 살고 있었다. 1579년 Francis Drake가 오리건의 태평양 해안을 따라 항행하였고, 그 후 1774년 사이에 스페인 탐험가들이 이 해안을 다녀간 가운데 가장 알려진 인물은 Juan Perez이다. 해안을 항행하던 사람들 중에서 Bruno Heceta가 Point Granville라고 불리는 해안에 상륙하여 그 지역의 소유를 공식적으로 선언하였다. 이 지역은 북위 46도 9분인 지점으로 큰 강의 하구이거나 해협이었다. 유럽인 탐험가들이 땅을 요구하자마자 인디언과의 갈등이 시작되었다. 1778년 영국인 James Cook 선장이 오리건 해안을 발견하고서 탐험을 하였으며, 1792년에는 미국인 선장 Gray가 Columbia강의 하구를 발견하였다.

1805년에서 1806년 사이에 Lewis와 Clark가 최초로 육지를 통해 탐험하였다. 이들의 탐험 시기에는 다소 인디언들과 평화스런 관계를 이루고 있었다. 당시 탐험가들과 Shoshone 인디언 통역사인 Sacagawa가 함께 쓰던 겨울 집을 방문할 수 있다. 백인들의 영구 정착이 이루어진 것은 1811년 미국인 회사 John Jacob Astor's Pacific Fur Company가 설립되면서 시작되었다. 무역 거점으로 삼았으며 그곳의 지명을 Astoria로 불렀다. 1818년 영국과 미국은 공동으로 오리건을 점유하기로 합의하였다.

오리건으로의 본격적인 초기 이민은 1842년에 Oregon Trail을 따라 시작되었으며, Oregon Trail은 1870년대에 철로가 만들어질 때까지 동부에서 오리건으로 오는 데에 크게 기여한 길이었다. 오리건의 소유권을 놓고 영국과 미국 간에 오랫동안 논쟁이 계속되었다. 결국 1848년 협상이 이루어져 오리건의 영토가 확정되었고 1850년 Donation Sand Act 법이 제정되어 정착민들에게 무료로 땅을 주었다. 1853년 Rogue River Valley에서 금이 발견되면서 수천 명의 캘리포니아 광부들이 이곳으로 들어왔다. 1859년에 미국의 33번째 주로 연방에 가입되었다. 1866년 최초의 통조림 제조공장이 Columbia 강변에 세워졌고, 1883년에는 대륙 횡단 철도가 오리건에 도달했다.

○ 주요 산업

Cascade산맥의 동편에 있는 고원 지대에서는 소와 양을 기르고 있으며 농부들은 밀과 감자를 생산하고 있다. 캐스케이드산맥의 서쪽 지역에는 농장들이 잘 가꾸어져 있다. 특히 Williamette강 유역은 꽃 재배 단지가 잘 조성되어 있으며, 여기에서 튤립, 수선화, 백합꽃들과 꽃의 뿌리들을 생산하여 세계 각처의 정원 관리자들에게 판매하고 있다. 오리건주는 미국에서 유일한 개암 열매의 집산지로 매년 수만 톤의 개암 열매를 생산해 오고 있다. 어업도 오리건주에서 중요한 분야이다. 게, 새우, 연어 등이 어획되고 있으며 상업용으로 팔려 나가고 있다.

오리건주의 거의 절반이 숲으로 뒤덮여 있어 미국에서 목재 산업을 주도하고 있다. 목재 산업은 1883년에 시작되었는데 이때는 Northern Pacific 철도가 오리건에 도달한 때이다. 1939년에 이르러 목재 산업이 선도 산업이 되어 지금까지 이어 오고 있다. 캐스케이드산맥의 서부에서 자라고 있는 Douglas 전나무가 중요한 수출 목재이다. 산맥의 동편 지역에서는 각종 소나무와 흰전나무의 목재가 생산되고 있다. 오리건주의 대부분 지역에서 건축 자재로 쓰이는 모래와 자갈이 생산되고 있다. 또한 점토와 대리석, 자석돌 등이 매장되어 있다.

○ 관광 명소

Crater Lake National Park: 공원은 1 Sager Building, Crater Lake, OR에 소재하고 있으며 규모는 286sq miles(741sq km)이다. 크레이터 호수 국립공원은 오리건주의 남부 지방에 위치해 있으며, 약 7,700년 전 Cascade산맥에 있는 Mount Mazama산의 화산 폭발로 용암이 분출되면서 산 정상이 거대한 분화구로 바뀌어졌으며 시간이 지나면서 빗물과 눈 녹은 물이 채워져 산정 호수가 되었다. 호수의 깊이가 1,932피트로 미국에 있는 호수 가운데 가장 깊으며, 호수물이 매우 맑아 햇빛이 물속으로 400피트에 이르러 사파이어 파란색을 만들어 내고 있다.

John Day Fossil Bed National Monument: 이곳은 32651 Highway 19, Kimberly, OR에 소재하고 있다. 4천만 년을 지나면서 만들어진 700기 이상의 화석들이 공원의 세개의 구역에 나뉘어져 놓여 있다. 화석에는 꽃이 피는 식물과 포유류 동물이 화석화되어 있다. 여기에는 14종의 고대 말들과 거북, 악어, 곰, 등 다양한 동물의 화석이 있다.

Oregon Caves National Monument: 이곳은 19000 Caves Hwy, Cave Junction, OR에 소재하고 있다. 오리건주의 서남부 지역에 있는 무성하게 우거지고 오래된 우림의 지하에 숨겨져 있는 동굴들이 있다. 이곳의 오리건 동굴은 대리석으로 이루어진 특이한 동굴이다. 암석이 처음에는 석회석으로 시작되었으나, 열과 압력을 받아 부드럽게 깎여져 희고 전형적인 대리석의 모습으로 변화되었다.

Pennsylvania

○ 일반 소개

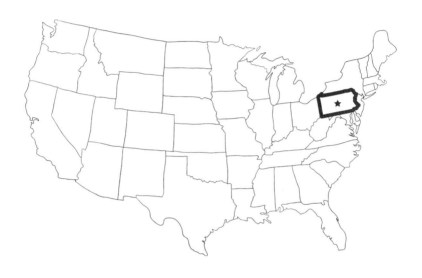

　펜실베이니아주는 미국의 북동부 지방에 속해 있으며, 1787년 12월 12일 2번째로 연방에 가입하였다. 면적은 116,084sq km로 미국의 50개 주 가운데 32위이고 인구는 13,003천 명으로 5위이다. 주요 도시로는 주도인 Harrisburg와 Philadelphia, Pittsburgh 등이 있다. 펜실베이니아주는 The Keystone State, the Quaker State라고도 불리운다. William Penn이 새로운 식민지를 개척하기 위해 1682년 펜실베이니아에 도착하였을 때에 많은 땅이 숲으로 뒤덮여 있었다. Penn은 그 땅의 이름이 영어로 나무

266

가 많다는 의미를 가진 Sylvan으로 불리어지길 원했다. 영국 왕 Charles 2세가 Penn의 아버지인 Admiral William Penn을 존경하기 위해 Sylvan에 Penn을 붙이게 하여 Pennsylvania라는 주의 명칭이 만들어졌다.

대서양 해안과 5대호 사이에 놓여져 있는 펜실베이니아주는 대부분이 시골 지역이나 몇몇 도시에서는 경탄할 만한 다양한 모습을 보여 주고 있다. 또한 미국 독립의 산실 역할을 했던 도시인 Philadelphia와 미국의 철강 산업을 이끌어 온 Pittsburg를 자랑스러워하고 있다. 펜실베이니아주의 시골은 아름다운 풍경으로 이어져 있고, Allegheny산맥과 Amish Country, Gettysburg 등은 흥미와 관심을 갖게 한다.

펜실베이니아주는 식민지 시절부터 핵심 역할을 담당하였으며, 13개 영국 식민지들 가운데 중앙에 놓여 있어 Keystone State라는 별칭을 얻게 되었다. Keystone은 돌이나 벽돌로 만들어지는 아치의 중앙에 놓이는 돌이다. 후에는 철강 산업의 중심이 되었고, 미국 동부와 중서부 지방을 연결하는 가교 역할을 담당하였다. 오늘날 펜실베이니아주의 대부분의 주민들은 도시와 타운에서 살고 있다. 식민지 시절부터 주에서 가장 크고 미국 내에서도 다섯 번째로 큰 도시인 Philadelphia와 근처에서 전체 인구의 3분 1 이상이 살고 있다. 형제의 사랑을 의미하는 이름의 필라델피아는 미국의 독립선언과 헌법이 만들어진 장소인 Independence Hall을 포함하여 역사적인 상징물이 많이 남아 있는 보물 상자이다.

○ 자연환경

직사각형 모양의 펜실베이니아주는 대서양의 해변에서부터 애팔래치아산맥을 가로질러 Great Lakes에 이르도록 뻗어 있다. 펜실베이니아주 영토의 많은 부분이 북동쪽에서 남서쪽으로 평행으로 놓여 있는 2개의 산맥인 Appalachian산맥과 Allegheny Plateau고원 지대 사이에 놓여 있다. 주의 남동쪽 코너에는 땅이 기름진 대서양 해안 평원이 있다. 펜실베이니아주는 대서양 중부 지방의 여러 주들 가운데 바다와 접해 있지 아니한 유일한 주이다. 그러나 펜실베이니아의 4개의 강들 중 Delaware강 하구에 중요한 항구인 Philadelphia가 놓여져 있다.

펜실베이니아주에 있는 약 4,500개의 시내와 강들이 영토의 대부분인 산과 계곡 사이를 교차하며 흐르고 있다. 산맥에서 발원한 물줄기는 뉴욕주와의 경계에 이르기까지 3개의 방향으로 흘러내려온다. 몇몇 작은 물줄기는 북서쪽으로 흘러 Lake Erie 호수로 들어가면서 소멸되며, 좀 더 큰 물줄기는 남동쪽으로 흘러 Susquehana River강과 Chesapeake Bay로 들어가고 있다. 또 다른 물줄기는 오하이오주로 들어가서 미시시피강에 합류되어 최종적으로는 멕시코만에 도달한다.

오늘날 푸른 숲이 무성한 펜실베이니아주의 풍경은 숲을 잘 가꾸고 보존해 온 결과이다. 숲이 한 번 거의 다 베어졌었고 다시 회복되어 무성하게 자라나 있다. 필라델피아가 있는 주의 남동쪽 코너에는 땅이 기름진 대서양 해안 평원이 있어 옥수수와 건초가 재배되고 있으며 가금류와 젖소의 목축도 이루어지고 있다. 여름에는 시원하고 겨울에는 눈이 많이 내린다. 지대가 낮은 지역은 기후가 온화하다.

필라델피아에서 약 65마일 떨어진 곳에 Pennsylvania Dutch country가 있는데, 이는 19세기에 보수적이고 엄격한 교리를 갖고 있는 독일인들이 세운 마을이다. Amish라 불리는 이들은 전기나 자동차, 심지어 버튼 같은 현대의 편의 제품을 배격하고 전통적인 생활 방식을 고수하며 생활하고 있다.

○ 개척 역사

펜실베이니아를 최초로 탐험한 유럽인은 네덜란드인 Cornlius Mey 이었다. 그는 1614년 Delaware강을 다녀갔으며, 현재의 Chester 지역을 탐험하였다. 그러나 Mey는 식민지를 만들지는 않았다. 1643년 스웨덴인 이주자들이 유럽인 최초의 영구 정착촌을 세웠다. 그들이 세운 정착지는 지금의 필라델피아 바로 남쪽에 있는 New Sweden이었으며, 점차 동부로 퍼져나가 Wilmington, Delaware에 이르렀다. 스웨덴인 정착민들은 원주민으로부터 보호하기 위해 Christina 요새를 세웠다. 스웨덴인 정착민들은 곧바로 Delaware강을 따라 탐험했던 네덜란드인들과 다투기 시작했다. 스웨덴인과 네덜란드인들의 갈등은 모피의 무역 권리와 땅에 대한 것이었다. 1654년 스웨덴인들이 힘으로 네덜란드인들의 교역소를 차지해 버렸다. 그러자 그다음 해 New Netherland의 지도자인 Peter Stuyvesant이 스웨덴 정착촌을 공격하여 스웨덴 정착촌을 차지해 버렸다. 하여튼 스웨덴인도 네덜란드인도 펜실베이니아를 오랫동안 차지하지는 못하였다. 1664년 영국이 지난 10년간 네덜란드가 지배해 왔던 New Netherland를 차지해 버렸다.

1681년 영국의 Charles 2세 왕이 Society of Friends의 탁월한 회원이던 William Penn에게 펜실베이니아의 땅을 하사하였다. 당시 Penn이 하사받은 땅은 117,000sq km나 되었다. 1682년 Penn은 Welcome이라는 배를 타고서 이곳에 왔으며, Penn과 함께 Quakers 교도들도 들어왔다. Penn은 모든 사람이 자유롭고 평등하다고 믿는 퀘이커 교도이거나 옹호자였다. 그는 모든 신앙인들이 이 땅에 오는 것을 환영하며 그들에 의한 통치가 이루어지길 원했다. 정착민들을 모으는 광고를 하였으며, Penn의 식민지는 종교의 자유를 찾아오는 사람들의 땅이 되었다. 1680년대에는 주로 영국의 신앙인들이 이주해 왔으며, 후에 독일인 정착민들이 들어왔다. 이들 독일 정착민들은 Pennsylvania Dutch라 불리고 있다. 한편 인디언들과도 평화적인 관계를 수립하여, 인디언들도 공정하게 대우하면서 그의 식민지는 평화롭게 번영하였다. 그들은 배심재판과 기타 자유를 보장하는 최초의 법을 통과시켰으며, 이는 후에 미국헌법의 일부가 되었다.

1774년 미국 최초의 대륙회의가 필라델피아에서 개최되었으며, 1775년에서 1776년에 제2차 대륙회의가 필라델피아에서 열려 미국 독립선언서를 채택하였다. 독립 전쟁 때 펜실베이니아의 Valley Forge 지역은 최종 승리를 이루기 전에 George Washington 장군과 그의 부대원들이 혹독하게 추운 겨울을 보냈던 곳이다. 1787년 필라델피아 집회에서 미국의 헌법이 채택되었으며, 1790년에는 필라델피아가 미국의 수도가 되었다. 그 후 1800년 수도가 Washington으로 옮겨 갔다. 남북 전쟁 때에 펜실베이니아주는 남부군이 북부로 가장 깊숙히 침투해 온 곳으로 치열한 전투가 있었던 북부 주들 가운데 유일한 주이다. 1863년 7월 1일부터 3일 사이에 있었던 Gettysbug 전투는 남북 전쟁에서 승패를 가른 전환점이 되었다.

○ 주요 산업

1850년대에 펜실베이니아주에서 석탄, 석유, 석회석이 발견되어 채굴되었고 북서쪽에 있는 5대호를 가로질러 철광석이 운송되면서 강력한 산업의 중심지가 되었다. 펜실베이니아주는 매우 산업화되어 있는 주로 17,000여 개의 기업들로부터 철로에서 나일론에 이르기까지 300여 개의 다양한 품목들이 생산되고 있다. 미국에서 첫 번째 철강 공장이 Pittsburgh 지역에 세워졌다. 언덕에 세워진 피츠버그시는 미국에서 석탄이 가장 많이 매장되어 있는 지역의 중심으로 아직도 미국 철강 생산의 중심지이다. 미국산 철강의 경쟁력 저하로 많은 일자리가 사라졌다. 그러나 펜실베이니아주의 서부 지역은 아직도 산업 지역으로 시멘트, 석회, 석유, 중장비, 가공식품 등의 산업이 이루어지고 있다. 펜실베이니아주에는 철광석, 무연탄의 매장량이 풍부하다.

그럼에도 불구하고 주의 전체 면적의 60%가 숲을 이루고 있다. 산지에서는 너도밤나무, 단풍나무, 자작나무, 상록수가 무성하며, 저지대에서는 히코리, 참나무, 검은 호도나무가 우거져 있다. 펜실베이니아주는 300개 이상의 호수와 고대 빙하 시대의 흔적 들은 보트를 즐기는 사람들과 낚시꾼들에게 매력적이다. 필라델피아주는 미국 북동부의 모든 주가 소유하고 있는 공립공원과 숲을 합친 것보다 더욱 많은 공원과 숲을 가지고 있다. 펜실베이니아주의 농장에서는 메밀, 옥수수, 담배, 채소가 재배되고 있으며, 과수원 과일들과 포도, 머위 등을 생산하고 있다. 목장에서는 양계, 소, 젖소 등이 길러지고 있다.

○ 관광 명소

Delaware Water Gap National Recreation Area: 이곳은 Delaware Water Gap, PA에 소재하고 있으며 규모는 104sq miles(270sq km)이다. 1955년 Connie와 Diane 2개의 허리케인이 동부 해안을 휩쓸고 지나갔다. 이로 인해 펜실베이니아주 서부의 Paconos산맥에 있는 델러웨어강의 지류인 길이 210마일의 Broad Head Creek이 허리케인으로 인하여 15분 만에 수면이 30피트나 높아지면서 100여 명의 인명을 앗아 갔고 많은 집들이 델러웨어강으로 쓸려 내려갔다. 이에 정부는 강에 있는 Tock섬에 강을 가로질러 다목적 댐을 만들어 홍수 조절과 수력 발전, 용수를 공급해 오고 있다. 한편 인공 호수를 만들어 레크리에이션을 즐길 수 있는 기반시설을 갖추어 놓았다.

Valley Forge National Historical Park: 공원은 1400 N Outer Line Dr, King of Prussia, PA에 소재하고 있다. 이곳은 역사뿐만 아니라 아름다운 순환도로를 따라가며 즐길 수 있는 곳이다. Valley Forge 공원 안에는 독립 전쟁 당시의 조지 워싱턴 부대의 본부가 복원되어 당시의 추운 겨울에 주둔했던 것을 상기시키며 기념하고 있다.

John Heinz National Wildlife Refuge at Tinicum: 이곳은 8601 Lindbergh Blvd, Philadelphia, PA에 소재하고 있다. 10마일의 오솔길이 조성되어 있어 야생의 자연과 접할 수 있다. 보호구역의 이름은 이곳 Tinicum 습지 보호에 기여했던 John Heinz의 이름으로 부르게 되었다.

Gettysburg National Military Park: 공원은 1195 Baltimore Pike Gettysburg, PA에 소재하고 있다. 미국의 남북 전쟁에서 결정적인 전

환점이 되었던 게티스버그 전투를 기념하는 장소이다. 1863년 7월 1일에서 3일에 있었던 치열한 남군과 북군의 전투가 있었던 곳으로 전체 51,000여 명이 전사한 곳이다. 남북 전쟁에서 북군이 게티스버그 전투에서 승리함으로써 연방이 지켜질 수 있는 승기를 잡게 되었다.

Rhode Island

○ 일반 소개

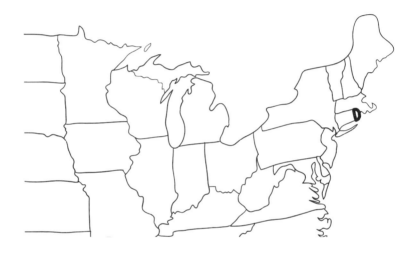

　로드아일랜드주는 미국의 북동부 지방의 뉴잉글랜드에 속해 있으며, 1790년 5월 29일 13번째로 연방에 가입하였다. 면적은 2,707sq km로 미국에서 가장 작은 주이며 인구는 1,097천 명으로 43위이다. 주요 도시로는 주도인 Providence를 비롯해 Warwick, Cranston 등이 있다. 로드아일랜드주는 the Smallest State, Ocean State라고도 불려지고 있다. 주의 명칭인 Rhode Island는 Narraganset Bay에 있는 35개의 섬들 가운데 가장 큰 섬의 이름으로, Rhode는 그리스의 성 이름에서 연유된 것이다.

동서 간의 폭이 60Km에 불과한 반면 Narragansett Bay와 섬들의 주변 해안선의 길이는 644Km에 이른다. 비치, 만, 목가적인 시골들이 섞여 있으며, 여기에는 밝은 색상으로 되살아나고 있는 Providence, 산들바람 이 불고 있는 매력적인 도시인 Newport와 Block Island가 있다. 인구 밀 도는 뉴저지주 다음으로 높으며, 주민의 80% 이상이 동부의 도시 지역 에서 살고 있다. 과거의 부유했던 생활과 현재의 창의적인 열정을 볼 수 있다.

주민이 단지 백만여 명에 불과하지만 로드아일랜드주는 매우 다양하 다. 당초에는 Narragansett, Wampanoag 등 인디언들이 살았고, 식민지 시절에는 개신교의 소수파인 프랑스계 Huguenots, 영국인 퀘이커 교도 들과 포르투갈의 Sephardic Jews들이 신앙의 자유를 찾아 이곳에 들어 왔다. 1820년대에는 유럽의 각지의 노동자들이 로드아일랜드에서 새롭 게 부상하던 산업에서 일하러 들어왔다. 이로 인해 오늘날 매우 다양한 출신의 후손들이 살아가고 있다.

로드아일랜드주는 미국의 독립을 선언하기 2개월 전에 최초로 영국 으로부터의 독립을 선언하였다. 미국의 주들 가운데 가장 작은 주임에 도 불구하고 다양한 인상을 주고 있다. 한때는 뉴잉글랜드의 식민지로 서 뉴잉글랜드의 행색이 남아 있다. 황금색으로 빛나고 있는 New Port, 파란색으로 겉치레한 건물들을 Providence, Woonsoket, Pawtucket에 서 볼 수 있다. 미국의 산업 혁명 시기에 spinning jenny, power loom, torpedo boat 3가지 품목이 이곳에서 최초로 생산되었다.

○ 자연환경

　로드아일랜드주는 뉴잉글랜드의 6개 주 가운데 하나이다. 본래 Aquidneck Island라고도 불리던 Rhode Island는 Narragansett Bay에 있는 가장 큰 섬의 이름이다. 오늘날의 로드아일랜드주의 영토는 Rhode Island뿐만 아니라 Connecticut Island, Prudence Island, Block Island와 Bay 주변 땅을 포함하고 있다.

　로드아일랜드주의 서부와 중앙 지역은 바위와 숲으로 덮혀진 언덕 지대이다. 땅이 매우 적음에도 불구하고 숲에 수 마일 이어진 돌담으로 울타리를 만들고 숲을 개간하여 작물을 재배하고 있다. 주 전체의 3분지 1 가량이 호수와 연못, 저수지, 습지, 강들로 구성되어 있다. 동부와 남부는 해안 지대로 모래 해변과 소금 연못, 바위 절벽과 섬들이 놓여 있다. 해안의 저지대에는 역사상 허리케인과 홍수가 자주 발생하였다.

　로드아일랜드주의 가장 큰 천연자원은 해안과 Narragansett Bay이다. 남쪽의 Aquidneck섬에는 Naval War College를 포함하고 있는 가장 큰 해군기지가 있다. 또한 이곳에 있는 Newport는 1720년대부터 가장 멋진 여름 휴양지였으며, 최근에는 음악 축제, 국제 요트 경기와 테니스 대회가 열리고 있다. 또 다른 휴양지가 Block Island와 서부 해안에 놓여 있다.

○ 개척 역사

　로드아일랜드에는 본래 원주민인 Narraganset, Wampanoag 인디언들이 살고 있었다. 식민지 시기에 프랑스인 Huguenots, 영국인 Quakers, 포르투갈인 Sephardic Jew 종교인들이 식민지에서의 종교 자유를 알아보기 위해 로드아일랜드에 들어왔다. 로드아일랜드의 설립자로 Roger Williams를 들 수 있는데, 그는 1636년 그의 추종자들과 함께 매사추세츠에서 이곳으로 이주해 왔다. 윌리엄스 그룹은 청교도들로부터 배척당하여 축출되었는데, 그 이유는 신앙에서 청교도와 차이가 있었기 때문이었다. 한편으로는 영국인들이 인디언들로부터 땅을 빼앗는 것을 비판했기 때문이었다. 로드아일랜드에서 전통적으로 지켜 온 신앙의 자유로 인해, 퀘이커 교도, 유대인, 제칠일 안식 교인 등이 당시 자유롭게 예배드릴 수 없었던 나라들에서 로드아일랜드로 이주해 왔다.

Williams와 그의 추종자들은 그의 지역에서 인디언들과 평화조약을 맺고, 1639년 Providence에 First Baptist Church를 세웠다. Williams는 그가 접하는 인디언들과 좋은 관계를 유지하고 있었으나, 1652년 Wampanoag 인디언의 지도자 King Philip이 그들이 빼앗긴 땅을 찾기 위해 식민지의 유럽인들과 전쟁을 시작하였다. 결국 필립은 잡혀서 1676년 처형당함으로 이곳에서의 인디언 세력은 사라졌다. 1663년 영국 왕 Charles 2세가 로드아일랜드와 Providence Plantation의 설립을 허가해 주었으며, 로드아일랜드에서는 완전한 종교 자유가 주어졌다.

로드아일랜드가 독립을 몹시 원하던 중, 1769년 영국의 세금 부과에 대해 최초로 영국에 저항하였다. 1772년 영국의 Gaspee 선박이 세금을 징수하려고 왔을 때 이곳의 주민들이 배에 불을 질렀다. 1775년 3월 2일에는 Providence 주민들이 영국 배에 있던 tea를 Narraganset만에 내던져 버렸다. 로드아일랜드는 다른 12개의 식민지인 주들이 독립을 선언하기 2달 전인 1776년 5월 4일에 영국으로부터의 독립을 선언한 첫 번째 주였다. 로드 아일랜드는 스스로를 First Free Republic in the New world라고 불렀다. 그러나 로드아일랜드는 너무나 강력한 중앙 정부의 탄생을 두려워하여 권리법안이 헌법에 첨가된 1790년까지 기다렸다가 연방에 가입함으로 13개 식민주 가운데 맨 마지막으로 미국 헌법을 비준하였다.

○ 주요 산업

로드아일랜드주는 최초의 노예 자유주였음에도 불구하고 18세기 동안 삼각무역 형태로 노예 무역으로 재산을 축적하였다. 로드 아일랜드가 주로 만들어진 후 몇 달이 지나서 산업화가 시작되었다. Pawtucket에서 22살의 영국인 기계공이 Samuel Slater라고 하는 수력을 이용한 방적 기계를 만들어 방적 공장을 미국에서 처음으로 세웠다. 수십 개의 공장 마을들이 Blackstone강의 유역에 생겨나 방적 산업이 급속히 퍼져 나갔다. 직조 기계도 만들어져 한때는 주의 전체 경제에서 섬유 산업 비중이 절반을 넘기도 하였다.

로드아일랜드가 1652년 5월 18일에 북미에서는 최초로 노예제를 반대하는 법을 통과시켰고, 실제 1784년 노예제를 폐지하였다. 로드아일랜드에서 노예제를 폐지한 것은 매우 충격적이었다. 왜냐하면 당시 로드아일랜드의 경제적 기반이 그 유명한 삼각무역에 기초하고 있었기 때문이었다. 즉, rum을 흑인들에게 판매하고 있었고, 서인도제도에서 당밀을 구하기 위해 노예를 매매하였다. 그리고는 로드아일랜드에서 당밀로 Rum을 만드는 구조였기 때문이었다.

18세기 이후로 동서의 폭이 60Km, 남북의 길이가 77Km에 불과한 작은 주이지만 높은 산업화를 이루어 왔다. 지금도 여전히 범선과 요트 등의 배를 제작하고 있으며, 섬유 제조, 전기장치, 플라스틱과 고무 제품, 보석류와 은 제품 등을 생산하고 있다. 로드아일랜드주는 작은 규모의 농장을 가지고 있는 작은 주이지만, 달걀을 많이 낳는 로드아일랜드 빨간 닭을 개발한 것으로 유명하다. 현재 가금류 축산업의 본고장이며 계란은 아직도 큰 산업이다.

로드아일랜드주의 가장 큰 자연 자원은 바다 해안과 Narragansett Bay이다. 남쪽에 있는 Aquidneck섬에는 가장 큰 해군의 항공기지 가운데 하나가 위치해 있다. 또한 이곳에 Newport가 있는데 1720년대 이래로 고급스런 여름 리조트를 제공해 오고 있으며, 최근에는 더욱 멋진 휴식처가 되고 있다.

○ 관광 명소

Fort Adams State Park: 공원은 NewPort에 있으며 규모는 0.31sq miles(0.8sq km)이다. Fort Adams는 1799년 7월 4일 세워졌으며 한때 미국에서 가장 큰 해안 요새지였었다. 그러나 오늘날은 NewPort 항구의 일부 지역으로 휴식처로 사용되고 있다. Sail Newport는 뉴잉글랜드 지방에서 가장 큰 대중적인 범선의 중심지이다. 또한 완만한 부지와 Newport 다리와 Narragansett만을 바라볼 수 있는 확 트인 시야로 인해 세계적으로 알려진 New Port Zazz와 Folk 축제가 매년 열리고 있으며,

대중적인 피크닉 장소이기도하다.

　Block Island: 27km 길이의 목가적인 뉴잉글랜드의 시골이다. 연락선이 섬과 로드아일랜드의 Point Judith, 코네티컷주의 New London을 오가고 있다.

　Touro Synagogue: 1763년 NewPort에 세워진 유대 교회당이다. 미국에서 남아 있는 가장 오래된 회당 건물이다.

South Carolina

○ 일반 소개

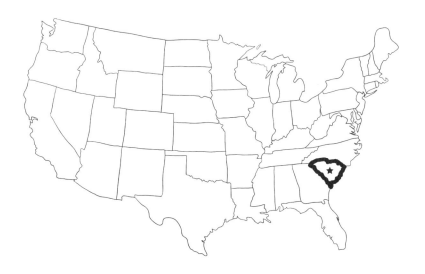

　사우스캐롤라이나주는 미국의 남동부 지방에 위치하고 있으며, 1788년 5월 23일 8번째로 연방에 가입하였다. 면적은 77,987sq km로 미국의 50개 주 가운데 40위이며 인구는 5,118천 명으로 23위를 보이고 있다. 주요 도시로는 주도인 Columbia를 비롯해 Charleston, North Charleston 등이 있다. 사우스캐롤라이나주는 the Rice State, the Swamp State, The Palmetto State로 불리우고 있다. 1629년 영국 왕 Charles Ⅰ세가 지금의 미국 남동부의 넓은 지역을 Robert Heath 경에게 하사하였다. 그 하사된 지역의 이름이 Carolana로 불리다가, 그 후 Charles Ⅱ세가 1663년에 이름을 Carolina로 바꾸었다. 1729년에 Carolina는 North Carolina와 south Carolina로 나뉘어졌다.

사우스캐롤라이나주는 미국의 남부 지방 가운데 가장 작은 주임에도 불구하고 남부의 진정한 정신과 정체를 강하게 유지하며 남부를 주도해 왔다. 귀족적인 대농장의 중심지였으며, 흑인 노예제 폐지 움직임으로 남부 주에서 분노가 차오르자 가장 먼저 미국 연방에서 탈퇴하였다. 남부 주들 가운데에서 이러한 주도적인 위치였음에도 불구하고 남북 전쟁 후 시민권리법을 비교적 정중하고 평화롭게 받아들였다. 또한 옛 남부 연합이 거의 농업을 기반으로 한 독립을 이루려는 것을 앞장서서 막아 왔다. 놀랍게도 멋진 Charleston이 아직도 옛적 농업으로 부유했던 시절을 입증하고 있다.

사우스캐롤라이나주는 따뜻하고 습한 기후를 보이고 있으며, 수 마일에 이르는 모래 해변을 갖고 있어 미국에서 최상의 휴양지 가운데 하나이다. 북쪽 경계에서부터 조지타운에 이르는 넓은 해안 지역은 골프, 캠핑, 오락을 즐길 수 있는 휴양지를 제공하고 있다.

○ 자연환경

사우스캐롤라이나주는 적어도 5개의 독특한 지역 특성을 보이고 있으나, 크게 보아 저지대 지방과 고지대 지방으로 나누어 볼 수 있다. 대서양 해안의 평원 지역인 저지대 지방은 주 전체 면적의 3분지 2를 차지하고 있다. 저지대의 해안 평원은 내륙 쪽으로 160km까지 깊숙히 이어져 있다. 해안의 대부분이 모래와 진흙으로 덮여 있다. 여러 강들이 평원을 가로질러 흐르면서 바다로 들어가고 있어 바닷가 근처 지역을 수렁의 습지로 형성해 놓았다. 자연적으로 형성된 습지 중 대부분은 물을 빼내어 농토로 사용되고 있으며, 일부의 수렁과 습지는 왜가리, 백로, 큰 독사뱀, 악어, 그 밖의 많은 동물들의 서식지가 되고 있다. 한편 북부의 해안은 시야가 확 트인 Grand Strand라 불리우는 백사장의 해변으로 그 길이가 97km에 이른다.

남쪽으로는 수많은 해안의 섬들이 조지아주와 플로리다주의 해안까지 펼쳐져 있다. 섬들은 숲으로 우거져 있고, 신선한 물과 소금기 있는 물이 함께 있는 습지이다. 많은 섬들에는 악어와 독성이 매우 강한 독사를 포함한 야생동물들이 살고 있으며, 대부분 자연보호구역으로 지정되어 있다.

해안 평지를 제외한 전체 면적의 3분지 1은 고지대 지방으로 불리고 있다. 이는 북서쪽 코너에 있는 Blue Ridge Mountains과 고원 지대 평원에서 해안 지대와 경계 짓는 폭포선 사이에 고원 지대가 놓여 있다. 여기에는 구릉진 언덕들과 나무숲으로 뒤덮혀 있다. 고원 지대에서 해안 저지대보다 더욱 시원하고 덜 습한 날씨를 즐길 수 있다. Blue Ridge산맥은 나무숲으로 덮여 있으며 강들로 인해 깎여져 있다. 많은 곳에서 강들이 절벽을 만나 수많은 폭포를 만들어 내고 있다. 이들 폭포 중에는 Slicking Falls, Chau-Ram Falls, Licklog Falls, Pigpen Falls 등이 있다. 이 산맥은 가을에 특별한 풍광을 나타내고 있다. 황금색 참나무, 잎이 짙은 빨강색 단풍나무 잎과 녹색의 소나무와 대조를 이루면서 바람에 흔들리는 환상적인 경치를 만들고 있다.

고원 지대에서 대서양으로 3개의 큰 강이 흐르고 있다. Pee Dee 강은 사우스캐롤라이나주의 북부에 있는 Winy Bay로 흘러 들어가며, Santee 강은 길이가 230km로 주를 가로질러 대서양으로 흘러 들어가고 있다. Savannah강은 조지아주와 사우스캐롤라이나주의 경계를 만들며 흐르고 있다.

○ 개척 역사

최초의 유럽인 정착은 해안의 저지대 지방에서 이루어지기 시작했다. 프랑스가 지금의 사우스캐롤라이나 지역에 식민지로 삼으려는 시도가 1562년에 있었으나 무산되었다. 1670년 영국인들이 들어와서 최초의 영구 정착촌을 세웠다. 육지에서 몇 마일 떨어진 반도에 그들의 왕 이름을 딴 Charls Town 영구 정착촌을 세웠으며1719년에 영국 왕의 식민지가 되었다. 그들은 곧이어 들어온 프랑스인, 스코틀랜드인, 스페인인, 아일랜드인들과 합류하였으며, 새로운 이민자들은 인디언들과의 무역으로 번창하였다. 그들은 항구를 따라 우아한 대저택을 지었고 음악과 춤, 맛있는 음식을 먹으며 즐기는 생활을 하였다. 미국 독립 전쟁 후에는 도시 이름을 Charlston으로 변경하였다.

1729년에는 남과 북의 캐롤라이나 지역으로 분리되어 영국 왕의 영토가 되었다. 사우스캐롤라이나는 그들을 통치하는 영국 왕이 지명하는 총독을 타도하고 대신에 그들 자신의 통치자를 선출하였다. 남과 북은 독립의 역사적 유산을 함께 공유하고 있다. 독립 전쟁 때에는 훈련된 군인뿐만 아니라 게릴라로 영국과 싸웠다. 그 어떤 주보다도 많은 전투가

Ft. Moultrie, Cowpens, Charleston 등에서 있었다.

북쪽의 고지대에서 생활하던 스코틀랜드인들과 아일랜드인계의 정착민들이 남쪽의 저지대 평야로 내려왔다. 그들은 이주해 온 저지대에서 담배와 옥수수, 목화를 재배하여 수확을 증진해 왔는데 이는 수천 명 노예들의 도움에 크게 힘입은 것이었다. 노예제 폐지 움직임이 일자 그들은 노예제가 폐지되면 그들의 부요가 상실될 것을 두려워하여 저지대의 농장주들이 주도하여 1860년 12월 20일에 최초로 연방을 탈퇴하였다. 남북 전쟁의 첫 번째 전투가 1861년 4월 12일에 Fort Sumter에서 시작되었다. 1865년 연방 군대가 사우스캐롤라이나를 파괴시켰다. 1868년 사우스캐롤라이나주는 연방에 다시 가입하였으며, 사우스캐롤라이나에서 재건과 인종 평등을 이루기까지는 많은 시간이 요구되었다.

○ 주요 산업

사우스캐롤라이나주는 해안의 저지대가 내륙으로 160Km 나 펼쳐져 있어 식민지 시대부터 대규모 농장을 운영하기에 적합한 땅이었다. 1800년까지는 목화가 중요한 작물이었으며, 1800년대의 미국 수입의 중요한 원천이었었다. 그 후 저지대에서의 작물이 담배, 땅콩, 콩으로 바뀌었으며 소를 기르는 목장으로 전환되었다. 사우스캐롤라이나주에서 관광업도 중요한 분야이다. 특별한 관광지로는 아름답고 역사적인 Charlston, 휴양 도시인 Hilton Head Island와 Myrtle Beach가 있다.

사우스캐롤라이나주는 가구 제작에서부터 우주 산업에 쓰이는 화학류 생산에 이르기까지 다양한 산업을 갖고 있다. 북쪽과 서쪽의 고지대 지역에서는 목재, 가구 공장, 섬유 산업이 발전되어 있다. 특히 직물 생산은 미국에서 노스캐롤라이나주를 이어 2위를 차지하고 있다. 모직물, 레이온, 나이론, 면류 등이 여기에서 모두 생산되고 있다. 최근에는 플라스틱, 탄성고무 등 화학 산업이 성장하고 있다. 독일계 자동차 회사인 BMW는 사우스캐롤라이나에 가장 큰 공장을 두고 있다.

○ 관광 명소

Congraree National Park: 공원은 100 National Park Rd. Hopkins, SC에 소재하고 있다. Congraree 국립공원은 11,000에이커의 규모를 갖고 있으며, 단단한 나무숲이 빽빽한 가운데 미국의 동부 지방에서 가장 큰 나무들이 이곳에 있다. 공원에 있는 Congraree강은 일 년에 3회 정도의 홍수가 발생하면서 영양분이 많은 퇴적물을 옮겨 오고 있어, 강변에는 90여 종의 나무들이 무성하게 자라고 있다. 공원에는 호수 주변에 나무 널빤지로 멋지게 만들어진 2.6마일의 산책로를 포함한 20마일의 오솔길이 있다. 여름에도 나무 그늘과 산들바람이 불어와 물과 함께 시원하고 신선한 공기를 제공하고 있다.

Fort Sumter National Monument: 이곳은 340 Concord St. Charleston, SC에 소재하고 있다. 섬터 요새는 Charleston 항구의 입구에 있는 요새로 1861년 4월 12일 남북 전쟁의 첫 총성이 울렸던 곳이다. Caarleston 항구에는 그 역사작인 순간을 기념하고 있다. 섬터 요새에 이르려면 개인 보트나 페리선을 이용해야 한다.

South Carolina State Museum: 박물관은 301 Gervais Street, Columbia,

SC에 소재하고 있다. 사우스캐롤라이나주를 부요케 해 준 혁신적인 직조기와 산업 제품들을 전시하고 있으며, 또한 예술품, 과학과 기술, 고고학에 관한 자료 등이 전시되어 있다.

Mytle Beach: 사우스캐롤라이나주의 북쪽 해안에 있는 거대한 리조트 단지로 관광객들을 압도하고 있다. 97km의 모래 해안에는 쇼핑몰과 음식점들이 있고, 다양한 수상스포츠와 축제를 즐길 수 있는 기회가 많으며, 수족관, 고풍의 자동차 전시, 예술품 박물관 등이 있어 매년 천만 명 이상의 사람들이 찾아오고 있다.

South Dakota

○ 일반 소개

사우스다코타주는 미국의 중서부 지방에 속해 있으며, 1889년 11월 2일 40번째로 연방에 가입하였다. 면적은 196,571sq km로 미국의 50개 주 가운데 16위이고 인구는 887천 명으로 46위이다. 주요 도시로는 주도인 Pirre를 비롯해 Sioux Falls, Rapid City, Aberdeen이 있다. 사우스다코타주는 The Sunshine State, the Coyote State, Land of Infinite Variety 등 세월이 흐름에 따라 많은 별칭으로 불리우고 있다. 그러나 평원의 사우스다코타주는 Mount Rushmore산의 정상에 4명의 미국 대통령 얼굴을 새겨 놓은 곳으로 가장 잘 알려져 있다.

미주리강이 사우스다코타주를 절반으로 나누면서 흐르고 있다. 미국의 중서부 지방의 가치를 지닌 동쪽의 농장 지대에서 서쪽으로 가면서 서부의 거친 분위기가 흐르는 Black Hills에 이르고 있다. 사우스다코타주는 자연과 문화가 풍부한 땅으로 지리적으로 매우 특이한 모습을 나타내고 있으며, 아직도 인디언 유산이 많이 남아 있다. 인디언들은 아직도 그들의 말을 사용하고 있으며 그들의 신앙을 지키고 있고 그들의 풍습을 지켜 나가고 있다.

바람이 많이 불고 하늘이 활짝 펼쳐져 보이는 사우스다코타주에 Black Hills 지역이 있다. 구릉진 초원과 소나무가 가득 차 있는 이곳은 미국 서부의 옛적 유령에 사로잡혀 있는 것처럼 보여진다. 오래전에 사라진 들소 떼가 무리 지어 지나가며 내는 힘찬 소리와 Sitting Bull과 Crazy Horse 같은 Sioux 인디언 추장의 우렁찬 목소리가 들려오는 듯하다. 한편 Sioux 폭포는 흥얼거리는 소리를 내고, 전형적인 도시인 Rapid City에서는 붕붕거리는 소리를 낸다. 목장과 농장에서는 초기 개척자들의 삶이 메아리치는 것 같다. 이곳에서는 인디언들이 화려한 복장으로 의식을 행하는 광경을 볼 수 있다.

○ 자연환경

South Dakota주는 평평한 초원의 땅이다. 주의 중부 지역에서 남북으로 흐르고 있는 Missouri강이 사우스다코타주를 매우 다른 두 지역으로 나누고 있다. 이 강은 일만 년 전 빙하기의 끝자락을 나타내 주고 있다.

사우스다코타주의 동부 지역을 한때 뒤덮고 있었던 빙하가 물러나면서 농사짓기에 좋은 땅을 남겼다. 여러 강들, 비옥한 진흙과 모래가 섞인 토양, 그리고 조그마한 언덕들이 매우 이상적인 유산이다.

사우스다코타주의 동부 지역은 빙하가 이곳을 가로지르며 지나면서 수천 개의 주전자 모양의 구멍 호수와 연못을 만들어 놓았다. 이러한 연못과 웅덩이에 물이 고여 있어 농부들이 곡식을 경작하기 위해 땅을 일구는 데에 지장을 주기 때문에 물을 빼내고 이들을 메워 버렸다. 물을 빼내자 수많은 오리들이 줄어들었고, 지하수가 줄어들어 땅이 메마르게 되었다. 또한 넘치는 물을 저장해야 할 연못이 없어져 홍수가 종종 발생하였다. 이에 오늘날은 물구멍이 보존되거나 복구되었다. 동부 지역에는 적당한 강우량을 보이고 있어 농부들이 옥수수, 밀, 건초 등을 재배하고 있다. 동부 지역의 절반에 전체 주민의 3분지 2가 몰려서 살고 있으며, 대부분 농업에 종사하며 조그마한 시골 마을에서 생활하고 있다.

사우스다코타주의 서부 지역은 거대한 평원 지대이며, 대체로 건조하고 나무가 없는 초원이다. 초원의 목장에서 양과 소들이 길러지고 있다. 한편 남서쪽 코너에는 화강암이 풍우에 깎여져 나가 뾰족한 형태를 보이고 있는 Badlands와 Black Hills가 있다. Badlands에는 수백만 년 동안 침식으로 인한 기괴한 모양의 색깔있는 바위들이 놓여 있다. BlackHills 에는 소나무가 빽빽하게 뒤덮고 있어 멀리서 바라보면 검게 보인다. 이곳은 야외 휴양객들에게 매력적인 장소이며 금과 석유의 매장량이 풍부한 곳이다.

○ 개척 역사

수천 년 동안 오늘날 사우스다코타로 알려진 지역에는 Dakota라고 하는 여러 인디언 부족들이 연합하여 살고 있었다. 17세기 중반에 원주민인 Arikara 인디언 부족이 Cheyenne강 입구 근처의 땅을 차지하고 있었다. 후에 Sioux 인디언이 들어왔으며, Chippewas 인디언으로 인해 서쪽 지역으로 이동하였으나, 결국 Sioux 인디언이 전체 사우스다코타 지역을 차지하였다. 그 밖의 여러 인디언들 가운데에는 Oglala, Lakota, Teton 부족들도 있었다. Dakota는 친구 또는 동맹이라는 의미가 있었다. 1743년 프랑스인 탐험가 Francois Verendrye와 Louis Joseph가 사우스다코타로 들어왔다. 그들은 태평양으로 가는 길을 찾고 있었다. 곧이어 프랑스인 모피 상인들이 들어왔다.

사우스다코타의 땅은 1803년 Thomas Jefferson 대통령이 Louisiana Purchase로 사들인 땅의 일부분이었다. 1804년에서 1806년에 Lewis와 Clark가 이 지역을 탐사하였다. 탐사할 때에 통역과 안내를 해 줄 Shoshon 인디언인 Sacagawea와 함께하였다. 이후 점차적으로 개척 농부들과 목장 개척자들이 들어오면서 정착하기 시작하였고, 미국 군대도 들어와 첫 번째 영구 정착이 Fort Pierre에서 이루어졌다. Fort Pierre는 후에 Pierre로 개칭되었으며 현재 사우스다코타주의 주도이다.

미국은 남북 전쟁을 겪은 후 새롭게 연합한 미국은 싸움에는 싫증이 나 있었다. 1868년 미국과 인디언 사이에 조약을 맺었는데, 이는 미주리강 서부의 다코타지역이 인디언 규칙 아래 놓여진다는 평화조약이었다. 그 무렵인 1874년 Sioux 인디언들의 자치 지역인 Black Hills에서 금이 발견되자 미국 군대가 다시 그 땅을 차지하려 하였다. 이에 Sioux 인디언들은 저항하여 싸웠으나 패배하고 말았으며, 그들은 사우스다코타를 떠나서 인디언 보호구역으로 강제 이주당하였다.

1882년 다코타의 현재 영토가 확정되었으며, 1887년 11월에 다코타 영토는 남과 북으로 2개의 주로 나뉘어졌다. 1889년 11월 2일 사우스와 노스다코타주는 함께 미국 연방에 가입되었다. 연방에 가입한 후에도 사우스타코타주는 인디언의 저항에 시달렸다. Sioux 인디언들은 미국 정부의 불공정을 결코 잊지 않고 있었다. 1905년 소위 Wounded Knee 대량 학살이라 알려진 인디언의 격렬한 저항을 겪었으며, 1970년대에도 Wounded Knee에서의 2번째 저항이 있었다. 아직도 인디언들은 1868년의 조약을 다시 인정받고 인디언의 고유 문화를 보존하기 위한 정치적인 행위가 계속되고 있다.

○ 주요 산업

유럽인들이 들어오기 전에는 초원의 인디언들이 이 지역에 많이 살던 버팔로와 들소들을 잡아서 살아갔다. 1870년대 철도가 내륙 깊숙이 들어오려 할 때 그들은 버팔로 전문 사냥꾼을 고용하여 철도 공사에 방해가 되는 버팔로를 잡기도 했다. 오늘날의 사우스다코타주는 전체 면적의 92%의 땅이 농장과 목장으로 사용되고 있어 농산물과 축산물의 생산과 소득 비중이 다른 주들보다 높다.

미주리강이 주의 중앙 지역을 관통하며 흐르고 있어 동쪽으로의 평평한 초원 지역과 서쪽으로의 구릉진 언덕 지역으로 양분해 놓고 있다. 동쪽의 초원에는 농장의 평균 규모가 1,000에이커가 되는 대규모 농장 지역으로 밀, 옥수수, 오트밀, 보리, 그 밖의 곡식을 재배하고 있다. 한편 서쪽 지역에서는 대규모의 소, 양의 목장들이 있다.

가장 큰 금 광산이 사우스다코타주의 Black Hills 지역에 있다. 이곳에서 1876년 금이 발견된 이후 매년 수백만 달러 상당의 금이 채굴되고 있다. 한편 Black Hills 지역은 인디언들이 신성시하는 곳으로 Mt. Rushmore산맥에 있다. Rushmore산에는 미국의 위대한 대통령들의 얼굴이 조각돼 있다. 사우스다코타주는 기본적으로 농촌의 시골 주이다. 대부분의 제조 업체들은 종업원이 50명 미만인 소규모 공장들로서 식품 관련 상품들을 생산하고 있다. 최근에는 관광업과 판매업 등이 부상하고 있다.

○ 관광 명소

Badlands National Park: 공원은 26216 Ben Reifel Rd, Interior, SD에 소재하고 있으며 규모는 381sq miles(987sq km)이다. 날카롭게 솟아 있는 산들과 가파른 계곡, 뾰족한 꼭대기, 협곡 등의 지형적인 경관은 전율을 느끼게 한다. 34백 년 그 이전에 습지 평원이었던 이곳이 주기적인 홍수로 놀랍게도 거대한 바위와 평지로 바뀌어졌다. 초원을 어슬렁거렸던 포유동물들이 홍수로 물에 빠져 죽은 흔적이 화석으로 남아 있다. 세계에서 가장 화석이 많은 곳 중의 하나이다.

Wind Cave National Park: 공원은 26611 US Highway 385. Hot Springs, SD에 소재하고 있으며 규모는 53sq miles(137sq km)이다. 사

우스다코타주의 서부 지역에 있으며, 동굴에는 자연적으로 기묘하게 생긴 방해석들이 있다. 어떤 것은 눈송이처럼 생겨 있고 어떤 것은 대못같이 생긴 것도 있으며, 격자 모양을 한 것들도 있다. 동굴의 관광이 끝나서 밖으로 나오면 들소, 큰사슴 등이 거닐고 있는 드넓은 초원을 볼 수 있다.

Missouri National Recreation River: 이곳은 Missouri River Recreation River, Yankton, SD에 소재하고 있다. 미주리강은 거대한 진흙 더미가 사우스다코타주와 네브래스카주를 관통하며 느린 속도로 조용히 흐르는 것같이 보인다. 그러나 미국에서 가장 긴 강은 가장 많은 어려움이 있는 곳이기도 하다. 이러한 위험하고 귀찮은 것들에는 물속에 잠겨 있는 모래톱, 침수된 나무들, 물 위에 떠도는 잔해물, 휘몰아치는 소용돌이, 까다로운 강물의 흐름 등이 있다. 강의 상류 지역은 야생동물의 서식지와 인디언 보호구역이 있으며, 하류 지역에는 목장과 농장들이 놓여 있다.

Black Hills National Forest: 이곳은 Box 200, Custer, SD에 소재하고 있다. 사우스다코타주의 서부에 소재하는 130만 에이커의 삼림보호구역으로 Sioux 인디언들이 신성하게 여기는 곳이다.

Mt. Rushmore National Memorial: 이곳은 13020-13026 SD-244, Keystone, SD에 소재하고 있다. 산 정상의 화강암 절벽에 조각가인 Gutzon Borglum이 미국의 위대한 4명의 대통령George Washington, Thomas Jefferson, Abraham Lincoln, Theodore Roosevelt의 얼굴을 조각하여 놓은 곳이다. 미국의 역사를 상기시키며 애국심을 갖게 하는 장소이기도 하다.

Tennessee

○ 일반 소개

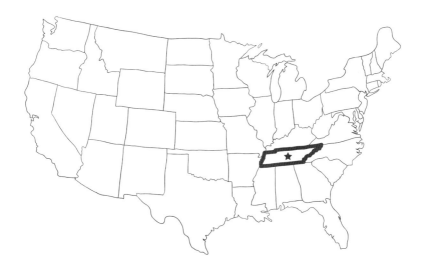

　미국의 남동부 지방에 있는 테네시주는 1796년 6월 1일 16번째로 연방에 가입하였다. 면적은 106,757sq km로 미국의 50개 주 가운데 34위이고, 인구는 6,911천 명으로 16위에 있다. 주요 도시로는 주도인 Nashville을 비롯해 Memphis, Knoxville 등이 있다. 테네시주는 일명 Big Bend State, Hog State, The Volunteer State라고도 불리운다. 주의 명칭인 Tennessee 는 Cherokee 인디언들이 지금의 테네시 강변에 있던 마을을 Tanasi라고 부른 데에서 연유하고 있다.

길고 여윈 듯한 모양의 테네시주는 동쪽으로는 안개가 자욱하고 늑대가 무리 지어 돌아다니고 있는 애팔래치아산맥의 우묵한 분지와 서쪽으로는 배의 노 젓는 바퀴가 흙탕물을 일으키며 흐르고 있는 미시시피강 사이에 놓여져 있다. 테네시주는 매우 다양한 자연 경관과 역사를 지니고 있다. 관광객들이 가장 많이 찾는 국립공원과 남북 전쟁 때의 치열한 전투 장소가 있으며, 컨트리 음악과 블루스, 로큰롤 음악의 본고장이기도 하다.

Tennessee주를 떠올릴 때면 음악이 떠오른다. Nashville에는 Grand de Opry가 있고, 미시시피강을 따라 남쪽에 있는 Memphis에서는 가슴을 사무치게 하는 블루스 음악이 흐르고 있다. Memphis의 Beale street는 blues 음악이 생겨난 곳이며,

Memphis의 Sunset Studio에서는 rock and roll 음악이 시작된 장소이다. 여기에서 Elvis Presley, Jerry Lee Lewis, B. B. King, Roy Orbison 등이 음악 활동을 시작했으며, 미국의 대중음악에서 뚜렷한 유산을 남겼다.

○ 자연환경

테네시주의 깃발에 있는 3개의 별들이 그려져 있는데, 이는 지리적으로 서로 다른 특성이 있는 동부와 중부, 서부의 3개 지역을 나타내 주고 있다. 테네시주의 동부 지역은 Appalachian산맥의 일부분인 Great Smoky산맥이 압도하고 있다. 여기에는 울퉁불퉁한 아름다운 산들이 줄지어 펼쳐져 있다. 언덕이 매우 가파라서 농부들이 수확한 곡식들을 썰매를 이용해 운반하고 있다. Blue Ridge와 Cumberland 사이에

Tennessee River Valley가 놓여 있다.

테네시주 동부에는 옛적 3개의 인디언 오솔길이 만나는 Chattanooga 인디언 마을이 있다. 이 마을의 Blue Goose Hollow는 블루스 재즈 가수인 Bessie Smith가 출생한 곳이다. 그녀는 어릴적 소녀였을 때 무너져 내린 통나무 밖에서 1912년 위대한 Ma Rainey에 의해 발탁될 때까지 노래를 불렀다.

테네시주의 중앙 지역은 Cumberland고원 지대로 산기슭의 구불구불한 작은 언덕들에는 양, 소, 말들이 풀을 뜯어 먹고 있다. 이곳의 푸른 풀밭의 분지는 테네시주의 유명한 Walking horse의 본고장으로 쉽게 말을 탈 수 있고 걸으면서 즐길 수 있는 곳이다. 이 중앙 지역에 테네시주의 주도이며, country music의 세계적인 중심 도시인 Nashville이 있다. 중앙 지역은 석회석의 암반으로 이루어져 있어 가장 기름진 농토 지역 중 하나로, 담배, 채소, 토마토 등이 재배되고 있으며, 육우와 젖소가 길러지고 있다.

테네시주의 서부 지역은 테네시강과 미시시피강의 사이에 놓여 있는 기름진 평야 지대로 목화가 재배되고 있으며, 대부분 농촌으로 드문드문 조그만 타운들이 놓여 있다. 테네시주에서 가장 큰 도시인 Memphis가 미시시피강을 마주하고 있다. 멤피스 근처에 Chucalissa Archaeological Museum이 있는데, 여기에는 서기 1000년에서 1500년 사이에 미시시피강 둑에 있었던 인디언 마을이 재생되어 있고, 보석, 무기, 도자기를 만드는 그 당시의 모습을 Choctaw 인디언 기술자가 재현하고 있다.

○ 개척 역사

테네시는 주가 되기 위해 무척이나 몸부림쳐야 했다. 1663년부터 테네시는 영국의 Carolina 식민지의 일부분이었다. 그러나 1772년 Watauga 강변에 살던 정착민들이 영국의 식민지에서 벗어나기 위해 Watauga Association을 만들어 a homespun government를 세워 영국에서 벗어나는 독립을 선언했으나, 독립을 인정받지 못하고 1777년 North Carolina Washington County로 합병되었다. 테네시의 애국자들은 포기하지 않았다. 1784년 애팔래치아산맥과 미시시피강 사이에 거주하던 개척자들이 the State of Franklin을 세워 대륙 의회에 연방 가입을 신청하였다. 그러나 의회에서도 노스캐롤라이나주에서도 Franklinites를 인정하지 않았다. 그러함에도 그들은 자체적인 통치자와 의회를 구성해 오다가 1788년 또다시 North Carolina주에 속하게 되었다.

1789년에 노스캐롤라이나주는 그 땅을 연방 정부에 양도하여 Territory of the United States South of the Ohio River를 만들었다. 드디어 주가 되기에 충분한 인구를 갖게 되었으며, 1796년 16번째 주로 미국 연방에 가입하게 되었다. 1839년에는 Andrew Jackson 미국 대통령이 인구가 많았던 Cherokee 인디언의 대부분을 오클라호마주의 보호구역으로 강제 이주시켰다.

대부분의 남부 주들과는 달리 테네시주는 노예 문제에 대해 찬성과 반대가 날카롭게 나뉘어져 있었으나, 결국 1861년 미국 연방에서 마지막으로 탈퇴하였다. 남북 전쟁 중에 테네시주에서 버지니아주 다음으로 많은 800개 이상의 크고 작은 전투가 있었다. Shiloh, Ston's River,

Chickamauga, Chattanooga 같은 격전지에 국립 군사공원을 만들어 전투를 기념하고 있다. 테네시주는 연방을 탈퇴한 마지막 주였으나, 연방을 탈퇴했던 주들 가운데 최초로 1866년 연방에 다시 가입하였다.

○ 주요 산업

테네시주는 지리적으로 3개 지역으로 나뉘어지고 있다. Blue Ridge산맥과 Cumberland산맥 사이의 동부 지역에는 테네시강의 넓은 유역이 놓여져 있다. 여기에는 3개의 댐이 있어 홍수를 조절하고 성장하고 있는 섬유와 화학 산업에 저비용의 전기를 지원하고 있다. 또한 이곳에는 아연과 대리석이 미국에서 가장 풍부하게 매장되어 있으며, Oak Ridge에서는 최초의 핵무기가 만들어진 곳이다.

테네시주의 중앙 지역에는 파란 풀들이 뒤덮고 있는 구릉진 언덕의 분지 지역으로 옥수수, 건초, 담배 농사가 이루어지고 있으며, 소와 낙농 제품도 생산되고 있다. 테네시강의 서쪽에서부터 미시시피강에 이르는 테네시주의 서부 지역에는 평평하고 기름진 땅이 놓여 있으며, 주로 목화 재배가 광범위하게 이루어지고 있다. 이곳에는 주에서 가장 큰 도시이며 강의 항구인 Memphis가 있다. 여기에서 목화씨 기름이 생산되고 있으며 목화 거래가 이루어지고 있다. 또한 전통적인 목화 축제가 매년 열리고 있다.

○ 관광 명소

Great Smoky Mountain National Park: 공원은 107 Park Headquarters

Rd, Gatlinburg, TN에 소재하고 있으며 규모는 816sq miles(2,114sq km)이다. 스모키산맥은 애팔래치아산맥의 일부로 안개 모양의 푸른빛을 띠고 있어 Great Smokies라는 이름을 얻게 되었다. Great Smoky산의 산 능선은 두 발을 벌리고 앉은 형세를 나타내고 있으며, 공원의 75%가 야생지이다. 비가 많이 내려 산맥에 있는 강과 시내에는 풍부한 물이 흐르고 많은 폭포를 만들어 내고 있다. 빽빽하게 들어찬 나무숲은 가을에는 오렌지색, 노란색, 갈색으로 변하고 있어 더욱 아름다운 경치를 나타내고 있다. 800마일의 등산길과 700마일에 이르는 시냇물을 갖고 있으며, 6,000피트 이상의 산봉오리가 16개가 있어 자연을 즐기려는 사람들이 매우 선호하고 있다. 공원 안에는 통나무집, 비바람에 낡아진 창고 건물, 시골 교회, 개척자들의 거주지 등이 있다.

Big South Fork National River Recreation Area: 이곳은 4564 Leatherwood Rd, Oneida, TN에 소재하고 있다. Cumberland강과 3개의 지류가 만나는 Big South Fork는 울창한 숲과 야생지를 흰 물살을 일으키며 흐른다. 강은 매우 다양한 모습을 보이는데, 때로는 평원의 쥐처럼 조용히 흐르기도 하며 어느 때에는 언덕진 곳에 사는 검은곰이 고함치듯 흐르기도 한다. Burnt Mill Bridge와 Leatherwood Ford 사이의 Big South Fork 11마일 구간은 물살이 매우 빠르며, 측면에는 바위 절벽이 놓여 있다.

RCA Studio B: Nashville에 있는 스튜디오로 유명 가수인 Elvis Presley와 Dolly Parton의 전설적인 히트곡을 녹음한 장소이다.

Graceland: 멤피스 시내 중심에서 남동쪽 12마일에 있는 장소로 rock and roll의 대표적 인물인 Elvis Presley가 살던 곳이다. 그의 저택과 자동차, 개인용 제트기와 금으로 싸여진 피아노, 그의 무덤을 둘러볼 수 있다.

Texas

○ 일반 소개

텍사스주는 미국의 남서부 지방에 위치해 있으며, 1845년 12월 29일 28번째로 연방에 가입하였다. 면적은 678,357sq km로 미국의 50개 주 가운데 알래스카주 다음으로 크며, 인구는 29,146천 명으로 캘리포니아주 다음으로 2위에 있다. 주요 도시로는 주도인 Austin을 비롯해 Houston, Dallas, San Antonio가 있다. 텍사스주는 The Lone Star State, the Beef State, the Banner State라고도 불리어지고 있다. 스페인 탐험가들이 텍사스의 남서부 지방을 탐험할 때에 원주민인 Hasinai 인디언을 만났다. Hasinai 인디언들이 모두가 친구들이라는 의미를 갖고 있는 Tejas라고 말하였다. 이에 스페인 사람들이 이 땅의 이름을 Tejas로 부르게 되면서 오늘날 주의 명칭이 텍사스가 되었다.

텍사스는 1821년 멕시코가 스페인으로부터 독립할 때에 멕시코 영토의 일부분이었다. 1836년부터 1845년 미국 연방에 가입하기까지의 기간은 멕시코로부터 독립한 국가로 영국, 프랑스, 네덜란드, 미국이 승인한 독립된 주권 국가였다. 자체의 육군과 해군도 보유하였으며, 통화와 우편 서비스도 자체적으로 운용하기도 하였다.

Texas를 떠올릴 때면 무척 크다는 생각이 든다. 텍사스의 넓이는 알래스카주 다음으로 크며 로드아일랜드주의 220배 크기이고, 2개의 시간대를 갖고 있다. 또한 땅이 매우 넓어 지역별로 날씨가 달라서 남부의 걸프만을 따라서는 아열대 기후인 반면 북부의 겨울은 일리노이주처럼 추운 기후를 나타내고 있다. 가장 큰 도시인 휴스턴에는 석유 정제소, 제분소, 화학 제품 공장 그리고 유명한 Astrodome이 있다. 달라스는 석유와 면화 산업의 중심이며, 포트워스는 소 시장으로 유명하다.

○ 자연환경

텍사스주의 땅이 무척 넓으며, 동부의 해안 평야에서부터 북서부에 이르는 광활한 초원과 Pacos강의 서부에 있는 산악 지대에 이르기까지 다양한 모습을 나타내고 있다. 광활한 사막과 나무가 빽빽한 숲, 구릉진 초원과 고도가 높은 고원 지대, 물에 잠겨 있는 습지 등이 있다. 텍사스주는 걸프만 해안 평지, 광활한 평원, 내륙의 저지대, 광대한 분지의 목장

302

지대 등 4개의 지역으로 구분된다.

Waco에서 동부 지역의 가장자리와 마주하는 급경사면이 남서쪽에 있는 Del Rio 방향으로 구부러지면서 이루어져 있다. 급경사면이 동부 지역과 서부 지역을 나누고 있다. 동부 지역은 습기가 많은 푸른 초원의 저지대이며, 서부 지역은 건조하고 나무가 거의 없는 고원 지대이다.

급경사면의 동쪽에 있는 걸프만 해안 평지는 텍사스주의 남동부 경계를 따라 펼쳐져 있다. 경계를 만들고 있는 가느다란 섬들이 해안을 따라 이어져 있어, 바닷새들과 바다거북, 여행객들을 불러오고 있다. 여름철에는 무덥고 습기가 많다. 해변 근처에는 수 마일에 이르는 늪지와 초원이 이루어져 있다. 내륙으로 좀 더 들어가면 소나무 숲과 소나무로 뒤덮힌 완만하게 구릉진 언덕들이 있다. 걸프만의 해안을 따라서 Corpus Christi, Port Arthur, Brownsville 등의 많은 항구들이 있으며, 특히 석유 산업으로 Houston이 주에서 가장 큰 항구로 크게 성장해 왔다. 휴스턴은 해안에서 내륙으로 80km 들어와 있으나 큰 배가 오갈 수 있도록 1914년 운하가 개통되어 Galveston Bay로 나갈 수 있게 되었다.

동서의 지형을 구분하고 있는 급경사면의 서부는 소들이 풀을 뜯어 먹고 있는 초원이 있는 고지대의 평원으로 시작한다. 목장들이 서부의 팬손잡이 지역에 널리 퍼져 있으며, 농장에서는 관개시설을 통해 물을 끌어와서 밀, 목화, 사탕무우 등을 재배하고 있다. Rio Grande와 Nueces River 강 유역의 저지대에서는 연중 11개월 동안 식물이 자랄 수 있는 기후로 겨울에도 채소와 감귤류를 수확할 수 있다. Rio Grande강은 오랫동안 멕시코인들의 이민 역사를 지켜보아 왔으며, El Paso, La -redo, Brownsville 등 멕시코 국경과 가까운 도시들의 경제는 멕시코와 밀접하게 연결되어 있으며, 오늘날 주민의 20% 정도는 히스패닉 출신자들이다.

○ 개척 역사

텍사스에는 원주민인 Hasinai 인디언이 텍사스 동부의 Piney Woods 에서 살고 있었으며, Jumano 인디언은 Big Bend 지역에서 살고 있었다. 텍사스 지방에 처음으로 들어온 유럽인들은 스페인 사람들로서 1541년 Fernando Vasquez de Coronado가 탐험하였고, 1543년에 Hernando de Soto가 탐험하였다. 최초의 정착촌이 1685년 Sieur de la Salle에 의해 세 워졌으며, 18세기에는 스페인 사람들에 의해 여러 선교처와 요새가 세워 졌다. 그들은 군사적으로 인디언을 굴복시키고 인디언들이 기독교로 개 종하기를 원했다. 19세기 초까지 다양한 개척자들이 텍사스에 들어왔다.

1821년 멕시코가 스페인으로부터 독립를 쟁취하였고, 텍사스는 멕시 코의 Coahuila주가 되었다. 당시에 미국인 개척자들이 텍사스로 급속히 들어오고 있었고, 이미 많은 미국인들이 텍사스에서 정착하고 있었다. 멕시코는 미국인들이 정착하고 있는 땅의 반환을 요구했으며, 더 이상 미국인이 텍사스로 이주하는 것을 중지하려 했다. 이주를 막으려는 것 은 영국계 미국인들이 이곳의 문화와 정치적인 충성을 변화시킬까 두려 워했던 것이다. 실제로 미국인들이 반란을 일으켰다.

1835년 텍사스 미국인들이 반란을 일으켜 San Antonio를 차지하였다. 1836년에 187명의 텍사스 의용병들이 Alamo 요새에 몸을 숨기며 13일 동안 멕시코 지휘관 Santa Anna의 포위 공격에 맞섰다. 알라모 요새에 서 저항하던 모든 사람들이 살해당하였다. 현장에서 살아남았던 Davy

Crockett와 Jim Bowie를 포함한 5명의 생존자들도 후에 죄수로 처형당하였다. 그러나 텍사스의 지도자 Sam Houston은 Alamo를 잊지 말자라고 외치며, 그의 군대를 다시 결속시켜 San Jacinto에서 멕시코 군대를 물리치고 드디어 텍사스의 독립을 쟁취하였다.

텍사스는 1836년부터 1845년까지 그 자체의 독립적인 공화국이었다. 이 기간 동안인 1839년 Cherokee 인디언을 멕시코로 내보냈으며, 다른 원주민들도 내쫓았다. 1845년 미국의 28번째 주로 미국 연방에 가입하였다. 크게 보면 이러한 일들이 1846년에 발발한 멕시코와의 전쟁의 원인이 되었으며 많은 전투를 겪게 되었다. 협상에 의해 갈등이 종식되었고 Rio Grande강이 텍사스와 멕시코 간의 경계가 되었다.

1861년 노예제를 지지했던 남부 주들이 연방을 탈퇴하였고 텍사스도 연방을 탈퇴하여 남부 연합에 가입하였다. 남북 전쟁 중에 텍사스는 고립된 위치에 있었으므로 군사적인 전투는 거의 없었다. 1870년에 텍사스는 다시 미국 연방에 가입하였다.

○ 주요 산업

다른 어느 주보다도 더 많은 농장을 갖고 있는 텍사스주는 소, 양, 염소의 목축과 목화, 쌀, 수수류 생산 모두를 주도하고 있다. 6백만 에이커의 땅은 관개로 물을 끌어들여서 경작되고 있다. 유명한 King Ranch는 로드아일랜드주보다도 더욱 넓다. Waco에서 남쪽으로는 동부의 가장자리을 마주하며 급경사면을 이루고 있으며 이는 남서쪽 방면으로 돌아가 Del Rio에 이르고 있다. 이렇게 급경사를 이루고 있는 지형이 습기찬 녹색의 저지대인 동부와 지대가 높고 건조하며 나무가 거의 없는 광활한 평원의 서부로 나누어 놓았다.

급경사면의 동부에는 텍사스주에서 가장 기름진 농토가 있는 걸프해안의 평원이 있다. 여기에서는 주로 목화와 쌀이 재배되고 있다. Rio Grande강과 Nueces강 사이에 있는 지역에는 1년 내내 식물이 자라고 있어 채소와 감귤류의 과일이 생산되고 있다. 한편 급경사면의 서부는 고지대의 구릉진 초원으로 소들이 길러지고 있다. 이곳 서부 지역은 덥고 건조한 울퉁불퉁한 땅으로 지하수를 이용하여 밀과 사료용 곡물을 재배하고 있다.

1901년 Beaumont 근처에서 그 유명한 방추형의 시추기계로 땅을 탐사하여 석유를 발견하였다. 방추형의 시추기계는 지하에 매장되어 있는 석유를 밖으로 솟아 나오게 하는 기계이다. 석유 산업은 텍사스주의 행운으로 경제 호황을 이루었다. 또한 천연가스, 석탄, 소금, 기타 광물들도 텍사스주의 중요한 자원들이다.

미국의 우주 계획은 텍사스주에 새로운 산업을 가져왔다. 텍사스주의 우주와 비행 산업이 15만 개의 일자리를 만들어 놓았고, 비행체의 제작과 유지 보수에는 1,600여 개의 기업이 참여하고 있다. 휴스턴에 있는 Johnson우주센터에서는 미국에서 만든 우주 비행체들을 통제하고 있으며, Dallas에서는 우주 관련 장비를 제작해 오고 있다. 또한 텍사스주에는 22개의 주요한 도시들과 상업 거래를 연결하는 26개의 공항을 갖고 있으며, American Airlines와 Southwest Airlines 항공사의 본부가 있다.

○ 관광 명소

Big Bend National Park: 공원은 1 Panther Junction Big Bend National Park, TX에 소재하고 있으며 규모는 1,252sq miles(3,243sq km)이다. 텍사스주와 멕시코 국경에 걸쳐 있는 이곳에는 Rio Grande강이 남부 록키 산맥과 시에라 마드레 산지를 가로질러 흐르다가 급격히 방향을 바꾸어 흐르고 있다. 1,500피트 높이의 절벽들이 맑은 강물에 비쳐지고 있다. 높은 꼭대기 봉우리들 위에 바위가 놓여 있어 아찔해 보이는 광경이 있는가 하면 보트로 17마일의 긴 Santa Elena 협곡을 지나가는 두려운 경험도 할 수 있다. 공원에 있는 Chisos산의 맞은편에 있는 Chihuahuan사막에는 유카, 용설란, 60여 종의 선인장 같은 사막성 식물들이 가득히 자라고 있다.

Guadalupe Mountains National Park: 공원은 400 Pine Canton, Salt Flat, TX에 소재하고 있으며 규모는 135sq miles(350sq km)이다. 광활한 Chihuahuan 사막에서 갑자기 솟아난 Guadalupe산은 정상의 해발고도 가 8,749피트로 텍사스주에서 가장 높다. 장엄하고 황량한 산꼭대기에는 보여지는 것보다 더 많은 것들이 있다. 여기에는 바다 생물의 화석이 박혀 있는 석회석 암초가 있다. 공원에서 가장 극적인 경관은 2,000피트의 수직의 가파른 바위를 포함하고 있는 해발 8,085피트의 El Capitan을 들 수 있다. 여기에서 50마일 거리까지 내다볼 수 있다. 한편 Pine Springs 근처에서는 개척 시대의 오래된 포장마차역의 폐허를 볼 수 있다.

The Alamo: 이곳은 San Antonio, TX에 소재하고 있다. 텍사스 주민과 멕시코 군대가 San Antonio 요새에서 싸웠던 유명한 전투를 기념하는 장소이다. 당시 멕시코에 속했던 텍사스 정착민들은 독립하기를 원했다. 일단의 텍사스 정착민 그룹이 이전에 미션과 요새였던 Alamo가 속한 San Antonio를 접수하자, 멕시코 군대가 1836년 3월 6일 쳐들어와 그들의 대부분을 살해하였다. 이 전투에서 사망한 189명의 민병에 대한 기록을 알 수 있다.

Utah

○ 일반 소개

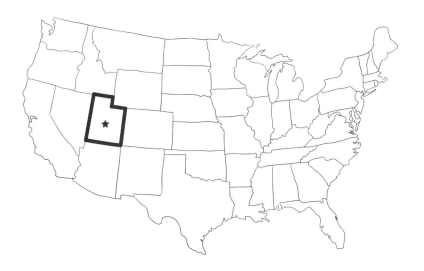

　유타주는 미국 서부 지방의 록키산맥 지역에 위치해 있으며, 1896년 1월 4일 45번째로 연방에 가입하였다. 면적은 212,815sq km로 미국의 50개 주 가운데 12위이고 인구는 3,272천 명으로 30위에 있다. 주요 도시로는 주도인 Salt Lake를 비롯해 West Valley City, Provo가 있다. 유타주는 the Mormon State, the Salt Lake State, the Land of Saints라고도 불리고 있다. 주의 명칭인 Utah가 어디에서 유래된 것인가는 확실하지 않으나 가장 유력한 근거로는 Apache 인디언들이 Navajo 인디언들을 더 높은 곳에 사는 사람들이라는 의미를 가진 Yuttabib라고 불렀다. 그러나 유럽인들은 이를 Navajo 인디언들보다 더 높은 산에 사는 Utes 인디언을 부르는 것으로 생각했으며, 여기에서 주의 명칭이 생겨난 것으로 보인다.

1847년 7월 소수의 탐사 선발대가 Wasatch Range의 서쪽 기슭에 서서 Great Salt Lake와 그 아래의 계곡을 바라보았다. 그들의 지도자인 Bringham Young이 마차에서 그 광경을 응시하면서 "바로 여기야!"라고 외쳤다. 그로부터 그들의 정착이 이 계곡 유역에서 이루어졌다. Bringham Young과 그의 추종자들은 Mormons 또는 말일성도 예수 교회로 알려진 교인들이었다. 유타주는 미국의 초기 이민자들과 같이 종교의 박해를 피해 이곳에 온 몰몬교 개척자들에 의해 개발되었다.

야생의 상태에서 위대한 약속의 땅이 된 유타주의 수도 Salt Lake City는 산맥과 사막, 황량한 고원 지대, 거대한 소금 호수에 둘러싸여 있다. 철도가 들어오면서 유타주는 초기의 몰몬교의 이상이던 자급자족과 신정 체제가 사라지게 되었다. 반면에 지속적으로 경제가 발전하고 있으며, 훌륭한 스키장과 세계적으로 잘 알려진 합창단을 보유하고 있다. 유타주는 다른 주들과는 다른 아름다움을 갖고 있다. 어느 곳에서는 갈매기와 펠리컨이 있는 사막이 있는가 하면 먼지 바닥에서 솟아 올라 눈부시게 채색된 바위들이 기묘하게 모여 있는 곳도 있다. 이러한 미국 서부 지방의 시골이며 록키산맥이 있는 유타주에는 관광자원이 풍부하다.

○ 자연환경

유타주는 미국 시부의 록키산맥 지역에 있어서 해발고도가 미국에서 가장 높은 주이다. 주에서 고도가 가장 높은 King Peak의 고도가 해발 4,123m이고 가장 낮은 곳인 Beaver Dam Wash도 해발 664m를 보이고 있다. 유타주의 도처에는 바람과 물에 의해 깎여내려진 바위들이 환상적인 모양을 나타내 주고 있으며, 유타주의 사막조차도 마음을 사로잡는 아름다움이 있다. 이러한 유타주는 Colorado고원 지역, Basin and Range 지역, 그리고 Rocky산맥 지역으로 크게 나누어 볼 수 있다.

콜로라도고원 지역은 유타주의 동남부 대부분을 차지하고 있다. 이 지역은 다시 고원 지대와 캐년 지역 그리고 Uinta Basin으로 세분된다. Wasatch, Sevier, Paunsaugunt고원들이 높은 고원 지대을 구성하고 있다. 고원 지대에는 정상이 평평하고 옆면이 가파른 마치 탁자 모양의 mesa가 놓여 있다. 이 탁자 모양의 고원 지대는 높이가 3,353m이고 직경으로 64km로 측정되고 있으며, 남쪽으로는 애리조나주에 이르고 있다. 이곳에는 풀과 물이 풍성하여 양과 염소 등 가축을 기르기에 적당하다. 캐년 지역에는 아치와 다리 모양의 바위들과 주변의 언덕들이 여러 색깔을 띠고 솟아나 있다. 이 같은 자연의 조각품들은 사암 또는 석회암으로 구성되어 있으며, 물과 바람에 깎여져 만들어진 것이다.

Rocky산맥 지역은 유타주의 북동쪽 코너로부터 시작되며 Wasatch Range와 Uinta Range를 일컫는 곳이다. 이 지역은 거대한 록키산맥의 일부로 유타주의 북쪽에서 남쪽으로 뻗어 있다. 금, 은, 구리 등 지하자원이 매장되어 있다. 세계에서 가장 큰 노천 구리 광산 가운데 하나가 유타의 Bingham 구리 광산으로 Oquirrh산맥에 있다.

Uinta Basin 지역은 콜로라도강이 캐년 지역의 동쪽을 통과해 흐르고 있으며, Book Cliffs와 Wasatch산맥 사이에 놓여 있고, 얕은 주발 모양을 하고 있다. 여기에 있는 Strawberry, Green, Duchesne, White, Uinta강을 비롯한 여러 강들과 시내가 Uinta Basin으로 흘러 들어가고 있어 이 지역이 너무 건조하지 않게 유지해 주고 있다. 이 지역에서 많은 공룡의 화석이 발견되었으며, 금, 은, 구리를 비롯하여 석유, 개스, 라듐, 석탄 등 지하자원이 매장되어 있다. 이러한 지하자원은 유타주의 경제에 큰 도움을 주고 있다.

○ 개척 역사

유타 지역에는 원주민인 Anasazi족이 1300년경까지 진흙을 말려 만든 벽돌로 집을 짓고 농사를 지으며 살고 있었다. 그들은 갑자기 사라졌으나 그들이 사라진 이유는 알려지고 있지 않다. Anasazi족이 사라진 후에 여러 원주민들이 들어와 정착하였는데, 이들 가운데는 Ute, Goshute, Shoshone, Hopi, Navajo, Paiute 인디언들이 있다. 유타에 들어온 최초의 유럽인은 스페인 탐험가인 Maria Antonio de Rivera이다. 1765년 멕시코의 스페인 총독이 유타주의 북동부 지방을 스페인의 통치 아래 두기 위해 Rivera를 유타의 북동부 지방을 탐사하도록 보냈다. Rivera는 지금의 Moab까지 Colorado강을 따라 탐사하였다. 1776년에 스페인 신부인 Silvestre Ve'lez de Escalante와 Francisco Atanasio Dominguez는 유타를 탐험하고 나서 그들의 여정에 대한 일기를 남겼다. 이후에 여러 유럽인 탐험가들이 유타를 찾아왔지만 아무도 이곳에 정착하려고는 하지 않았다.

1847년 Mormon교 리더인 Bringam Young이 143명의 남자 교인과 3

명의 여자 교인과 함께 지금의 Salt Lake 지역에 도착했다. 몰몬 교인들은 그들의 신앙을 수행하기 위해서는 그들만이 외롭게 지내야 할 터전을 찾아 오하이오주, 미주리주, 일리노이주의 부유한 공동체를 떠나왔다. 그들의 지도자인 Bringam Young은 아무도 유타를 원하지 않을 것이라 생각하여 이곳을 거주지로 선택하였다. 1847년 몰몬 교도들이 첫 번째 영구 정착촌을 이루었다. Young이 여기에 도착했을 때에 유타의 원주민인 Paiutes, Shoshone, Gosiute, Ute 인디언들을 발견하였다. Navajo 인디언들도 1860년대에 이곳에 도착했다. 그러나 1868년까지 인디언들은 보호구역의 땅으로 강제 이주당하였다.

1847년 귀뚜라미 떼가 전체 곡식을 먹어 버릴 위협에 놓이게 되어 몰몬 교도들은 굶주림을 두려워하고 있었다. 그러나 1848년에 놀랍게도 갈매기 떼가 나타나 그 해충을 잡아먹어 농작물을 보호하였다. 이에 유타는 새에 대한 기념비를 갖고 있는데 이는 세계에서 유일한 것이다. 몰몬 교도들은 덥고 건조한 기후로 인해 농사를 짓는 데에 많은 어려움을 겪었다. 이에 그들은 관개수로 시스템을 발전시켜 가면서 사막에 꽃이 피게 하였고 유타주를 미국의 관개수로 발상지로 알려지게 하였다. 1849년 Gold Rush로 수많은 탐광자들이 캘리포니아로 향해 가고 있었다. 몰몬 교도들은 이러한 여정 중에 있는 개척자들에게 일용품을 공급하면서 발전하였다. 같은 해 유타의 영토가 수립되었다. 1855년에서 1860년 사이에 8천여 명의 몰몬 교도들이 유럽에서 유타로 들어왔다. 3천 명 이상의 몰몬 교도들이 Iowa의 철도역에서 손수레에 그들의 소유물을 싣고 Salt Lake까지 걸어서 왔다. 그들은 Uta, Idaho, Las Vegas를 포함한 Nevada에 여러 도시들을 세워 나갔다.

유타는 소란스럽게 시간을 끌어 온 역사를 갖고 있다. 영토가 확정된 때부터 연방 정부와 마찰을 빚기 시작 하였다. 유타는 연방 정부에 주정부 신청을 하였으나 몰몬교의 일부다처제로 인해 1857년에 개최된 연방 의회는 난색을 나타내었다. 2500명의 연방 군대가 몰몬교의 지도자인 Bringam Young를 대체할 다른 통치자를 세우려고 유타에 들어왔다. 몰몬 교도들은 연방 군대에 저항하며 유타 전쟁에 응수하였다. 다음 해인 1858년 유타는 사면을 받았으나, 주로는 인정받지 못했다.

1880년대에 미국 정부는 지속적으로 일부다처제를 금지함에 따라 1천명 이상의 몰몬 교도들이 벌금을 부과받거나 감옥에 수감되기도 했다. 1882년 연방 의회는 일부다처제 반대 법안을 통과시켰으며, 결국 1890년에 몰몬교는 스스로 이러한 일부다처제를 불법화하였다. 영토가 형성된 지 46년이 지나서야 주가 되기 위한 7번째의 신청이 받아들여져 1896년 45번째의 주로 연방에 가입되었다. 구리 광산을 비롯한 여러 종류의 광산 개발과 1869년 대륙 횡단 철도 개통으로 몰몬 교도가 아닌 많은 사람들이 유타주에 들어왔다. 그러나 유타주는 여러 생활면에서 아직도 몰몬 교회의 영향력이 지속되고 있다.

○ 주요 산업

유타주에서의 주된 농업 분야는 소와 가금류 등의 축산이다. 유타주를 통과해 흐르는 Green강, Colorado강, Silver강들의 유역에서 건초, 밀, 콩, 사탕무우가 관개시설을 이용하여 재배되고 있다. 건조한 기후는 광범위한 작물의 재배에 지상을 주고 있다.

유타주는 아직도 몰몬교의 문화가 지배하고 있으나, 소와 가금류의 목축과 곡식의 경작 이상으로 제조업을 발전시켜 왔다. 구리, 석유, 철, 석탄, 우라늄의 광업과 구리 제련과 석유의 정제업 등이 이루어져 왔다. 철강 산업은 중요한 산업으로 Provo 지역은 미국 서부에서 가장 큰 철강 단지이다. 유타주에는 구리, 석유, 석탄, 몰리브덴, 은, 납, 금의 매장량이 풍부하다.

Colorado고원 지대가 유타주에서 가장 넓은 지역으로 깊은 계곡과 분지가 있는 울퉁불퉁한 지형의 고원 지대이다. 이곳에 있는 국립기념물, 주립공원, Bryce 캐년과 Zion 캐년을 포함한 국립공원들이 환상적인 경관을 보여 주고 있다. 이러한 각종 공원들과 함께 Glen Canyon Dam이 만들어지면서 형성된 Lake Powell 호수 등이 매년 수백만 명의 관광객을 불러오고 있다.

○ 관광 명소

Arches National Park: 공원의 규모는 120sq miles(310sq km)로 유타주의 남부에 소재하고 있으며, 바짝 말라 있는 땅을 가로질러 조각가의 추상적인 작품들이 나열해 있는 인상을 준다. 자연적으로 만들어진 주황색과 담황색의 2,000여 개의 바위 아치들이 빽빽히 들어차 있다. 가장 큰 아치의 직경이 306피트에 이르고 있다. 땅에서 튀어나온 나선형, 뾰족탑, 받침들이 절묘한 균형을 이루고 있다.

Bryce Canyon National Park: 공원의 규모는 56sq miles(145sq km)이며 채색된 바위의 절벽과 산들이 화려한 경치를 만들고 있다. 석회석, 사암 등이 깎여져 만들어진 바위기둥들이 세워져 있어 원형 경기장을 떠올리게 한다. 오랜 시간 동안 강들이 크고도 가느다랗게 산등성이를 깎아 놓았다. 햇빛이 조각품 같은 바위에 비치면 바위에 포함되어 있는 철, 마그네슘, 산화물로 인해 부드러운 색조의 보라색, 분홍색, 갈색으로 빛나고 있다.

Canyonlands National Park: 공원은 Route 313, Moab, UT에 소재하고 있으며 규모는 527sq miles(1,366sq km)이다. 유타주의 남동부의 콜로라도강과 Green강이 만나는 지역에 있으며, 뾰족하게 솟아나 있는 돌들과 깊은 계곡, 채색되어 펼쳐진 사막이 있는 독특한 지역이다. 북쪽으로는 강변에서 2천 피트 높이에 이르는 넓은 Mesa가 놓여 있으며 남쪽으로는 모래 암석이 100피트 높이까지 솟아나 있는 뾰족한 바위들이 군집되어 있는 Needles 지역이 있다.

Zion National Park: 공원은 1 Zion Park Blvd. Springdale, UT에 소재하고 있으며 규모는 229sq miles(593sq km)이다. 자이언 국립공원은 유타주의 남서부 지역에 있는 공원으로 매우 웅장하고 극적인 경치를 보여 주고 있다. 오랜 시간 동안 물에 의한 침식으로 만들어진 절벽과 협곡, 높이 솟아나 있는 Mesa가 있다. 공원의 북서쪽 코너에는 가장 장엄해 보이는 아치인 Kolob Arch가 있는데, 높이가 310피트에 이르고 있어 세계에서 가장 큰 아치일 것이다.

Capitol Reef National Park: 공원은 52 West Headquaters Drive, Torrey, UT에 소재하고 있으며 규모는 378sq miles(979sq km)이다. Capitol Reef 국립공원은 유타주의 Wayne 카운티에 있다. 이곳이 국립공원으로 지정되기 전에는 거친 바위들이 모여 있는 Wayne Wonderland

로 알려져 왔다. 여기에는 별천지 같은 바위 절벽과 뾰족한 첨탑 모양의
바위, 그리고 오지 탐험가들을 반기는 듯한 고립된 산들이 있다.

Mormon Tabernacle: 솔트레이크 시내의 사원 광장에 세워진 몰몬교
예배당으로 세계적으로 유명한 합창단을 갖고 있다. 종교적인 그림이
전시되어 있으며 몰몬교를 소개하고 있다. 목요일과 토요일에 열리는
인상적인 연주회를 감상할 수 있다.

Vermont

○ 일반 소개

버몬트주는 미국의 북동부 지방의 뉴잉글랜드에 속해 있으며, 1791년 3월 4일 연방에 14번째로 가입하였다. 면적은 23,955sq km로 미국의 50개 주 가운데 43위이고 인구는 643천 명으로 49위에 있다. 주요 도시로는 주도인 Montpelier를 비롯해 Burlington, Rutland가 있다. Montpelier는 주별 수도 가운데 가장 작다. 버몬트 주는 The Green Mountain라고도 불리고 있으며, 주의 명칭인 Vermont는 1647년 프랑스 탐험가인 Samuel de Champlain이 이곳을 프랑스어로 Green Mountain을 의미하는 Verd Mont라고 부른 데에서 유래하고 있다.

자연을 사랑하는 사람들은 여러 가지 이유로 버몬트주를 즐기고 있다. 찬란한 단풍과 녹색의 산들, 수 마일의 스키장 그리고 400여 개의 호수들이 있다. 버몬트주는 미시시피강 동편에 있는 주들 가운데 가장 인구가 적으며, 미국 전체에서도 가장 인구가 적은 와이오밍주 다음인 2번째로 적다. 제일 시골스런 주로서 주민의 25% 정도만이 도시에 살고 있으며, 거의 75%는 농장이나 산재되어 있는 조그만 타운에서 살고 있다.

미국의 50개 주 가운데 아마도 버몬트주가 가장 깨끗한 인상을 주는 곳이다. 전원적인 푸른 풀밭에 소들이 한가로이 풀을 뜯어 먹고 있는 목장들이 군데군데 있고, 뾰족한 첨탑을 가진 흰색의 예배당이 보이는 예쁜 마을들이 나타난다. 여름철에는 하이커들이 산악 등반을 즐기고 있고, 가을에는 불타는 듯한 빨강색의 단풍으로 물들여지며, 겨울에는 스키어들이 눈 덮인 산기슭을 넓게 깎아지르며 내려오고 있다. 이러한 것들이 아련한 목가적인 시골의 장면이 아니고 버몬트의 실제적인 모습들이다.

○ 자연환경

애팔래치아산맥의 일부인 Green Mountains산맥이 북쪽의 캐나다 국경에서부터 남쪽에 있는 매사추세츠주까지 뻗어 있으며, 우뚝 솟은 지형을 보이고 있다. 뉴잉글랜드 지방에서 가장 큰 Lake Champlain이 뉴욕주와 서쪽 경계를 이루고 있다. 한편 Connecticut강은 뉴햄프셔주와 동쪽 경계를 이루며 흐르고 있다. 서쪽으로 흐르는 강들은 Lake Champlain으로 빠져 들어가고 있으며, 동쪽으로 흐르는 시내들은 Connecticut강으로 흘러 들어가면서 비옥한 농토를 제공해 주고 있다.

땅에 바위가 많고 숲이 우거진 산들이 버몬트주를 압도하고 있다. 이로 인해 초기 정착민들은 경사진 땅에 흙이 얇아서 양과 젖소를 키우기에 매우 적합한 곳으로 여겼다. 버몬트주가 시골이긴 하나 농촌 지역은 아니다. 땅의 15% 정도만이 작물을 재배할 수 있는 농토이며, 농토의 대부분은 코네티컷강의 유역과 Champlain 호수 근방에 놓여 있다. 나머지의 땅은 흙이 너무 얇거나 바위처럼 단단히 굳어 있어 농토로 사용되지 못하고 있다.

버몬트주는 New England주들 가운데 바다와 직접 접해 있지 아니한 유일한 주이나, 남쪽 끝자락에 있는 호수에서 뉴욕의 Hudson강과 운하로 연결되어 있어 뉴욕시와 상업이 이루어지고 유람선도 운항되고 있다. 버몬트주의 거의 80%가 숲으로 뒤덮여 있으며 가을에는 불길이 너울거리는 듯한 단풍이 선명하여 수많은 관광객이 찾아온다. 겨울에 눈이 내리면 원근 각지에서 찾아온 스키어들이 50여 개의 리조트에서 눈 덮힌 비탈길을 미끄러져 내려온다.

이른 봄은 낮에는 따뜻하나 밤에는 얼어붙는 날씨를 보이고 있으며, 단풍나무에서는 당분의 수액이 흐른다. 설탕관목이라 불리는 단풍나무에서 달콤하기로 유명한 버몬트 시럽이 채취되고 있다. 여름이 오면 시원하고 상쾌한 밤과 따뜻한 날씨로 야영과 등산, 낚시를 즐기려는 사람들이 찾아온다.

○ 개척 역사

프랑스의 탐험가 Samuel de Champlain이 1609년 버몬트에 도착했을 때 Abenaki, Mohican, Pennacook, Iroquois 원주민들이 거주하고 있었다. Champlain은 프랑스를 위해 이곳의 땅의 권리를 주장하였다. 그가 가로 질러 다녀간 호수를 그의 이름을 따서 Lake Champlain이라 불렀다. 1665년 프랑스인들이 la Motte 작은 섬에 요새를 구축하였으나, 이 지방의 일부가 영국 식민지였으므로 매사추세츠로부터 소유 권리를 요구받게 되었다. 1724년 영국 군인들이 유럽인 최초로 코네티컷 강변에 Fort Dummer 영구 정착촌을 세웠다. 현재의 Battleboro 타운이다.

영국은 이 영역의 지배권을 놓고 프랑스와 인디언들의 공격을 받았으나 지배권을 유지했다. 그럼에도 불구하고 2개의 영국 식민지들이 버몬트의 땅을 서로 요구했다. 1741년 영국 왕 George 2세가 버몬트 땅을 뉴햄프셔에 할양하였으나, 1764년에 영국 왕 George 3세는 이 지역을 뉴욕에 넘겨줬다. Green Mountain 소년들이 1775년 5월에 영국으로부터 Fort Ticonderoga를 빼앗았다. 미국의 독립운동 초기인 1777년 버몬트는 영국으로부터 그들 자신의 독립을 선언했다. 드디어 1790년 다투고 있던 땅의 영역이 해결되었으며, 이듬해인 1791년 버몬트는 새롭게 탄생한 미국 연방에 가입하였다. 이는 본래의 13개 식민지가 미국 연방을 구성한 후 연방에 가입한 첫 번째 주이다.

1777년 국가적인 헌법은 노예제가 불법인 것으로 규정하였으며, 버몬트는 이 같은 선언을 지킨 첫 번째 정부였다. 더 나아가 모든 사람이 투표할 권리가 있어야 한다는 보편적인 투표권을 요청한 첫 번째 주이기도 하다. 버몬트 정부의 기본적인 조직체는 타운 미팅이다. 중요한 문제가 대두되면 모든 타운 사람들이 타운홀에서 모여 그 문제를 토의하고 함께 결론을 내린다. 이러한 타운 미팅은 세계 사람들을 고무시키는 민주주의의 이상인 것이다.

○ 주요 산업

버몬트주를 압도하고 있는 바위와 숲으로 뒤덮힌 산들이 수많은 길과 역사를 만들어 왔다. 초기의 정착민들은 버몬트의 경사진 땅이 흙이 얇아 농사보다는 양과 젖소를 기르기에 적합하다고 여겼으며, 지표면 아래에 재산이 되는 화강암과 대리석을 발견하였다. 버몬트주의 땅의 지질은 빈약하지만 목축을 중심으로 한 농업이 뉴잉글랜드의 다른 주들보다 더욱 큰 비중을 차지하고 있다. 버몬트주에는 주민 수의 절반에 이르는 많은 소들이 길러지고 있고, 농업 수입의 4분지 3이 우유 생산에서 얻어지고 있으며, 버몬트주의 치즈는 유명하다. 그리고 수많은 유명한 단풍나무 시럽이 만들어지고 있는데, 단풍나무 시럽은 버몬트주의 대표적인 생산물이다.

버몬트주의 채석장은 화강암, 대리석, 석판, 활석, 석면을 공급해 주고 있다. 버몬트의 대리석은 미국 연방 건물의 건축 재료로 쓰여진 것으로 유명하며, Barre 근처에는 세계에서 가장 큰 화강암 채석장이 있다. 버몬트주의 70% 이상을 차지하는 숲에서는 많은 통나무와 종이 산업의 재료를 공급해 주고 있으며, 숲 근처의 조그만 도시들에서는 나무와 관련한 연장과 도구, 섬유를 만들고 있다. Rutland와 St. Johnsbury에서는 저울을 제작하며, Brattleboro에서는 오르간 파이프를 만드는 것으로 유명하다.

버몬트주의 산들과 호수, 숲들은 비교적 건조한 날씨와 더불어 여름을 시원하게 보내려는 휴가자, 사냥을 즐기려는 사람들, 야영자들을 불러들이고 있다. 가을에는 황홀한 단풍이 관광객을 유혹하고 있으며, 겨울철에도 가장 인기 있는 휴식처를 제공하는 주이다. Mt. Mansfield 근처에 있는 Stowe는 미국 동부 지방에서 스키리조트를 주도하고 있다.

○ 관광 명소

Marsh- Billings- Rockefeller National Historical Park: 공원은 54 Elm St. Woodstock, VT에 소재하고 있으며 규모는 1sq miles(2.5sq km)이다. 버몬트주의 동쪽 중앙에 있고 구릉진 언덕들에 둘러싸여 있는 조그만 숲과 농장이 있다. 이곳 공원은 국립공원의 관리에서 매우 중요한 역할을 해 오고 있다. 공원에는 1805년 붉은 벽돌로 지어지고 숲으로 둘러싸여진 Queen-Anne 스타일의 대저택이 있다. 대저택에는 3명의 두드러진 인물이 관련되어 있는데, 첫째는 미국 산림보호운동의 기본 교과서인 『인간과 자연』을 저술한 George Pekins Marsh가 살았다. 1869년에는 Frederick Billings가 Marsh의 가족농장과 주변의 땅을 사서, 미국에서 최초로 관리 유지하는 숲을 만들었다. 1951년 그의 손녀 Mary French Rockefeller가 재산을 물려받았고, 그녀의 남편 Laurance도 1950년대에 Virgin Island 국립공원을 조성한 것을 포함하여 미국 각지에서 삼림보호 운동에 앞장섰다. 1992년 이들 부부는 Mount Tom 부근에 있던 그들의 저택을 국립공원 관리청에 기증하였으며, Woodstock 재단과 관계된 이곳 공원에는 삼림보호를 이어 갈 학습실과 회의 공간을 갖춘 Forst Center가 지어져 있다.

Green Mountain: Calvin Coolidge State Forest에 있는 Killington을 비롯한 수많은 겨울 리조트들과 광활한 스키장과 눈썰매장이 갖추어져 있다. 또한 여러 하이킹 코스가 있으며, 가을의 맑고 화려한 단풍과 조용한 분위기는 신비로움을 더해 주고 있다.

Ben and Jerry's Ice Cream Factory: Stowe의 I-89에서 북쪽으로 1마일 떨어진 Route100에 있는 아이스크림 공장으로 제조 전체 과정을 관람할 수 있으며, 선물 가게, 놀이터, 아이스크림 구내 매장 등도 있다.

Bennington Battle Monument: 초기 미국 독립 전쟁 때의 전쟁 영웅인 Ethan Allen의 활약상을 기리는 곳으로 그는 버몬트 Green Mountain Boys의 지도자였다.

Virginia

○ 일반 소개

버지니아주는 미국의 남동부 지방에 속해 있으며, 1788년 6월 25일 10번째로 연방에 가입하였다. 면적은 102,559sq km로 미국의 50개 주 가운데 37위이고 인구는 8,631천 명으로 12위에 있다. 주요 도시로는 주도인 Richmond를 비롯해 Virginia Beach, Norfolk가 있다. 버지니아주는 the Mother of Presidents, Mother of States, the Cavalier State라고도 불리우고 있다. 버지니아주는 미국 역사의 땅이다. 최초의 영국인 정착촌이 1607년 버지니아주에 있는 Jamestown에 세워졌다. 버지니아주는 Mother of presidents로 알려졌듯이 수많은 정치인들의 본고장으로 미국 초기의 5명의 대통령 가운데 4명이 버지니아주 출신이다. 오늘날 초대 대통령인 George Washington의 생가였던 Mount Vernon과 Thomas Jefferson의 생가인 Monticello가 관광객들에게 개방되어 있다.

한편 버지니아주는 독립 전쟁과 남북 전쟁 때의 수많은 격전지를 안고 있다. 미국 독립 전쟁에서 결정적인 전투가 Yorktown에서 있었다. 남북 전쟁 때에는 남부 연합의 Robert E. Lee 장군이 북부 연합군의 Ulysses S. Grant 사령관에게 항복했던 곳이 버지니아주에 있는 Appomattox이다. 버지니아주의 바로 오른쪽에 미국 정부의 중심인 Washington D.C. 가 있어 많은 버지니아주 주민들이 국방부 등 정부기관에서 일하고 있다.

애팔래치아산맥의 서쪽 고원 지대의 끝에서부터 동쪽의 대서양과 접해 있는 Delmarva반도에 이르고 있는 버지니아주는 아름다운 자연의 풍광을 보이고 있는 주이다. 서쪽의 경계는 산맥으로 이루어져 있는 가운데 이곳 고원 지대에 Shenandoah valley가 놓여져 있다. 이 분지는 폭이 넓고 길이가 150마일에 이르고 있으며, Allegheny산맥과 Blue Ridge산맥 사이에 위치하고 있다. Piedmont고원 지대에서는 담배가 무성하게 자라고 있으며, 동쪽에는 조수 간만의 차로 밀물과 썰물이 반복되는 해변이 Chesapeake Bay에 둘러 싸여져 있다.

○ 자연환경

버지니아주는 미국 북쪽의 메인주로부터 남쪽의 플로리다주에 이르는 대서양 연안의 중앙에 놓여 있으며, 5개 주와 경계를 두고 있다. 북서쪽으로는 웨스트버지니아주와 완만한 곡선의 경계를 두고 있으며, 서쪽 끝자락에는 켄터키주와 마주하고 있다. 북쪽으로는 Potomac강이 메릴랜드주와 경계를 이루고 있으며, 남쪽으로는 노스캐롤라이나주 및 테네시주와 거의 수평의 경계선을 보이고 있다.

버지니아주는 동부의 해안 평야 지대와 서부 내륙의 애팔래치아고원 지대로 나뉘어진다. 버지니아주의 동부 해안의 평지는 뉴저지주의 해안으로부터 플로리다주의 해안으로 이어지는 긴 해안의 일부 지역으로 조수 간만의 영향을 받고 있다. Chesapeake만을 가로질러 동쪽에는 델라웨어주, 메릴랜드주와 나누어 점유하고 있는 Delmarva반도가 놓여 있으며, 반도의 대부분에서 인구가 희박하다.

버지니아주의 내륙은 대서양 연안의 평야에서 애팔래치아산맥 사이의 고원 지대인 Piedmont 지역으로 서쪽 끝자락에 있는 Blue Ridge산맥으로 올라가면서 경치의 아름다움에 더해 무성한 숲과 석회석 동굴이 있다. Blue Ridge산맥과 Allegheny산맥 사이에 Shenandoah Valley가 놓여 있다. Shenandoah는 인디언 말로 '별들의 딸'을 의미하는 것으로 가장 경치가 좋은 곳 가운데 하나이며 비옥한 땅을 갖고 있는 이곳에 잘 어울리는 이름이다.

버지나아주의 4개의 강들이 북쪽에서 남쪽으로 흐르면서 해안 평지를 가로질러 Chesapeake Bay로 흘러 들어가고 있다. 이러한 강으로는 Potomac, Rappahannock, York, James강들이다. 만에서의 조수 간만으로 인해 밀물 때에는 서쪽 내륙 깊숙히 있는 Fall Line까지 강물이 역류한다. 해안의 남부에 있는 James강의 하구에는 Great Dismal Swamp가 있으며 수 많은 종류의 야생동물들의 안식처가 되고 있다.

○ 개척 역사

1607년 최초의 영국인 정착촌이 버지니아의 Jamestown에 세워졌다. 이는 북미에서 최초로 이루어진 영구 정착촌이다. John Smith 선장이 여기의 지도자가 되어 법과 규정을 만들고 생활의 기반을 마련하였다. 새로운 정착민들은 질병과 거친 기후를 극복하면서 원주민인 Mattaponi, Chickahominy, Monacan, Rappahannock 인디언들과도 치열한 대결도 하여야 했다. 정착민들은 점차 대규모로 담배를 재배하는 귀족적인 대농장을 이루어 왔다. 1619년 버지니아 식민지에 노예가 들어옴에 따라 미주에서의 노예제가 버지니아에서 시작되었다. 같은 해 버지니아 주민들은 House of Burgesses를 구성하였다. 이는 세계에서 최초로 민주적으로 선출된 의회이다.

식민지 시대가 끝날 때에 버지니아는 13개 식민지 가운데 가장 인구가 많았고 가장 부유하였다. 버지니아는 독립 전쟁 시기를 통하여 지도적인 역할을 하였다. 1775년 버지니아에서 각 식민지의 대표자 회의가 있었다. 여기에서 Patrick Henry는 "나에게 자유를 달라. 아니면 죽음을 달라."고 외쳤다. 버지니아의 James Madison이 헌법을 작성하였다. 버지니아 자체의 권리법안이 국가적인 법의 모델이 되었다. 1778년 버지니아는 미국의 10번째 주로 연방에 가입하였다. 버지니아의 George Washington은 최초로 미국 군대를 지휘하여 독립 전쟁을 승리로 이끌었으며, 1789년 미국의 초대 대통령이 되었다.

1861년 남북 전쟁 시기에서는 버지니아가 남부 연합의 리더가 되었다. Richmond가 남부 연합의 마지막 수도였으며, 버지니아 출신인 Robert E. Lee 장군은 남부 연합의 총사령관이었다. Lee 장군이 Appomattox에서 북군에 항복하였다. 1870년 버지니아주는 미국 연방에 다시 가입하게 되었다.

○ 주요 산업

버지니아주의 넓은 해안에는 수많은 선적이 이루어지며 선박이 제조되고 있다. 강하구에 만들어져 있는 저지대의 평야에서는 주로 담배 농사가 이루어져 왔다. 버지니아주가 역사적으로 보면 농업 위주의 주이긴 하나, 오늘날 버지니아주의 경제는 담배 및 기타 농산물의 비중이 낮아지고 있다. 반면에 제조업과 하이테크 산업의 비중이 급격히 증가하고 있다. 이는 버지니아주가 대서양 동부 해안의 중앙에 위치하고 있어 광범위한 운송 연결이 용이하고 정부기관의 확충에 따른 영향인 것이다.

연방 정부의 기관인 Central Intelligence Agency, Center for Space research, Pentagon 국방부 건물이 버지니아주에 있다. Washington D.C.의 외곽은 버지니아주에서 가장 인구가 밀집된 지역으로 미국의 수도에 소재한 공공기관에 고용된 사람들로부터 얻어지는 수입은 주정부 재정에 많은 도움이 되고 있다.

제조업은 버지니아주 경제의 핵심으로 선박 건조, 종이 산업, 의류, 화학, 조명 기구, 석공예 등이 있다. 낙농 제품, 닭, 터키, 돼지 등의 축산물과 밀, 과수원 과일, 땅콩 등의 농산물 생산도 중요하며, Chesapeake만에서는 각종 어류가 어획되고 있다.

○ 관광 명소

Shenandoah National Park: 공원은 Stanardsville, VA에 소재하고 있으며 규모는 312sq miles(808sq km)이다. 이곳 공원에는 안개에 덮혀 있는 Blue Ridge 산맥과 야생화가 피어 있는 들판이 있고, 산양과 검은 곰, 새들이 서식하고 있는 나무가 무성한 골짜기와 폭포가 있다. 날이 저물 때면 분홍빛 저녁 하늘이 멀리 쓸쓸하게 있는 Big Meadows를 덮고 있다.

Wolf Trap National Park for Performing Arts: 이곳은 1551 Trap Rd Vienna, VA에 있다. 이곳에 있는 Filene Center에서 와인을 마시며 피크닉을 즐기면서 세계적인 공연을 즐길 수 있는 야외 장소이다. 야외의 원형 공연장에서는 5월부터 9월 초까지의 기간에 음악에서 댄스에 이르기까지 90개 이상의 공연이 열리고 있다. 청중들은 가지고 온 음식과 포도주를 마시면서 경사진 잔디에서 공연을 즐길 수 있다.

George Washington's Mount Vernon: 이곳은 3200 Mount Vernon Memorial Highway, Mount Vernon, VA에 소재하고 있다. 미국의 초대 대통령이었던 Jeorge Washington과 그의 부인 Martha가 살던 집과 대농장으로 땅이 8,000에이커에 이르며, Fairfax 카운티의 포토맥 강변에 위치하고 있다. 조지 워싱턴은 그 당시 식민지 시대에 가장 큰 위스키 양조장을 소유하고 있었다. 그는 장군으로서 독립 전쟁의 영웅이지만, 그가 죽었을 때 317명의 노예를 두고 있었던 대농장주로서의 어두운 면도있다.

Jamestown Settlement: 여기에서 재생된 Powhatan Village를 둘러볼 수 있으며, 전통 복장을 입은 사람이 화살을 만드는 것을 볼 수 있다. 근처에는 Jamestown에 있었던 영국인 요새를 복제해 놓았다. 당시의 복장을 한 남녀가 당시의 음식을 조리하는 방법과 식민지 사람들이 그들을 어떻게 지켜 왔는지를 알려 주고 있다.

Museum of American Frontier Culture: 이곳은 1290 Richmond Road Staunton, VA에 소재하고 있다. 초기 개척 시대의 농장 생활과 18세기 농장에서 재배했던 곡식과 길렀던 동물들을 재현시켜 놓았다.

Monticello: 이곳은 1050 Monticello Loop Charlottesville, VA에 소재하고 있으며 토마스 제퍼슨 대통령이 광활한 시골 자연을 바라볼 수 있도록 설계하여 만든 대저택이다. 남부의 대농장처럼 Monticello도 노예의 노동에 의해 지어지고 유지되었다.

Washington

○ 일반 소개

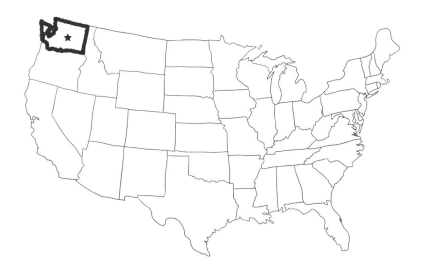

　워싱턴주는 미국의 서부 지방에 있으며 태평양과 접하고 있으며, 1889
년 11월 11일 42번째로 연방에 가입하였다. 면적은 172,446sq km로 미
국의 50개 주 가운데 20위이고 인구는 7,705천 명으로 13위에 있다. 주
요 도시로는 주도인 Olympia와 Seattle, Spokane, Tacoma 등이 있다. 워
싱턴주는 The Evergreen State, the Chinook State라고도 불리우고 있다.
주에서 가장 큰 도시인 시애틀은 주요한 항구로서 미국 서부 지방의 상
업과 문화를 주도하고 있으며, 시애틀 중심에는 시애틀 세계박람회를

기념하여 Space Needle이 세워져 있다.

워싱턴주는 아메리카의 스위스라 불리고 있다. 반도에 있는 Olympic Mountains산과 북쪽의 캐나다와의 국경에서부터 워싱턴주의 중앙을 지나며 오리건주에 이르는 Cascade Range에 있는 Mt. Rainier산의 울퉁불퉁한 산봉우리의 산들이 마치 알프스산맥의 경치와 흡사해 보인다. 한편 비가 많이 내리는 워싱턴주는 물기로 축축한 늘 푸른 무성한 우림의 자연이 신비로움을 나타내고 있다. 해안에는 북유럽의 피요르드 같은 해안의 만들과 목가적인 섬들이 해안을 껴안고 있으며, 화산의 산등성이가 바다 쪽으로 이어져 내려오고 있다. 동쪽 지역은 초원과 농토로 펼쳐져 있다.

워싱턴주의 주민들은 굴곡진 높은 산의 경치, 눈부신 사철 푸른 나무의 무성한 숲, 반짝이는 호수와 강이 흐르고 있는 자연의 아름다움을 자랑스러워 하고 있다. 또한 사냥, 낚시, 스키를 즐기는 사람들에게 아주 매력적인 주이다. 특히 많은 섬들로 채워져 있는 Puget 해협의 자연은 매우 아름다울 뿐만 아니라, 근처에 Olympic 국립공원, Cascade 국립공원, Mt. Rainier 국립공원 등 3개의 국립공원과 여러 야생보호구역들이 있다. 여기에는 여러 대형 항구들이 있으며, 워싱턴주의 대부분의 주민들이 살고 있으며, 항공기, 미사일 등의 중요한 생산 공장들이 있다.

○ 자연환경

Cascade산맥이 북쪽의 캐나다 국경으로부터 남쪽에 있는 오리건주로 뻗어 있어 워싱턴주를 동부 지방과 서부 지방으로 나누고 있다. 워싱턴주를 동서로 나누고 있는 Cascade산맥은 고도가 높아 태평양으로부터의 습기찬 바닷바람이 산맥을 넘으면서 습기가 사라지고 비도 적게 내려 캐스케이드산맥의 동부는 수 마일을 지나도록 나무를 볼 수 없는 거의 사막과 같은 모습을 보이고 있다. Cascade산맥의 서부 지방은 습기가 많아 축축하고 비가 많이 내리는 해안의 저지대로 상록수의 숲을 이루고 있다.

북서쪽으로는 Olympic산맥으로 상징되는 올림픽 반도가 놓여 있으며, 온화한 기후에 매년 500cm 이상의 강우량을 기록하고 있다. 이로 인해 싱싱하게 우거진 소나무와 양치류, 이끼가 두텁게 깔린 우림이 이루어져 있다. 현재 국립공원으로 지정되어 있어 야생의 자연이 잘 보호되고 있다.

조금 더 남쪽으로 내려오면 Puget 해협이 있다. 이곳은 빙하로 깎여 나간 곳에 물이 채워진 해협으로 여러 섬들이 있으며 Olympus산 아래의 해안이 굴곡져 있어 크고 작은 여러 항구들이 있다. 푸겟 해협의 근처는 인구 밀도가 높은 지역으로 워싱턴주의 3대 도시인 Seattle, Tacoma, Olympia가 있다. 남서쪽으로 멀리 내려오면 오리건주와 경계를 이루며 흐르는 Columbia강과 태평양이 만나는 Long Beach반도가 있다. 근처에는 예전에 조개류가 매우 풍부하여 번창했던 Oysterville 타운이 있다. 지금은 조개류가 소멸되어 가고 주민들이 많이 떠나 조그만 마을로 남아 있다.

캐스케이드산맥의 동부가 워싱턴주 전체 면적의 3분지 2이지만 인구는 전체의 3분지 1 정도이다. 이곳의 Spokane강을 따라 동부의 유일한 도시인 Spokane시가 세워져 있다. 이 도시의 북쪽에 Columbia강이 흘러 Franklin Delano Roosevelt 호수로 들어가고 있으며, 미국에서 가장 큰 Grand Coulee댐이 세워져 있다. 산맥의 사이를 지나 서쪽으로 굴곡져 흐르면서 오리건주와 경계를 형성하고 있다.

○ 개척 역사

1592년 스페인 Juan de Fuca가 Puget 해협의 안쪽 해안을 발견하였다. 1774년 스페인 탐험가 Juan Perez는 Olympus산을 발견하였으며, 1778년에는 영국인 John Cook 선장이 워싱턴 해안을 항행하였다. 1792년 영국의 George Vancouver가 푸겟 해협을 탐험하였으며, 같은 해 미국인 선장 Robert Gray는 Columbia강을 발견하고서 이곳에 대해 미국의 권리를 주장하였다. 그러나 이곳에는 이미 원주민인 Cayuse, Colville, Nez Perce', Okanogan, Spokane, Yakima, Chinook, Puyallup이 살고 있었다.

1805년 미국의 Lewis와 Clark가 워싱턴의 동부에서 서부로 가로질러 탐사하였다. 이곳의 유럽인 정착은 느리게 이루어졌는데, 이는 원주민들의 공격을 두려워했기 때문이었다. 1811년에 John Jacob Astor가 콜럼비아강 하구에 정착촌을 세웠다. 1818년 영국과 미국은 향후 10년 동안 이 지역을 공동으로 지배하기로 동의하였다. 1845년 최초의 미국 영구 정착촌이 Tumwater에 만들어졌다. 1846년 영국과 미국 간의 워싱턴의 영토 문제가 해결되었다.

1848년 Oregon의 영토가 오리건 지역, 워싱턴 지역과 아이다호 지역의 일부가 포함되어 만들어졌다. 1853년에 워싱턴의 영토가 오리건과는 떨어지고, 아이다호와 몬태나 지역의 일부가 포함되어 형성되었고 1859

년에는 와이오밍의 일부 지역까지 확장되었다. 이렇게 만들어진 구획을 Columbia 지방이라 이름하였으나, 미국은 이미 District of Columbia를 갖고 있었으므로 미국의 초대 대통령인 워싱턴을 기념하여 명칭을 Washington으로 변경하였다.

1855년 금이 발견되자 워싱턴 서부의 인디언들을 다른 곳으로 이주시키려는 시도가 있었으나 인디언들의 저항이 매우 심했다. 결국 1858년 저항하던 Yakima, Spokane, Nez Perce', Palouse인디언 연합은 미국 연방 군대와 지방 민병대에 의해 진압되어 인디언 보호구역으로 강제 이주당하였다. 1863년에 Idaho 영토가 분리되면서 현재의 워싱턴주 경계가 확정되었으며, 1889년 미국의 42번째 주로 연방에 가입되었다.

○ 주요 산업

워싱턴주는 풍부한 자연자원들로 축복을 받고 있다. 풍부한 강우량으로 인해 캐스케이드산맥의 서쪽 기슭에는 넓은 삼림 지대가 이루어져 있다. 여기서 자라는 전나무를 비롯한 침엽수가 목재 산업의 자원이 되고 있다. 그러나 오랫동안 벌목이 이루어져 환경론자 들은 숲이 사라질까 우려하고 있다. 벌목 회사들은 벌목을 줄이면 경제가 타격을 받을 것이라고 주장하고 있다. 이러한 논쟁이 계속되는 가운데 벌목이 광범위하게 이어지고 있다. 벌목되는 재목의 20%가량은 통나무 상태로 타코마항으로 옮겨져서 일본, 중국, 한국 등으로 수출되고 있다.

워싱턴주는 항공 시대에 알루미늄 가공 처리와 항공기 제작의 중심이 되고 있다. 시애틀 지역에는 보잉사를 비롯한 항공기 산업과 마이크로소

프트사의 본사가 있어 컴퓨터 소프트웨어 산업에서 많은 일자리를 제공하고 있다. 어업, 화학, 식품 가공업도 워싱턴주의 중요한 산업 분야이다.

연어, 넙치 등 바다 생선은 워싱턴주의 중요한 자원이다. 시애틀은 세계에서 가장 큰 연어 시장의 하나로 워싱턴과 알래스카에서 어획된 생선을 팔고 있다. 워싱턴주 서부에 있는 목장과 농장에서는 소와 젖소, 밀, 과일, 채소를 생산하고 있다.

○ 관광 명소

Seattle: 워싱턴주에서 가장 큰 도시인 Seattle은 푸겟 해협에 접해 있으며 예전에는 조그만 항구 마을이었지만 최근에는 해상물류 중심의 도시로 변모하였다. 미식가들의 커피숍인 Starbucks 1호점이 이곳에서 개장되었다. 1962년 세계박람회를 기념하여 만들어진 607피트 높이의 Space Needle은 시애틀의 상징이 되고 있다.

Mt. Rainier National Park: 공원은 52210 238TH Ave E Ashford, WA에 소재하고 있으며 규모는 369sq miles(956sq km)이다. 시애틀에서 남동쪽으로 85마일 떨어져 있는 국립공원으로, 휴화산인 레이니어산은 정상의 높이가 해발 14,410피트로 날씨의 변화에 영향을 주고 있다. 태평양에서 많은 습기를 머금은 공기가 레이니어산에 도달하여 많은 비를 내리고 겨울에는 평균 630인치의 적설량을 기록하고 있다. 공원에는 300마일 이상 되는 많은 등산길이 있으며, 7월에도 눈이 쌓여 있다. 풍부한 강우량으로 물살이 센 시내와 나무가 무성한 숲이 이루어져 있다. 햇살이 비치면 안개 속에서 아른아른 빛나는 삼림을 볼 수 있다.

North Cascades National Park: 공원은 7280 Ranger Station Rd. Marblemount, WA에 소재하고 있으며 규모는 789sq miles(2,043sq km)이다. 캐스케이드국립공원은 Ross 호수와 Chelan 호수와 인접한 지역에 있으며, 이 공원에는 아마도 아름다운 멋진 경치를 볼 수 있는 가장 좋은 관광길을 갖고 있다. 또한 318개의 빙하가 있는데, 이는 알래스카를 제외하고 미국에 있는 전체 빙하의 절반 이상이 이곳에 있다. 장엄하고 뾰족한 자연 그대로의 산 정상은 금방 솟아난 것 같은 느낌를 준다. 산길 아래에는 피요르드 같은 길고 좁다란 2개의 호수가 장관을 이루고 있다.

Olympic National Park: 공원은 3002 Mount Angeles Rd. Port Angeles, WA에 소재하고 있으며 규모는 1,442sq miles(3,735sq km)이다. 올림픽국립공원은 워싱턴주의 북서쪽 끝에 있는 올림픽반도에 놓여 있다. 공원은 개성 있는 3개의 구역으로 나눌 수 있다. 대머리독수리가 날아 오르며 파도가 세차게 때리는 바위 해안이 있으며, 연간 12피트의 강우량을 보이며 빗물이 뚝뚝 떨어지는 어두컴컴한 상록의 우림, 그리고 그 자체의 올림픽산으로 이루어져 있다.

West Virginia

○ 일반 소개

　웨스트버지니아주는 미국의 남동부 지방의 애팔래치아 고지대에 놓여 있으며, 1863년 6월 20일 35번째 주로 연방에 가입하였다. 면적은 62,381sq km로 미국의 50개 주 가운데 41위이고 인구는 1,794천 명으로 39위에 있다. 주요 도시로는 주도인 Charleston과 Huntington, Wheeling이 있다. 웨스트버지니아주는 The Mountain State, the Switzerland of America, the Panhandle State로 불리고 있다. 웨스트버지니아주는 영토의 전부가 주의 역사와 문화, 경제적 기반을 이루고 있는 애팔래치아산맥에 놓여져 있다. 산봉우리가 뾰족히 솟아난 산이 많아 mountain state 라는 별칭을 얻게 되었다.

현재의 West Virginia주는 당초 버지니아의 서쪽 지역이었다. 1600년 대 이곳 식민지의 명칭이 버지니아라고 불리게 된 것은 당시 영국 여왕 인 Elizabeth 1세가 결혼을 하지 않아서 Virgin Queen으로 불리어진 별 칭에서 가져온 것이다. 1861년 남북 전쟁이 발발하였을 때, 버지니아는 노예제를 지지하며 미국 연방에서 탈퇴하였다. 그러나 버지니아의 서부 지역 사람들은 노예제를 반대하고 연방에서의 탈퇴를 원하지 않았다. 그들은 그들 자체의 정부를 구성하고 웨스트버지니아주를 탄생시키게 되었다.

웨스트버지니아주는 다른 주에서 분리되어 나온 유일한 주로서 소란 스러운 역사를 갖고 있다. 미국의 독립 전쟁 때에는 이곳에서 주요한 격 전이 있었고, 남북 전쟁 때에도 비극적인 전투가 벌어진 곳이다. 석탄 광 산을 확고하게 마련하기 위해 연방 정부와 치열하게 다투기도 하였다. 웨스트버지니아주에는 레크리에이션을 할 수 있는 강과 신비로운 협곡 들이 많이 있다. 초기부터 석탄 산업이 이곳에서의 생활에 광범위한 영 향을 주었지만, 오늘날에는 신비로워 보이는 야생의 땅과 멋진 경치를 보이는 강들, 나무가 무성한 숲, 그리고 모험적인 풍부한 야외 활동에 관 심을 쏟고 있다.

○ **자연환경**

웨스트버지니아주의 경계선은 미국에서 가장 괴상하게 이루어져 있다. 그 이유는 주 안에서의 동의가 없는 가운데 다른 주인 버지니아주에 의해 만들어졌기 때문으로, 경계 논쟁을 풀기 위해서 웨스트버지니아에 속해 있었던 2개의 좁고 길다란 지역을 북쪽과 동쪽으로 확장하여 만들 어졌기 때문이다. 프라이팬 손잡이 모양의 경계가 두 군데가 있다.

오하이오주와 펜실베이니아주 사이에 있는 홀쭉한 손잡이 모양의 돌 출부 땅이 만들어지게 된 것은 펜실베이니아주의 경계를 만든 사람의 구상에 의한 것으로 펜실베이니아주 경계선을 정할 때에 오하이오강에 서 수 마일 뒤로 물러나 정했기 때문이다. 메릴랜드주와 버지니아주의 사이를 뚫고 Happers Ferry에 이르는 또 다른 돌출 지역인 동쪽의 팬 손 잡이 모양의 경계선은 남북 전쟁 때에 만들어졌다. 1861년 버지니아 서 부의 카운티들이 노예제를 찬성하며 분리를 주장하던 버지니아의 동부 와 결별하면서 만들어졌다.

웨스트버지니아주는 북쪽의 캐나다에서 남동쪽의 앨라배마주에 이르 는 애팔래치아산맥의 일부분으로 대부분의 지역이 산들로 이루어져 있 다. 서부에 있는 Allegheny고원 지대가 주 전체 면적의 3분지 2를 차지 하고 있으며, 나머지는 동부의 Appalachian Valley가 차지하고 있다. 웨 스트버지니아주는 해안을 끼고 있지 아니한 땅으로 닫혀진 주이나, 아 름다운 많은 산들을 갖고 있다. 웨스트버지니아주는 땅의 높고 낮음의 기복이 크다. 미국 동부의 어떠한 주도 이처럼 울퉁불퉁한 땅이나 언덕, 산, 가파른 비탈, 좁은 계곡들로 얽혀 있지는 않다. 다만 강 유역을 따라 매우 적은 평지가 있다.

○ 개척 역사

1671년 영국인 Abraham Wood가 웨스트버지니아 지역을 탐험하였으며, 1716년에는 버지니아 식민지의 Spotswood 총독이 다녀갔다. 1719년 최초의 정착민들이 메릴랜드와 펜실베이니아에서 들어왔으며 1726년에 Morgan이 최초로 영구 정착촌을 Millcreek에 세웠다. 1782년 미국 독립 전쟁의 마지막 전투가 Ft. Henry에서 있었으며 미국의 승리로 끝났다. 1794년 Wayne 장군이 인디언과의 전투에서 결정적인 승리를 하였다. 1861년 6월 3일 남북 전쟁의 육지에서의 첫 번째 전투가 Philippi에서 있었다.

웨스트버지니아는 남북 전쟁 때까지는 버지니아주의 일부였다. 버지니아주가 미국 연방에서 탈퇴할 때에 웨스트버지니아는 버지니아주에서 분리되었다. 분리되기 전 거의 1세기 동안 이스트버지니아와 웨스트버지니아는 경계를 이루고 있었던 애팔래치아산맥으로 인해 동부와 서부 간에 매우 심각한 차이들이 있어 왔다. 애팔래치아산맥의 동부 지역에서는 넓은 평야와 대농장을 경영하기 위해서는 노예의 노동력을 필요로 하는 귀족적인 농업 지역이었다. 반면에 산맥의 서부에서는 산맥 기슭의 거칠고 좁은 지역에서 소규모의 농장을 갖고 있거나, 소금이나 석탄을 채굴하거나, 벌목을 하는 노동자들이 거주하는 산악 지방으로 노예제를 반대하고 있었다.

또한 서부 지역의 빈약한 도로와 동부와 서부 간의 소통 부족 등으로 서로 간의 감정이 단절되어 왔고 동부의 법률 제정자들에 의해 서부의 주민들이 무시당하고 소외되어 왔다. 이로 인해 서부의 주민들은 오하이오강과 Kanawha강처럼 서쪽으로 흐르는 강을 따라서 상거래를 미국의 서부 지방으로 전환하게 되었다. 그 밖에 버지니아의 동부와 서부는 세금의 배분 문제, 교육 문제 등에서도 대립이 심각했다. 버지니아주가 1861년 연방에서 탈퇴하고자 했을 때 서부의 의회의원들은 연방에서의 탈퇴를 반대하였다. 같은 해 4월 17일 버지니아주 서부의 의원들이 버지니아에서의 분리를 놓고 투표를 하였다. 결국 1863년 웨스트버지니아주가 만들어져 미국의 35번째 주로 연방에 가입되었다.

○ 주요 산업

웨스트버지니아주는 대부분의 땅에 바위가 너무 많아 농사짓기에는 부적합하며, 유일한 평지로는 Ohio강과 Kanawha강 유역에 있는 땅뿐이다. 그리하여 시골 주임에도 불구하고 제조업과 광산업에 기반한 공업 생산 비중이 매우 높다. 웨스트버지니아주는 철도가 해안의 도시들과 연결되기 시작한 1870년 이후에 급격히 산업이 성장하였다. 웨스트버지니아주에서 생산된 석탄, 석유, 목재가 광범위하게 실려 나가고, 소금, 점토, 모래와 같은 것들은 철강, 화학, 세라믹, 유리 제품의 발달에 기여했다.

자연 자원은 경제에서 중요한 역할을 해 오고 있다. 웨스트버지니아주의 절반 이상의 땅에 아스팔트가 낀 석탄이 풍부하게 매장되어 있다. 미국에서 역청석탄과 야금코크스 생산을 주도하여 왔으며, 천연가스 생산은 미국 내에서 2위에 있다. 웨스트버지니아주의 산업의 역사는 광산의 폭발, 전투 등으로 인해 많은 광산의 폐쇄로 이어졌다. 광산업이 쇠퇴하면서 1980년대에 미국의 전체 주에서 가장 많은 인구 감소를 보였다. 그러함에도 아직도 석탄은 천연가스, 소금, 점토, 모래, 자갈 등과 함께 웨스트버지니아주 경제에서 중요한 품목이다.

농업은 Shenandoah Valley가 중요한 사과 산지이나, 산업 주인 웨스트버지니아에서의 농업 비중은 낮다. 밤나무, 단풍나무, 참나무, 히코리나무의 삼림은 단단한 목재를 공급해 주고 있다.

○ 관광 명소

New River Gorge National Park and Preserve: 공원은 104 Main St. Glen Jean, WV에 소재하고 있으며 규모는 114sq miles(295sq km)이다. 지구상에서 가장 오래된 강의 하나로 길이가 85km인 New River를 포함하고 있는 이곳은 2021년 2월에 국립공원으로 가장 최근에 지정되었다. 강의 주위에 애팔래치아산맥이 솟아나 있고, 강물이 터의 기반을 깎아내리고 있어 애팔래치아산맥에서 가장 깊고도 긴 협곡이 만들어져 있다.

Harpers Ferry National Historical Park: 공원은 Box 65, Harpers, WV에 소재하고 있다. Potomac강과 Shenandoah강이 합류하는 지점에 있으며, 남북 전쟁이 발발하기 수 년 전에 노예제 폐지론자였던 John Brown과 그와 뜻을 같이하는 소수의 그룹이 Harpers Ferry를 습격한 것을 기념하는 역사공원이다.

Gauley River National Recreation Area: 이곳은 104 Main St. Glen Jean, WV에 소재하고 있다. Gauley강은 웨스트버지니아주의 여러 산들

을 지나며 소용돌이치면서 흐르는 멋진 강이다. 강에 얽힌 공포의 수많은 이야기들이 있다. 수직으로 668피트 높이에서 29마일에 걸쳐 아래로 가파르게 흐르고 있어 거친 급류가 만들어지고 있다. 강의 상류는 종종 세계에서 가장 많이 흰 물살을 일으키며 흐르는 10위 안에 드는 강의 하나이다. 반면 강의 하류는 다소 완만하게 흘러 래프팅할 수 있도록 개방되어 있다.

Wisconsin

○ 일반 소개

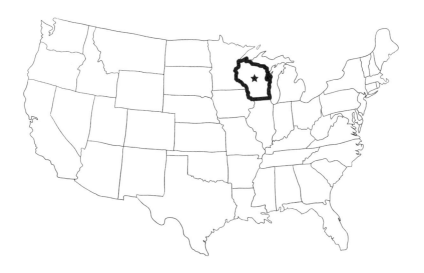

위스콘신주는 미국의 중서부 지방에 속해 있으며 5대호와 접해 있다. 1848년 5월 29일 30번째 주로 연방에 가입하였으며, 면적은 140,673sq km로 미국의 50개 주 가운데 25위이고 인구는 5,894천 명으로 20위에 있다. 주요 도시로는 주도인 Madison과 Milwaukee, Green Bay가 있다. 위스콘신주는 The Badger State, the Copper State로도 불리우고 있다. 위스콘신주의 원주민들이 Meskousing이라 불리던 강 근처에서 살고 있었다. 1673년에 프랑스인 탐험가 Louis Jolliet가 원주민을 대동하고 지도에는 Mikonsing으로 표기된 이 강의 유역을 탐사하였다. 프랑스인 사제이면서 탐험가인 Louis Hennepin이 그 강의 이름이 힘찬 흐름이라는 의미일 것으로 생각하여 Misconsin으로 불렀다가 Quisconsin으로 바꾸었다. 결국 미국 의회에서 Wisconsin으로 명명하게 되었다.

수천 개의 호수들, 독수리가 알을 품고 있는 많은 바위의 절벽들, 갑작스러운 웅덩이와 언덕들, 솟아오른 바위가 위스콘신주의 경치를 잘 나타내 주고 있다. 또한 북쪽의 얼음 호수에서의 얼음 낚시, 푸른 목장에서 풀을 뜯어 먹고 있는 젖소들, 작은 골짜기에서 강을 따라 평화로이 오리 모양의 배를 타고 있는 가족들, 북쪽의 깊은 숲속에서 사슴을 향해 살금살금 다가가는 사냥꾼들, 거대한 밀워키 맥주 양조장의 수많은 병맥주 등 이러한 모습들이 위스콘신주를 잘 보여 주고 있다.

위스콘신주는 대체적으로 시골스러운 주이지만, Milwaukee, Madison, Greenbay, Racine들은 현대적인 도시들이다. 이 도시들의 도심에는 유리와 철로 지어진 현대적인 빌딩들이 있는 반면에 도시의 주변에는 19세기에 지어진 우아한 주택들이 혼재되어 있는 모습을 보이고 있다. 미시건 호수변에 있는 밀워키는 여름 축제와 맥주 양조장으로 유명하며, 매디슨은 위스콘신주의 주도로 위스콘신 대학의 본부가 있다.

○ 자연환경

위스콘신주는 거의 완벽하게 물로 둘러싸여 있다. 동쪽으로는 Michigan 호수, 북동쪽에는 Menominee강, 북쪽에는 Superior 호수 그리고 서쪽에는 St. Croix강과 Mississippi강이 흐르고 있다. 또한 위스콘신주에는 수

많은 시내와 강이 있으며, 8,500개가 넘는 호수가 있어 많은 물을 품고 있다. 지금도 수백만 년 전 빙하가 남겨 놓은 흔적들을 볼 수 있다.

위스콘신주는 서부의 고지대와 북부의 고원 지대, 동부의 산기슭과 저지대, 중앙의 평원으로 나누어진다. 북부 지역은 당초 산악 지역으로 빙하로 깎여나갔으나 아직도 지대가 가장 높은 곳으로 남아 있다. 빙하가 남쪽 방향으로 미끄러지면서 지면을 평평하게 만들어 놓아 침대 같은 화강암과 평평한 숲의 땅을 보이고 있다. 이곳의 흙은 박토로서 농작물을 재배하기에 부적합하다.

서부 지역은 높은 언덕과 깊은 계곡이 있는 고지대이다. 그러나 여기의 언덕들은 매우 가팔라서 농사짓기가 쉽지 않다. 동부 지역의 산등성은 폭이 수 마일에 이르며 옆 주변으로는 낭떠러지가 되어 있고 다른 쪽으로는 완만하게 경사되어 있다. 산등성 사이에는 평지가 놓여 있어 농작물을 재배하기에 좋은 흙을 갖고 있어 농장들이 들어차 있다.

중앙 지역은 평지와 낮은 언덕, 기묘하게 생긴 바위들로 이루어져 있다. 이곳의 바위는 폭발에도 남아 있을 만한 매우 견고한 바위들이다. 여러 평지에는 약간의 나무들이 자라고 있으며, 땅은 모래가 많이 섞여 있어 관개시설로 물을 끌어 오지 않고는 농사짓기가 어려운 곳이다.

○ 개척 역사

유럽인들이 들어오기 전에 위스콘신에는 Winebago, Dacota, Menominee 를 비롯한 많은 원주민들의 본고장이었다. 1600년대 프랑스 탐험가들과 모피상들이 처음으로 위스콘신에 들어왔다. 1634년에 캐나다 퀘백으로부터 온 프랑스인 탐험가 Jean Nicolet이 중국으로 가는 북쪽 길을 찾던 중에 Green Bay에 상륙하였다. 그는 그가 만나려는 중국 관리에게 강한 인상을 주려고 화려한 비단 예복을 입고 있었으나, 오히려 그는 Winebago 인디언들에게 인사를 받았다.

1673년 Marquette와 Joliet가 Fox강과 Wisconsin강을 따라 내려가다가 Mississipi강을 발견하였다. 1689년 Perrot이 위스콘신에 대한 프랑스의 지배권을 주장하였다. 1600년대 말에는 Chippewa, Sac, Fox, Ottawa, Kickapoo, Miami, Illinois, Potawatomie 등 새로운 인디언들이 위스콘신으로 들어왔다. 그들은 잠시 동안 유럽인들과 평화롭게 지냈지만 프랑스와 인디언 간에 전쟁이 일어나자 그들 간에도 충돌이 일어나게 되었다. 1763년에 프랑스는 위스콘신의 땅을 영국에 양도하였다. 1783년 미국의 영토가 되었으나 영국의 Northwest Co가 지배권을 보유하였다. 1787년 미국의 북서 지방의 일부가 되었으며 1816년 미국은 남아 있던 영국인들을 내쫓았다.

1832년 Black Hawk 인디언 추장이 일리노이에 있다가 위스콘신으로 돌아와 저항하였다. Bad Axe 전투에서 Black Hawk 사람들이 패배했고 대량 학살을 당하였다. 그들은 미시시피강을 건너 탈출을 시도하였다. 다른 주에서처럼 인디언들은 점점 위스콘신에서 쫓겨나 보호구역으로 이주당하였다. 1836년 위스콘신 영토가 확정되었으며 1846년 미국의 30번째 주로 연방에 가입되었다. 주가 되어 미국 연방에 가입된 후 많은 이민자들이 위스콘신의 일부 기름진 평야에서 농사를 짓거나 목축을 하기 위해 들어왔다. 초기 이민자들을 기념하는 역사공원이 도처에 세워져 있다.

○ 주요 산업

위스콘신주는 다른 주들보다 젖소를 많이 사육하고 있으며 낙농업을 대표하고 있는 주로서 미국의 치즈 생산의 40%, 버터의 20% 정도를 생산하고 있다. 주요한 농작물로는 건초, 옥수수, 귀리, 과일, 채소가 있다. 또한 전체 땅의 45% 정도가 숲으로 우거져 있어 목재 산업도 중요한 분야로 건축용 목재와 종이 생산의 재료를 제공해 주고 있다. 또한 위스콘신주는 미국 내에서 크랜베리와 사탕무우, 양배추, 강낭콩 생산과 사료용 옥수수 생산을 주도하고 있다.

아직도 위스콘신주는 농업이 주도하는 주이지만 20세기 이래 산업과 무역에서 주목받는 주가 되었다. 이러한 산업은 미시건 호수 근처의 도시들에서 집중되었다. 미시건 호수 근처의 공장들에서 트랙터, 자동차 엔진, 하드웨어, 가구, 맥주를 생산하고 있다. 주에서 가장 큰 도시인 Milwaukee는 산업과 문화의 중심지로 떠오르는 곳으로 St, Lawrence 해로에 연결되어 있어 국제적인 항구로 발전하고 있다.

○ 관광 명소

Apostle Islands National Lake Shore: 이곳은 415 Washington Ave, Bayfield, WI에 소재하고 있으며 규모는 108sq miles(281sq km)이다. 5대호 안에는 35,000개의 섬들이 있는 것으로 추정되는 가운데 Lake Superior 호수는 불과 400여 개의 섬이 있으며 세계에서 가장 신선한 물을 지니고 있다. 위스콘신주의 북서부에 있는 반도에서 떨어져 있는 22

개의 섬들에는 호수변이 굴곡져 있고 모래사장으로 이루어져 있어 카약과 요트를 즐길 수 있는 곳이다.

St. Croix National Scenic Riverway: 이곳은 401 N Hamilton St, Saint Croix Falls, WI에 소재하고 있다. 위스콘신주와 미네소타주 사이에 있는 St. Croix의 하류 지역은 배에서 거주하는 시골이지만 강에 접해 있는 상류에서는 카누와 카약, 보트를 즐길 수 있다.

Wisconsin Dells: Tomah와 Madison 사이에 있는 리조트로서 미국에서 가장 사랑받는 가족 리조트 가운데 하나이다. 물놀이 공원과 소형 골프 코스를 즐길 수 있으며 테마파크들과 유원지들이 있다.

Wyoming

○ 일반 소개

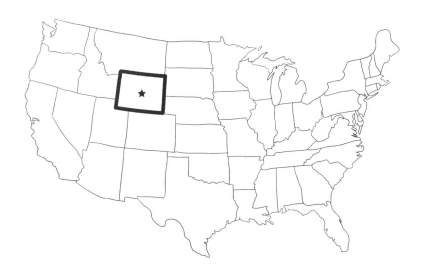

　와이오밍주는 미국 서부 지방의 록키산맥 지역에 위치하고 있으며,
1890년 7월 10일 44번째 주로 연방에 가입하였다. 면적은 251,502sq km
로 미국의 50개 주 가운데 9위이나 인구는 577천 명으로 가장 적은 주이
다. 와이오밍주는 The Equality State, the Cowboy State로 불리우고 있
으며, 주의 명칭인 Wyoming은 Delaware 인디언들이 쓰던 2개의 말에
서 유래되었는데, 하나는 평야라는 의미를 지닌 Wama이고, 또 다른 하
나는 넓다라는 뜻을 가진 Maughwau이다. 1869년 당시 서부의 광활한

평원을 차지하고 있던 3개의 지방 정부인 Dakota, Idaho, Utah에서 벗어나서 Wyoming의 영토가 별도로 지정되었다. 의회는 그동안 이 지역을 지칭하며 일상적으로 불리던 이름인 Wyoming으로 정하였다.

와이오밍주는 미국의 영토를 확장시킨 루이지애나 매입, 텍사스 병합, 멕시코와의 전쟁, 오리건 할양 등 4개의 주요한 사건들로 얻어진 각각의 땅에서 일부가 모여 만들어진 주이다. Wyoming주는 미국 카우보이들의 마지막 보호처이다. 휴가를 즐길 수 있는 멋진 목장과 카우보이들이 소를 다루는 로데오 경기, 말 등에 올라타고 있는 목장 주인들, 이 모두가 옛적 서부의 분위기를 되살리고 있다. 와이오밍주의 로데오는 미국 서부 지방의 유산으로 개척자의 날에 Cheyenne에서 열리는 세계 최대의 야외 로데오 경기이며 많은 인파가 몰려오고 있다.

Yellowstone 국립공원에서 뿜어져 나오는 온천수와 Rocky산맥의 눈 덮힌 봉우리들, 점점이 보여지는 초원을 함께 즐길 수 있는 와이오밍주는 매혹적인 자연 경관을 갖고 있다. 서부에는 장엄하게 솟아난 높은 산들이 이어져 있고 동부에는 완만하게 구릉진 초원이 있는 풍경들이 와이오밍주에 대한 깊은 인상을 주고 있다.

○ 자연환경

와이오밍주는 대평원 지역과 록키산맥 지역 그리고 분지 지역으로 대별되고 있다. 전체 면적의 3분지 1을 차지하고 있는 동부 지역은 광활한 대평원의 지역으로 나무가 거의 없는 평평한 땅이 굽이쳐 보이는 초원의 땅이다. 이러한 대평원은 텍사스에서 캐나다에 이르기까지 모든 방향으로 펼쳐져 있다. 건조하고 메마른 땅이므로 약간의 지역에서 관개 시설로 물을 끌어와 농사를 짓기도 한다. 대부분의 경우 소나 양의 목장으로 활용되고 있다.

서부와 중앙 지역에는 언덕과 산으로 둘러싸인 넓은 분지가 놓여져 있다. Big Horn Basin은 북서부 지역에 있는 기름진 지역으로 대략 폭이 130km이고 길이는 160km이다. 이곳 Basin을 통과하면서 Big Horn 강과 그 지류의 강들이 흐르고 있다. 이 지역에서 가장 큰 분지인 Great Divide Basin은 남부 중앙 지역에 있는 시에라 마드레 지대의 북쪽에 위치해 있다. 이곳은 해발고도가 높아 건조하고 물이 적어 경작하기가 어려우며, 야생 쑥이 자라는 곳에서는 목장으로 사용되고 있다.

서부 지역의 대부분은 록키산맥이 점유하고 있다. 멕시코에서 캐나다까지 뻗어 있는 록키산맥이 와이오밍주를 관통하고 있다. 산맥은 북서쪽 코너에 있는 Yellowstone 국립공원 근처에서 남동쪽의 콜로라도 주로 이어져 내려가고 있다.

가파른 산들과 1천만 에이커에 달하는 숲이 와이오밍주의 경치를 압도하고 있다. 와이오밍주의 북서부 지역에는 Yellowstone 국립공원, Grand Teton 국립공원, Devil's Tower 국립공원 등이 지역 전체를 차지하고 있다. 옐로스톤 지역에는 낙차가 큰 폭포, 깊은 계곡, 크고 작은 온천 등이 있으며, 바위가 지하 광물의 영향으로 빨강, 노랑, 파랑색 등 여러 색깔을 내고 있다. 옐로스톤강이 이곳에서 발원하여 계곡을 통해 폭포와 만나면서 흐르고 있다. 또한 North Platte강과 Snake강을 비롯한 많은 강들이 산악 지역에서 아래로 흐르고 있다.

○ 개척 역사

　미국의 영토 확장에는 4개의 중요한 합병이 있었다. 1803년의 Louisiana Purchase, 1845년의 Texas annexation, 1846년의 영국에 의한 Oregon 양도 그리고 1848년 멕시코와의 전쟁에서 얻어진 영토 확대이다. 와이오밍주는 이러한 4개의 중요한 합병으로부터 만들어진 유일한 주이다. 와이오밍은 미국의 영토가 되기 전에는 Arapaho, Cheyenne, Shoshone 원주민들의 땅이었다. 미국은 1803년 프랑스와의 Louisiana Purchase로 와이오밍을 획득하였다. 1807년 루이스와 클락 탐험대의 John Colter가 와이오밍을 탐사하였다. 1810년에 John Colter가 최초로 《St. Louis》 신문에 현재의 Yellowstone 국립공원에 대해 묘사한 글을 게재했다. 수증기가 피어오르는 진흙, 간헐 온천, 폭포들에 대한 환상적인 모습을 그린 글을 본 독자들은 그가 터무니없는 이야기를 한다고 생각했다.

　1834년 Arapahoes, Cheyennes, Siouxs 원주민들의 모피 거래를 통제하기 위해 Laramie강 하구 근처에 Fort Laramie가 세워졌다. 1842년 John Fremont가 지휘하는 미국의 탐사대가 Wind River Mountains와 south Pass를 탐험하였다. 이때부터 와이오밍을 통과하여 태평양으로 가는 길이 인기가 있었으나, 땅이 메마르고 인디언들의 노골적인 적개심으로 정착이 이루어지지는 않았다. 1848년 미국 정부는 이주자들을 보호하기 위해 Fort Kearney를 세웠다. 와이오밍은 1850년대에는 캘리포니아의 Gold Rush 때에 개척 이주자들이 캘리포니아로 가기 위해 통과하던 지역으로 1850년 한 해에만 6만 명 이상의 사람들이 이곳을 거쳐 지나갔다. 1869년 철도가 완성된 이후로는 목장 노동자, 농부, 석탄 광부들이 와이오밍으로 들어오기 시작했다. 1853년에 몰몬 교도들의 정착촌이 Green강 변에 세워졌다. 이곳의 몰몬 교도들은 그 후로 유타주의 Salt Lake City로 이동해 갔다.

1851년부터 1868년까지 인디언들의 적대 행위가 활발하였다. 전쟁으로 인디언들을 제압하여 이들을 와이오밍 동부에 있는 인디언 보호구역으로 강제 이주시켰다. 얼마 후에 많은 정착민들이 땅을 구하게 됨으로써 인디언 보호구역은 더욱 작아지게 되었다. 1867년 Sweetwater강에서 금이 발견되면서 주민이 급속히 증가하였다. 와이오밍에서도 이웃의 아이다호에서처럼 광산에서의 노동력이 중국인 이민자들의 노동에 의존하였으며 종종 폭동이 발생하였다. 1868년 현재의 와이오밍주의 경계와 영토가 확정되었으며, 1890년 미국의 44번째 주로 연방에 가입되었다. 와이오밍주는 여성의 관심사였던 동등한 권리를 이룩하는 데에 앞장서 왔다. 주로 편입되기 전이던 1869년에 여성들도 투표할 수 있게 한 미국 최초의 지역이 되었다.

○ **주요산업**

광업은 와이오밍주의 중요한 산업으로 석유와 석탄, 천연가스, 철광석, 우라늄 등이 생산되고 있다. 석탄은 국내적으로 가장 많은 매장량을 갖고 있으며 생산량에서도 주도하고 있다. 와이오밍주 경제의 대부분이 풍부한 지하자원에 의존하고 있다. Green River 근처 지역에는 소다재와 유리를 만드는 데 사용되는 원석인 trona가 세계에서 가장 많이 매장되어 있다. 또한 미국에서 우라늄이 뉴멕시코주 다음으로 와이오밍주의 중앙 지역에 많이 매장되어 있다. 석유, 석탄, 천연가스도 풍부하게 매장되어 있으나 채굴은 정부의 에너지 정책에 따라 증산과 감산이 이루어지고 있어 와이오밍주 경제의 불안 요소가 되고 있다.

와이오밍주의 거의 절반의 땅은 미국 정부의 소유로 되어 있으며, 목초지, 광산, 숙박지로 임대하고 있다. 와이오밍주에서는 땅의 80% 이상이 소를 기르는 데 이용되고 있으며, 와이오밍주는 양과 양모의 생산에서 주도적 위치에 있다.

한편 와이오밍주의 북서부 지역 대부분은 국립공원으로 지정되어 있다. 미국에서 가장 규모가 큰 Yellowstone 국립공원과 Grand Teton 국립공원, Devil's Tower 국립공원 등 이들 자연공원의 아름다운 경치로 매년 많은 관광객들이 찾아오고 있다.

○ 관광 명소

Yellowstone National Park: 공원은 2 Officers Row. Yellowstone National Park, WY에 소재하고 있으며 규모는 3,472sq miles(8,991sq km)이다. 와이오밍주는 국립공원들의 땅으로 그 가운데 가장 뛰어난 공원이 옐로스톤 공원으로 1872년에지정된 미국의 최초 국립공원이다. 공원의 대부분은 와이오밍주에 속해 있으나 일부는 아이다호주와 몬태나주에도 속해 있다. 수백만 년 전 화산이 폭발하여 용암이 흘러내렸고 식으면서 바위로 변했다. 바위들은 옐로스톤의 산과 계곡을 형성했다. 거대한 들소, 흘러내리는 진흙, 솟구쳐 오르는 간헐천, 진흙 웅덩이, 인상적인 폭포를 볼 수 있다.

Grand Teton National Park: 공원은 103 Headquarters Loop. Moose, WY에 소재하고 있으며 규모는 485sq miles(1,256sq km)이다. 그랜드 티톤 국립공원에는 높이가 12,000피트 이상의 높은 산꼭대기를 가진 산들이 있어 마치 대성당의 첨탑들이 하늘을 향해 있는 듯이 보여진다. 협곡을 따라 있는 꼬불꼬불한 길 아래에는 Snake강이 흐르고 있다. 이른 봄부터 늦은 가을까지 산과 숲을 뒤덮고 있는 야생화가 형형색색으로 밝게 피어나고 있다. 지대가 더욱 높은 곳에는 쑥이 자라고 있는 평지와 소나무 등 상록수의 삼림이 이루어져 있다. 겨울에는 산에 눈이 많이 내려 들소 떼가 피난처를 찾아 인근 Jackson Hole 남쪽 끝으로 모여들고 있다.

Devils Tower National Monument: 이곳은 149 State Highway 110, Devils Tower, WY에 소재하고 있다. 와이오밍주의 북동부 지역에 위치한 Devils Tower은 거대한 대리석 덩어리로, 높이가 867피트이며 등반 애호가들이 무척 선호하는 곳이다. 꼭대기에 이르는 사다리가 나무 말뚝과 두꺼운 널빤지로 만들어져 있다.

Fossil Butte National Monument: 이곳은 864 Chicken Creek Rd. Kemmerer, WY에 소재하고 있다. 이곳에는 56백만 년 전에서 36백만 년 전에 Fossil Lake 주변에서 살았던 Eocene Epoch 동물과 식물의 화석이 집중되어 있다. 오늘날 Fossil Lake라 불리는 호수는 당시에는 깊이가 얕은 넓은 호수로 약 2백만 년 동안 침전물과 호수 물가에서 살던 동물과 식물을 쌓아 왔다. 호수의 물이 잔잔하여 여기에 쌓여 만들어진 화석은 책갈피처럼 상태가 잘 보존되어 있다.

주별 규모

구분	육지 면적(sq km)	순위	인구(천 명/2020년)	순위
앨라배마	131,443	28	5,024	24
알래스카	1,477,269	1	733	48
애리조나	294,333	6	7,152	14
아칸소	134,874	27	3,011	33
캘리포니아	403,970	3	39,538	1
콜로라도	268,658	8	5,773	21
코네티컷	12,549	48	3,606	29
델라웨어	5,063	49	990	45
플로리다	139,852	26	21,538	3
조지아	150,010	21	10,711	8
하와이	16,636	47	1,455	40
아이다호	214,325	11	1,839	38
일리노이	143,986	24	12,813	6
인디애나	92,903	38	6,786	17
아이오와	144,716	23	3,190	31
캔자스	211,922	13	2,938	35
켄터키	102,906	36	4,506	26
루이지애나	112,836	33	4,658	25
메인	79,940	39	1,362	42
메릴랜드	25,317	42	6,177	18
매사추세츠	20,300	45	7,030	15
미시건	147,135	22	10,077	9
미네소타	206,208	14	5,706	22
미시시피	121,507	31	2,961	34
미주리	178,446	18	6,155	19

몬태나	376,990	4	1,084	44
네브래스카	199,114	15	1,962	37
네바다	284,398	7	3,105	32
뉴햄프셔	23,230	44	1,378	41
뉴저지	19,215	46	9,289	11
뉴멕시코	314,333	5	2,118	36
뉴욕	122,310	30	20,201	4
노스캐롤라이나	126,180	29	10,439	10
노스다코타	178,694	17	779	47
오하이오	106,068	35	11,799	7
오클라호마	177,879	19	3,959	28
오리건	248,645	10	4,237	27
펜실베이니아	116,084	32	13,003	5
로드아일랜드	2,707	50	1,097	43
사우스캐롤라이나	77,987	40	5,118	23
사우스다코타	196,571	16	887	46
테네시	106,757	34	6,911	16
텍사스	678,357	2	29,146	2
유타	212,815	12	3,272	30
버몬트	23,955	43	643	49
버지니아	102,559	37	8,631	12
워싱턴	172,446	20	7,705	13
웨스트버지니아	62,381	41	1,794	39
위스콘신	140,673	25	5,894	20
와이오밍	251,502	9	577	50
전체	9,161,966 (기타 3,022 포함)		331,449 (워싱D.C. 690 포함)	

참고 자료 및 도서

『Alaska: Saga of Bold Land』, Water R. Borneman, 2003.

『Arizona Tim Hull』, Avalon Travel, 2018.

『Arizona National』, Geographic Traveler, 2017.

『Arizona』, Scholastic, 2015.

『Arizona and New Mexico - 25 scenic side trips』, Rick Quinn, 2019.

『Discover Florida』, Lonely Planet, 2018.

『Estern USA』, Lonely Planet, 2016.

『Forder's New England』, Forder's Travel, 2016.

『Forder's Travel』, California, 2020.

『Historical Atlas of The United States』, Derek Hayes, 2007.

『Massachusetts』, Maria Olia, 2023.

『Moon California』, Avalon Travel, 2017.

『Moon Virginia & Maryland』, Avalon Travel Hachette Book Group, 2020.

『National Parks』, National Geographic Society, 1989.

『New England』, Fodor's Travel, 2023.

『Our Fifty States』, The National Geographic Society, 1991.

『Scholastic Encyclopedia of The United States』, Scolastic Inc. 1999.

『Tennessee. Vermont. Wisconsin』, Moon, 2014.

『The Best Coast』, Chandler O'leary, 2019.

『The Book of The States』, An American History Research Associate Publication, 1992.

『United States ATLAS』, National Geographic, 1999.

『USA's Best Trips』, Lonely Planet Global Limited, 2018.

『Western USA』, Lonely Planet, 2022.

『Wisconsin』, Scolastic Inc, 2014.

『World Atlas』, C. S. Hammond & Company, 1960.

『50 States 5000 IDEAS』, national Geographic Partners, 2017.

SKETCH

초판 1쇄 발행 2024년 2월 10일

편저자   Harris Hyunho Lee
펴낸이   이기봉
편집   좋은땅 편집팀
펴낸곳   도서출판 좋은땅
주소   서울특별시 마포구 양화로12길 26 지월드빌딩 (서교동 395-7)
전화   02)374-8616~7
팩스   02)374-8614
이메일   gworldbook@naver.com
홈페이지 www.g-world.co.kr

ISBN   979-11-388-2738-6 (03940)